日本銀行近代史

日本銀行近代史

創設から占領期まで

三宅晴輝

書肆心水

目次

日本銀行の創立者と歴代総裁――日銀を通して見た財界の盛衰

付録　財界太平記　抄

日本銀行近代史

――創設から占領期まで

凡例

一、本書は、三宅晴輝著『日本銀行』（一九五三年、文藝春秋新社刊行）の新組改題増補新版である。付録部分は同著者の『財界太平記』（一九五二年、鱒書房刊行）の抄録である。新版としての刊行にあたり表記の現代化をはかっている。その主な点は左記の通り。

一、新字体漢字（標準字体）で表記した（慶應義塾、文藝春秋、松本烝蔵は例外）。

一、現在多くの場合に漢字表記が避けられるものを仮名表記におきかえた。

一、同義の漢字の使い方を現代普通のもののほうにおきかえた場合がある（例、廿→二十、亙る→亘る）。

一、片仮名語は現代普通に使われる表記に変えたものがある。

一、送り仮名を現代的に加減調整したところがある。

一、読み仮名ルビを加えたところがある。現在ではなくともよいと考えられる読み仮名ルビは踏襲しなかった。

一、句読点と中黒点を加減調整したところがある。

一、鉤括弧の用法は現在普通の慣例によって調整した。

一、同じ語の表記不統一を整理した場合がある。

一、疑問文末尾の「？」は「？」がなくとも疑問文であることが明らかな場合は——疑問文末尾に「？」がないほうが多いこともあり——句点におきかえた。

一、踊り字（繰り返し記号）の用法は現在一般の慣例の範囲にとどめた。

一、書肆心水による注記は〔　〕で示した。

序

カネだの札《さつ》だのは、それを持っているからとて身のたけが三分と延びるワケのものでも無く、いい答案が書けるワケでも無い。けれども、鯛を買ったり牛肉を買ったりは出来るから、持っていた方が便利だ。それどころで無く、札《さつ》を持たないために首をくくったり身投げをしたりする人が出来るし、娘を売ったりする人もある。破産して夜逃げをする人もあり、破産しまいとして詐欺を働く者も相当にあり、人殺しや強盗などは始終ある。

だから、札《さつ》はバカにしても良いし、バカに出来ないものでもあるらしい。この札《さつ》の発行所が日本銀行だ。われわれは本は小売店で買うが、小売店が本の出版社であるワケでないのと同様、給料や賃銀を渡してくれたり、札《さつ》を貸してくれる市中の銀行が、札《さつ》を作っているワケでは無い。直接に札《さつ》を受け取ったり、渡したりする関係先とは親しみがあるが、肝腎の札《さつ》の発行所である日本銀行とは、誰も懇意でない。そのはずで、われわれは日本銀行とは取引は出来ない。日本銀行は諸銀行の銀行（Bank of banks）と言われる通り、市中銀行や特殊銀行の銀行であって、われわれ庶民とは直接縁が無い。預金を日本銀行へ持って行っても扱ってくれぬし、貸してもくれない。文字通り、もろもろの銀行が取引する銀行である。

英国で日本銀行に当るイングランド銀行を老貴婦人（Old Lady）と俗に呼んでいるが、オールド・レイディーという感じは、中央銀行にふさわしい名である。中国流にいえば老太太《ラオタイタイ》である。法王庁とか法王とか名付けるより遥かに気が利いている。要するに、若いピチピチした女性で無く、眼鏡をかけてジロリとニラム老婦人という所であり、しかも品格と落着きを持った上流婦人の趣である。

日本銀行は庶民に親しみは無いが、札《さつ》のことなら――もっともあまり持たない点での親しみかも知れぬが――親しみはある。しかし、小むずかしい中央銀行論ばかりが出ているから、庶民の読めるような『日本銀行』を世に送る必要があるというワケで本書が出来た。

外国には「老貴婦人を裸身にする」というような名で、中央銀行を書いた本もあるが、この『日本銀行』もそういう読み本としてのものであって、貨幣論や金融論を述べるつもりではサラに無い。日本銀行なるものをいくらかでも庶民に近づける事が出来たらと思うだけである。

終りに、この著述は、東洋経済新報社の小熊孝君と栂井義雄君の助力に依って出来たことを記して、感謝を表する次第である。

昭和二十八年二月

三宅晴輝

日本銀行の裏表

白堊の殿堂

昔の金座、いまは日銀

「金《かね》は仇」などと言うが、「その仇にめぐりあいたい」のが人情のようであり、「地獄の沙汰も金次第」、「人間万事金の世の中」ということは、昔も今もあまり変りがないようである。なかには、落語の「三方一両損」に出てくる江戸ッ子のように、財布を落して、わざわざ届けてくれた金を突ッ返したあげくに喧嘩したり、「有越しの銭《ぜに》を持たない」ような人が今でもまだ幾らかはいるだろうが、とにかく今の世の中で、金《かね》とか、銭《ぜに》とか、現生《げんなま》とか、現金とか、そういうものを持たずに一日も暮せないことは、事実である。のみならず、商売もできなければ、事業もできない。その金、銭、現生《げんなま》をつくり出す源が、これから書こうとする日本銀行である。

昔は、その金《かね》や銭《ぜに》は文字通り金《きん》や銀や銅銭や鉄銭であったが、今日われわれの使っているそれは、申すまでもなく紙の札《さつ》である。が、それはまた、藩札や政府紙幣ではなくて、日本銀行券である。試みに、千円札を眺めてみると、表の中央に「日本銀行券」「千円」「日本銀行」と黒字で横書きされ、その下に「総裁之印」という赤字の丸い判コが捺してある。裏を返すと中央の下の方に、「発券局長」という、やはり赤字の丸い判コが捺してある。下って五百円札、百円札、五十円札、十円札から一円札に至るまで、書かれている位置はちがうけれども、「日本銀行券」「日本銀行」「総裁之印」「発券局長」の文字の印刷されていないものはない。もしあったら、それは間違いなく偽札である。

これらの文字は、その札が「日本銀行」の発行した「日本銀行券」であることを示すとともに、日本銀行の最高責任者である「総裁」と、日本銀行券の発行（発券）業務を直接に担当する発券局の局長――「発券局長」――とが、この札は正に日銀の発行したものにちがいないことを、証明しているのである。そういう札をわれわれは毎日使っているのであり、この日本銀行券なしには、われわれは一日も暮らしてゆけない。だから、そういう点では、われわれの生活は日本銀行に直結していると言っていい。

そこで、もし「金は仇」だとしたら、その仇の元締は日本銀行であり、「人間万事金の世の中」だとしたら、そういう世の中のどまんなかに、ドッカとあぐらをかいているのが、日本銀行である。

日本銀行は、東京は中央区日本橋本石町《ほんごく》に、西を向いてドッカとあぐらをかいている。その向いには東京銀行（もとの横浜正金銀行）があり、左隣には帝国銀行をはじめとして三井本館や三井新館、左の筋向いには、三越本店がある。右は道路を隔てて堀割になっているが、裏側には東京手形交換所という、これまた金融界には絶対に必要な機関が建っており、著者がかつてペンをとっていた日本有数の経済雑誌社（東洋経済新報社）も、日銀の裏にあるという工合である。

日銀を中心にして、金融とか経済に関係する重要な機関の幾つかが集まっているのだが、もともとここは昔から、金に縁の深い土地である。縁が深いどころではない。江戸時代に金の小判を鋳造していた「金座」があったのは、まさに現在の日銀の建っている場所である。「銀座」は徳川幕府直轄の銀貨発行所で、これが今の銀座の名の起りになっているが、「金座」はやはり幕府の直轄下に、金貨の鋳造と鑑定、通用停止になった金貨の交換、上納金の鑑封、潰し金、はずし金の買収、金箔の取締りなどを行っていた。その金座のあった場所が、徳川時代には本町一丁目と称され、明治時代には両替町となり、現在は本石町二丁目と呼ばれているところである。

しかし日本銀行は、その創立のはじめから、ここに在ったわけではない。日本銀行が開業したのは明治十五年〔1882〕の十月十日であったが、その当時の店舗は、辺鄙な日本橋北新堀町（永代橋西詰）に在り、明治二十九年〔1896〕四月のはじめまで、そこで営業していた（その建物は、元北海道開拓使東京出張所であった赤練瓦の洋館に、木造二棟をつぎ足したものであったが、関東大震災で焼けてしまった）。現在のところに移ったのは、明治二十九年〔1896〕四月十日である。

現在の日銀の建物は、そのころ建てられた古色蒼然たる旧館と、近年になって増築された新館から成っている。旧館は明治二十三年〔1890〕十月一日に起工され、同二十九年〔1896〕二月二十九日に竣工した。新館は昭和四年〔1929〕十一月から三回に分けて工事を行い、昭和十三年〔1938〕六月に全部完成した。

現在の日銀の在る土地は、越後屋（三井）の持ちものであったのを、日銀が買いとった。当時の総裁は三代目の川田小一郎であったが、川田は金座の跡だから、土には金分が含まれているだろうと言って、基礎工事のために掘り起した土を選鉱、精錬させたところが、予想以上の純金がとれ、土地の買入れ代金以上のものになった——という話も伝わっている。

その昔、山吹色の小判は、「これ小判せめてひと夜《よ》さ居てくれよ」（古川柳）と庶民から愛惜された。その小判をふいた同じ場所に、いまは札《さつ》の発行元・日銀があるのは、面白い因縁である。

古色蒼然たる「法王庁」

終戦後、世間は日銀を法王庁、日銀総裁をローマ法王と渾名するようになった。どういう由来で誰が言い出したことかは詳しく知らないが、日銀旧館の古風な石造の建物は、ローマ法王庁を連想させないでもない。これは、銅葺きの丸屋根（ドーム）に緑青のふいた、重厚、荘重な感じの建物で、明治時代における名建築の一つとされている。その設計・監督に当ったのは、辰野金吾博士（今の東京大学名誉教授・辰野隆博士の厳父）である。

辰野金吾（安政元年〔1854〕―大正八年〔1919〕）は工部大学校で英国人ジョサイア・コンドル（上野帝室博物館、鹿鳴館、ニコライ堂、旧大審院＝現最高裁判所、旧松方公邸＝現イタリア大使館などの設計監督者）について建築学を学び、明治十二年〔1879〕に卒業すると官費留学生として英国に渡り、ゴチック式建築士のウィリアム・バルジスについて学んだ。帰朝後工部大学校教授、工部省権少技長となり、ついで工科大学教授（建築学主任教授）となったが、明治三十五年〔1902〕に大学を辞め、みずから辰野葛西建築事務所（東京）や辰野片岡建築事務所（大阪）を起した。彼は、その大学教授時代や建築事務所長時代を通じて数千の建築の設計にたずさわった、我が国建築界の先覚者であり、また当時有数の建築家である。彼の残した建物の代表的なものとしては工科大学本館（明治二十一年〔1888〕七月竣工、関東大震災で大破）、上野の帝国図書館（明治三十九年〔1906〕三月二十四日開館）、東京駅（大正三年〔1914〕十一月竣工）などがあり、両国の国技館（明治四十二年〔1909〕五月竣工）も彼の設計・監督になるものであるが、なかでも日銀旧館と東京駅は、彼の二大偉業とされている。

日銀旧館は、総裁で言えば三代目の川田小一郎の時代に建設され、当初の予算は八十余万円であったが、結局百十一万円かかった。明治二十八年〔1895〕ごろといえば米一升の値段が八銭から九銭、二十九年〔1896〕には九銭から十銭というのであったから、当時の百万円といえば大変な金嵩である。しかし川田総裁は、「速やかに本店に堅牢な金庫を設け、安全を計らなければならぬ。一時の姑息に流れて、他日かえって無益の財と労とを費やすのは、自分のとらないところである。……いわんや、今日では宏壮華美だと見られ、あるいは物議を来《きた》すものであっても、十年後には普通堅牢の建物ということになるだろう」と言って、この建設計画を押し切ったというから、川田はやはり大人物だったと言わなければならない。

当時これだけの金《かね》を使っただけあって、日銀旧館は関東大震災に遭ってもビクともせず、建築後五十年たった今日でも、相変らず偉容を誇っている。工学会の編纂にかかる『明治工業史・建築篇』によると、この建物は概略つぎのような規模のものであり、且つきわめて堅牢に出来ている。

「……日本銀行の建物は、本館と別館とに分れ、本館は千十四坪九二、北側車寄十二坪二二、また別館は百七十八坪五五、ほかに廊下、便所、玄関あり。そのほか機械室、石炭庫等あり。竣工の際の総建坪は千七百十三坪六六合なりき。

本館は地下層ともにて四階、また別館は地下の厨房を除き、地上のみにて二層なり。

本建築の基礎は、地下二十尺の所において掘当てたるドタン〔土丹〕岩を根底とし、その上に大玉砂利二尺ほどを入れて平均し、その上に厚さ八尺五寸のコンクリートにて一枚地形となしたり。されば基礎は甚だ堅固なり、しかのみならず、壁等もすこぶる堅固なることは、地下室の壁の厚さ九尺の所あることにて知り得べし。」（同書七〇〇頁）

これは、ここに書かれているように部厚で堅固な石の壁と、高い天井と石の廊下を持つ建物であるが、特に金庫室は、万一火災が起った場合、水浸しになる仕掛けになっているから、まことに用意周到である。様式はベルギーの国立銀行にモデルを求め、イタリア・ルネサンス期のパラディオ流儀に属する。

この設計・監督に当ったのは、前にも述べたように辰野博士であるが、彼はこの日銀本店のほかに、その大阪支店（明治三十一年〔1898〕一月二十四日竣工）、名古屋支店（明治三十九年〔1906〕六月三一日竣工）、京都出張所（明治三十九年〔1906〕六月竣工）、小樽支店（明治四十五年〔1912〕七月二十五日竣工）などの設計・監督もしている。日銀の建物と辰野博士とは、きわめて深い関係にあった。

旧館の建設と高橋是清

旧館の建築に絡んでは、いろいろ面白い話があるが、その一、二を紹介しておこう。

のちに日銀総裁となり大蔵大臣となり、首相にもなった高橋是清は、そのころ、事業に失敗して貧乏のドン底にあった。それが当時の川田総裁に拾われて明治二十五年〔1892〕五月、三十九歳（数え年）のときに日銀に入ったが、彼が日銀へ入ったのは、旧館建築の事務主任としてであった。

日銀総裁としての高橋については後に詳しく書くが、彼は少年時代から日銀に入るまでの約三十年間に、波瀾万丈の生活を送った。彼は少年時代に仙台藩からアメリカへ勉強にやらされたが、欺かれてアメリカ人の奴隷になり、日本へ帰った後は大学南校（東京帝国大学の前身）の教師になったが、放蕩のすえ一時は芸者の箱屋になり下り、そのあげく、九州へ下って唐津藩の英語学校の教師になった。その後官途について初代の特許局長官にまでなったが、今度は特許局長官の職をなげうち、南米ペルーの銀山開発に出かけて行って失敗し、帰国後惨憺たる生活を送っていた。ペルーの失敗は、全く無価値な銀山に、人にだまされて手を出したためであった。

そういうところを先輩、友人に同情され、川田に紹介されて拾われたのだが、ペルー銀山事件で高橋は世間からはげしい誹謗嘲笑を浴びていたので、信用を重んずる日銀としては、正式の行員として高橋を採用するわけに行かない。そこで川田は、彼を日銀の建築所に雇入れることにした。これが、高橋是清と日銀との関係の始まりである。

建築所の総監督をしていたのは、のちに安田財閥を作り上げた安田善次郎で、この下に辰野金吾が技術部を監督し、さらにその下に事務部があったが、高橋はその事務主任を命ぜられた。年俸は千二百円だったから、月給とすれば百円で、そのころとしては相当の高給であったが、彼の上に立つ辰野は、彼の唐津藩英語学校教師時代の生徒であった。この昔の教え子の下で、高橋は建築事務――建築材料の購入事務などをやった。

一年余り建築事務をやったが、その間に高橋はその事務的、政治的手腕を発揮して、この建設に少なからぬ功績を残した。一例をあげると、この建物は石造だと前に書いたが、じつは一階だけは全部石造で、二階以上は、煉瓦のまわりに石を貼りつけたものを積み上げてある。つまり中味は煉瓦で、外見は石造となっているのだが、こういうことにしたのは、高橋の智恵である。

辰野の最初の設計では、全部を石造とする計画であったが、途中で辰野はこれを変更し、二階には石の代りに普通の煉瓦を使い、三階はそれよりも一層軽い穴明《あなあき》煉瓦を使うことにした。それは、当時（明治二十五年〔1892〕）岐阜に大地震があり、その経験から、全部石を積み上げたのでは危険なことが判ったためである。また、工事の進捗が予定よりも一年数ヶ月おくれ、予算もかなり超過していたので、それらを取り返すためにも、設計を変更する方がよかったのである。

このことは、総監督の安田善次郎の諒解は得ていたが、手ちがいのために川田総裁には通じていなかったので、設計変更の企図を知ったとき、川田は烈火の如く怒った。「そんなことを誰が許したか。株主総会も、全部石造にするといって承認を得ている。それを勝手に変更するとは何ごとか」というわけである。

そこで、高橋は煉瓦のまわりに石を貼ることを思いつき、辰野がこれを技術的に検討した結果、厚さ三寸ばかりの石を鉄でつなぎ、石と煉瓦をセメントで固着する方法をとることになった。このことを高橋が川田に話したところが、川田は「煉瓦に石を貼りつけるとは、妙なところに気がついたナ。それならよかろう」と言って諒承した。

川田総裁は相当、芝居気のあった男らしい。この工事が完成したときに、まわりの足場や板囲いを、日数をかけて取りのけることを許さず、多勢の人夫を動員して、徹夜作業で一晩のうちにそれらを全部取りのけることを厳命した。それは、一夜明けて見たら、思いがけない白堊の大建築が突如として出現した――と満都の人士を驚かせようという、芝居気と見栄から出たものと思われるが（事実、その落成のときには盛大な祝賀会が催され、来集の人々は驚きの眼をみはった）、一階が白い石造で、二階、三階が赤い煉瓦造りでは、その場合の劇的効果が少ない。前記の設計変更に激怒し、高橋の「石貼り石造」論に満足の意を表したのには、そんなことも影響していたのではあるまいか。

それはさておき、高橋は明治二十六年〔1893〕九月、建築所事務主任から日本銀行支配役にとり立てられ、同時に馬関（下関）所在の西部支店長を命ぜられた。それ以後、正金銀行に移って支配人、副頭取となり、ついで再び副総裁として日銀へ戻るという、出世街道を歩いて行ったのである。

つぎ足された新館

新館は前に一言したように、昭和四年〔1929〕から同十三年〔1938〕にかけ、三回に分けて建設された。第一号館は昭和四年〔1929〕十一月に着工して同七年〔1932〕五月に、第二号館は昭和七年〔1932〕十一月に着工して同十年〔1935〕一月に、第三号館は昭和十年〔1935〕十一月に着工して、同十三年〔1938〕六月に、それぞれ竣工した。新館は地下三階、地上五階、合せて八階、延坪数は第一号館、二号館、三号館合せて一万一千九百十六坪で、この三館の建築費は合計一千八百余万円であった。設計者は辰野金吾の高弟・長野宇平治である。

新館の建設は、総裁でいえば十二代・土方久徴《ひさあきら》から、深井英五、池田成彬、結城豊太郎と四人の総裁の時代にまたがり、年数でいえば足かけ十年を費して行われた。規模も、旧館よりはるかに大きい。これもまた、堂々たる白堊の大建築で、堅牢をきわめたものである。

しかし、新館の建築については、旧館の場合のように、面白いエピソードもあまりないようである。旧館の建築が、日清戦争前後という、日本資本主義のいわば牧歌時代に行われたのに対し、新館の建築が昭和二年〔1927〕の金融恐慌のあとを受け、金解禁恐慌から世界恐慌、満洲事変、日華事変という、いわばエレジー（悲歌）の時代に属したためでもあろう。

また、この建物は、近年に建てられたにも拘らず、外観は近代建築の感じに乏しい。それは、新築計画を立てる際、旧館を取りこわして全部新しいものを建てるか、それとも旧館につぎ足して増築するかが問題となり、結局、名建築たる旧館はそのまま残すことになったからである。

そのため、旧館に調子の合った設計をすることになり、斬新な様式をとることができなくなった。また内部の構造も、柱の多い、使いにくいものになった。しかし、関東大震災後に建てられたものであるため、当時の耐震力学の最新知識をとり入れてある。そのことは、この建物の最大の特色で、その後、宮城の堀端に建てられた第一生命保険会社の建物（占領中、連合軍総司令部に当てられたもの）も、その点については、日銀新館と同じ方式をとっていると言われる。

表から見た日銀

日銀券という名の札

日銀が日銀券の発行元であることは前に一言したが、現在銀行券の発行を許されている銀行は、日本銀行だけである。明治の初年には、政府が政府紙幣を濫発し、また百五十余の国立銀行があって、これらの銀行がそれぞれ銀行券を発行し、日本国内には不換紙幣と不換銀行券が氾濫して、インフレーションが起った。この不換紙幣や銀行券を整理する目的で明治十五年〔1882〕に日本銀行が設立され、明治十七年〔1884〕には「兌換銀行券条令」が制定されて、明治十八年〔1885〕からは、日銀が正貨（当時は銀貨）と兌換される銀行券、すなわち兌換銀行券を発行し、不換紙幣や従来の銀行券をこれと交換、回収して、それらを整理することになった。その後やがて、兌換銀行券を発行する銀行は、日本銀行だけに、限定されるようになったのである。

さらに、日清戦後の明治三十年〔1897〕三月には貨幣法が制定され、「純金の量目二分《ふん》を以て価格の単位と為《な》し之を円と称す」と定められて、日本は金本位制度の国となった。そして兌換銀行券は、いつでも金と交換されるようになった。だから、そのころ日銀の発行していた札《さつ》には「兌換銀行券」と印刷され、また、この券引替にいつでも金貨と交換するという文句が印刷してあった。例えば五円の兌換券ならば、純金一匁を含む五円金貨と兌換することになっていたのである。

しかし、今日の日銀券には、兌換銀行券とは書かれないで、日本銀行券という文字が印刷されており、また、その表はもとより、裏を返して見ても、金貨と交換するという文句は書いてない。それは金にも銀にも換わらない、ただの紙切れ、不換銀行券となったためであり、そういうようになったのは、昭和十七年〔1942〕の「日本銀行法」の制定以来である。

第一次世界大戦中の大正六年〔1917〕に日本は金の輸出を禁止したが、そのときはまだ、少なくも法律の表面では、銀行券の兌換は停止されなかった。が、昭和五年〔1930〕一月の金輸出解禁を経て昭和六年〔1931〕十二月に再び金輸出を禁止したときには（金輸出再禁止）、兌換も停止することをはっきりと法律で謳い、それ以後、兌換銀行券は、実際には兌換されない銀行券となった。

それでもまだ当時は、明治十七年〔1884〕に制定された「兌換銀行券条令」が生きており、日銀の発行する兌換銀行券は、この条令に基いて正貨（金）準備を持つ銀行券だということになっていた。しかし、戦時中の昭和十六年〔1941〕三月に、「兌換銀行券条令の臨時特例に関する法律」が制定されて、正貨準備にこだわる必要がなくなり、さらに昭和十七年〔1942〕の「日本銀行法」で、金準備などとは全く無関係な銀行券となるに至った。名前も「兌換銀行券」ではなくて「日本銀行券」となり、日本の貨幣制度は、完全に金本位制度ではなくなって、「管理通貨制度」となったのである。

今日われわれが、金《かね》とか銭《ぜに》とか呼んでいるものは、じつはこういうものなのであるが、日本銀行券という紙切れが、どういうわけで「かね」としての値打ちを持っているのか。面倒な貨幣論の理窟はこの際抜きにするが、法律（日本銀行法）で「日本銀行は銀行券を発行す」と定められ、この銀行券は「公私一切の取引に無制限に通用す」と定めてあるから、百円の物を買ったときには百円の日銀券を出しさえすれば、売手はだまって受取るという筋合になる。

しかし、いくら日銀に銀行券発行の特権が与えられていると言っても、日銀は、むやみやたらに銀行券を発行するわけにいかない。銀行券の発行高は、通貨発行審議会の議決に基き、閣議を経て大蔵大臣が定めることになっている。昭和十七年〔1942〕から二十二年〔1947〕四月までは、大蔵大臣が日本銀行その他各界の意見を参酌して定めることになっていたが、昭和二十二年〔1947〕四月以後、こういうことに決められた。通貨発行審議会は、内閣総理大臣を会長とし、大蔵大臣、経済安定本部総務長官（現在は経済審議庁長官）、日本銀行総裁の各委員、金融界を代表する委員四人、産業界を代表する委員三人、学識経験者の委員三人で構成されている。

また、日銀は、こうして決められる発行限度を越えて銀行券を発行することができるが（これを限外発行という）、限外発行が十五日を超える場合には大蔵大臣の認可を得なければならず、三十日を超える場合には、通貨発行審議会の議決を経なければ、大蔵大臣は認可を与えることができない。しかもその場合には、限外発行高に対し、日銀は政府に向って、一定の発行税を納めなければならない。

さらに日銀は、銀行券の発行高に対しては、同額の保証を保有しなければならない。保証に当てられる物件は商業手形などの手形、貸付金、国債その他の債券、外国為替、地金などと定められている。そういうものが、日銀券の見返りとなっているわけである。

日銀券の発行について、右のような制限が加えられているのは、無制限にこれを増発し、日銀券の価値を下落させることを防ぐためだが、しかしわれわれは、戦中戦後のインフレーションの過程において日銀券の価値がどんどん下落し、物価が暴騰して行ったことを経験している。その反対に、かね詰りで困るのに、日銀が金融を引締めて、かねの出ることを押えるという事実をも経験している。が、インフレとか日銀の金融政策というような問題については、追々に述べることにして、ここでは日銀が銀行券の発行という仕事をしていること、その日銀券は「管理通貨」であるということを述べるに止めておこう。

「銀行の銀行」、「政府の銀行」

ところで日本銀行の仕事は、銀行券を発行するだけではなく、そのほかに、「銀行の銀行」としての仕事と、「政府の銀行」としての仕事を行っている。こういう点は、日銀と他の銀行と全く違うところである。

商人、事業家あるいは事業会社や、重役、高級サラリーマンなどは、それぞれの取引銀行を持っている。そして銀行に金を預けたり、銀行から金を借りたりしているが、しかし如何なる大富豪といえども、日銀と直接の取引関係を結んでいる人はない。それは日銀が、個人や個々の事業会社を相手にする銀行ではなく、「銀行の銀行」だからである。

日銀の取引先は一般市中銀行や、農林中央金庫、商工組合中央金庫、短資業者（ビル・ブローカー）などの金融機関に限られる。日銀はこういう金融機関から預金を預かり、貸出を行い、これらとの間に国債その他の有価証券の売買をする。日銀が金融機関から預かる預金は、いまのところ当座預金に限られ、日銀の金融機関への貸出は、貸付と手形割引の二つがある。手形割引は、金融機関がその取引先の依頼によって割引いた手形を、日銀が再割引するのである。しかし、市中の金融機関は、日銀の再割引した手形が不渡になった場合には、その支払の責任を免れることができないから、その点は手形割引も貸付も同じことである。

日銀は、市中金融機関との間のこういう取引を通じて、金融を調整する。金融機関は、手許に資金が余ると日銀に預け（その場合は日銀券が減る）、資金が足りなくなると日銀から借りる（その場合は日銀券がふえる）という工合である。そこで日銀は、市中銀行からの貸出や手形の再割引の要求に応じたり、ことわったりすることによって、金融を緩めたり、引締めたりすることができる。そのほかにも、公債その他の有価証券を、金融機関に売ったり買ったりすることによって、金融を調整することができるが、とにかく日銀は、こうして「銀行の銀行」としての仕事をするのである。

また「政府の銀行」としての仕事には、政府から預金を預かること、政府に金《かね》を貸すこと、及び国債を引受けることの三つがある。われわれが税金を納める場合、近所の銀行（日銀代理店）に税金を持って行くと、その金は日銀に集まってくる。税務署へ持って行ったものも、日銀に集まり、これらは政府の当座預金となる。他方、官庁の経費など政府が民間に支払う金は、普通、政府小切手で支払われ、この小切手を持って日銀へ行けば、日銀では現金を支払う（もちろん、取引先の市中銀行へ持って行けば、市中銀行は日銀からこれを引出してくれるが）。

こうして、日銀は政府の金の出し入れのルートとなるほか、政府に金の足りないときは、これに金を貸し、政府が発行する公債の引受けもする。一言で言えば、日銀は政府の財布を預かる役目をしているわけである。

そこで、例えば財政年度末のように、税金が一度にまとまって納められる時には、民間の日銀券が政府の手許へ吸い上げられ、民間金融が詰まるから、そういう時には、他方で一般金融機関への金融を緩めるというような操作もまた、日銀の仕事となる。また、政府の支払が多くなるような時、例えば供米代金が多額に出てゆくような時には、反対の方法を講ずるというわけである。

要するに、日銀は日銀券を発行するほかに、日銀券の価値を維持し、金融を円滑にし、金融機関が堅実に運営され、信用制度が保持されるようにするなどの、金融政策を実行するのだが、それらは、右のような仕事を通じて行われるのである。

厖大な機構

日本銀行というところは、大体において前に述べたような仕事をするところだが、その毎日扱う金高は、何億、何十億という巨額に上る。その扱う金高の大きさは、例えば日銀券の発行高が四千八百六十億円、市中金融機関への貸出残が二千三百億円、国債の手持が二千三十億円に上っているということからも（昭和二十七年〔1952〕十一月末現在）、凡その想像がつくだろう。こういう大きな仕事をするために、総裁以下約九千の人々が、本店と支店に働いており、その機構は極めて厖大である。さきに書いた「白堊の殿堂」日銀本店には、二十余りの部局があって、そこに約四千人の職員がおり、全国各地三十余の支店及び事務所には五千人近い職員が働いている。本支店合せて九千人近い人がいるわけである。これを男女に分けると、本店は男子約二千二百五十、女子約一千八百六十、支店は男子二千四百七十、女子二千三百八十、本支店合せて男子四千七百二十、女子四千二百四十となっている。

これらの人々が総裁の指揮命令の下に働くのだが、日銀の機構を図で示すと次頁の如くである。

本店には八部、十四局、二室が置かれており、その詳細は後に表示するが、そのうち主な部局とその仕事について述べると、日銀券の発行事務を取扱う発券局、市中金融機関との取引を担当する営業局、現金の出納を扱う出納局、国庫金を取扱う国庫局、国債の起債や償還などを取扱う国債局や、外国為替局、為替管理局、融資斡旋部、貯蓄推進部がある。

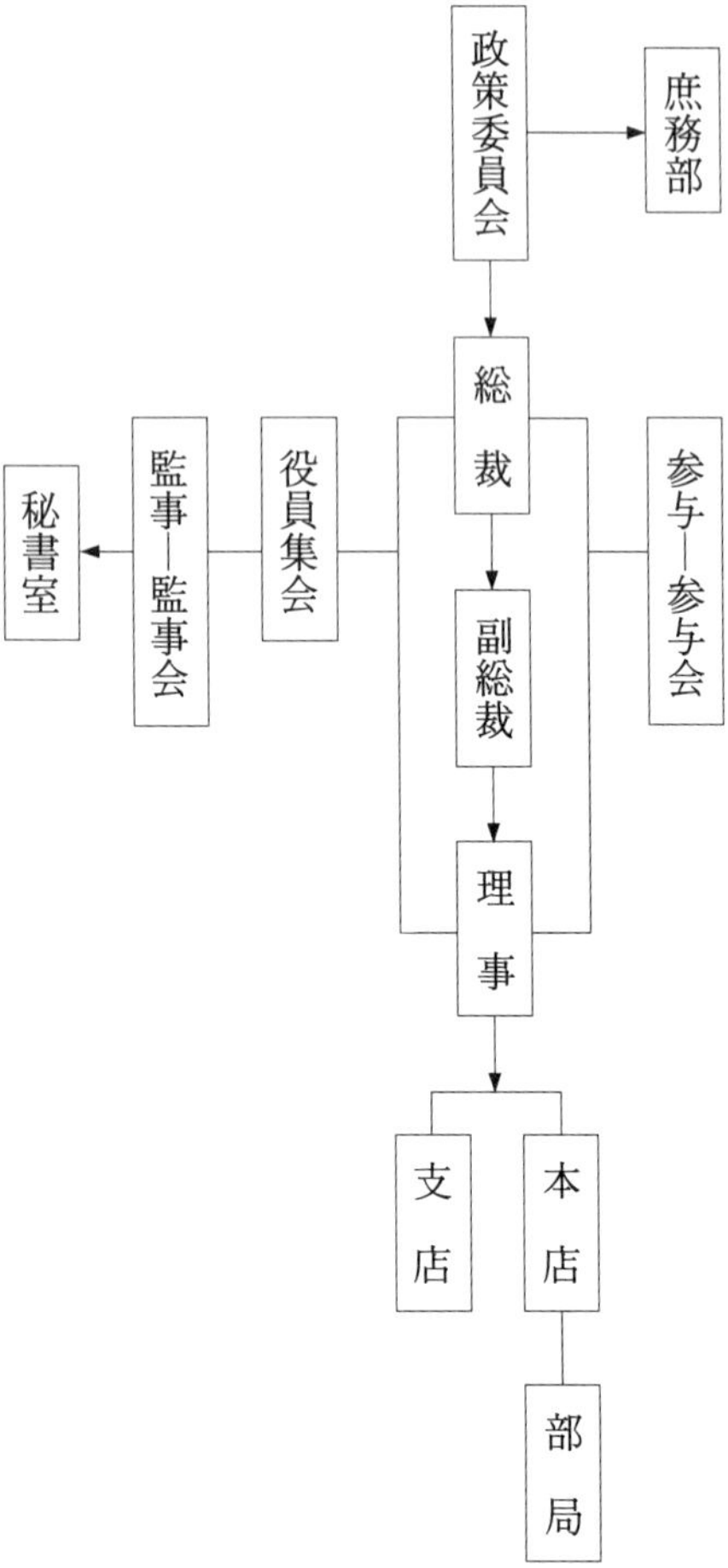

また市中金融機関の業態に眼を光らせている考査局とか、自行の本支店事務を検査する検査部、内外の

経済調査や統計作成に当る調査局、統計局があり、主として日銀の内部に関するものには秘書室、総務部、人事部、文書局、主に出資証券（日銀は株式会社でないから株券とは言わない）や政府所有の有価証券事務を扱う証券局、日銀の建物の管理や営繕に当る管理部などがある。

それらの部局は、さらに課や係に分れているが、その詳細は次に表示する通りである（なお、次表のうち資金局は主として見返資金の事務を取扱っていたが、昭和二十七年〔1952〕十月中に日本開発銀行へ移され、日銀の部局としては廃止されることになった。）

日本銀行本店の機構（昭和二十七年〔1952〕九月二十五日現在）

部局室	課	係
政策委員会庶務部		
秘書室		
参事室		
総務部	総務課	
	企画課	
渉外部		交渉係　翻訳係　庶務係

人事部　総務課
　　　　人事課

検査部

発券局　総務課　総務係　製造係　計査係　庶務係
　　　　管理課　保管係　整理係　精査係　銷却係

営業局　業務課　庶務係　総務係　資金係　貸付割引係　地金国債売買係
　　　　決済課　預金係　特別勘定係　為替係
　　　　信用調査課　信用調査係　地方係

出納局　総務課　総務係　保管係　庶務係
　　　　出納課　営業出納係　国庫収納係　営業支払係　国庫支払係
　　　　鑑査課　第一係　第二係　第三係　第四係　第五係

国庫局　総務課　総務係　代理店監査係　資料係　庶務係
　　　　業務課　業務係　予算係　為替係
　　　　計理課　資金係　計査係　歳入歳出係　特別勘定係　統括係

国債局　総務課　総務係　計査係　庶務係
　　　　業務課　窓口係　登録係　整備係
　　　　管理課　発行係　証券係　利札係　保管係

証券局
総務係　出資係　政府証券係　出納係　保管係

外国為替局
総務課　総務係　資料係　庶務係
業務課　業務係　資金係　決済係
計理課　計理第一係　計理第二係　計理第三係
予算課　予算係　輸出入係

為替管理局
管理課　管理係　審査係　庶務係
外資課　外資係　連合国財産係
統計課　統計係　国際収支係

資金局
資金課　総務係　融資第一係　融資第二係　庶務係
管理課　管理係　会社経理係

考査局
総務課　総務係　資料係　庶務係
銀行考査課　銀行第一係　銀行第二係
特別金融課　中小金融係　監査係

調査局
内国調査課　金融財政係　産業貿易係　特別調査係
欧米調査課　米国係　欧洲係　庶務係
東亜調査課
図書資料課　図書係　資料係

統計局
金融統計課　総務係　金融係　外国係　庶務係

　　　　産業統計課　物価係　会社係　生産貿易係

計理局　　　　　庶務係　仕訳係　総括係　計理係　調査係

文書局　総務課　総務係　会計係　用度係　庶務係
　　　　厚生課　厚生係　共済係　保険係　貯蓄係
　　　　管理課　警備係　労務係　輸送係

管理部　総務課　建築係　庶務係
　　　　営繕課　営繕係　行舎係

融資斡旋部　一般金融課　総務係　斡旋係
　　　　貿易金融課
　　　　中小金融課

貯蓄推進部

これらの部局のうち人事部は総裁に直属している。つまり人事は総裁が直接にぎっているわけだから、行員は総裁に頭があがらない。検査部は副総裁に直属するが、その他の部局は本店駐在の理事が、それぞれ二つか三つずつ担当している。総裁、副総裁は、その担当理事を通じて、部局長を指揮する形になっている。

また支店、及び本支店の事務の一部を取扱う事務所は、左の各地に置かれており、このほかにニューヨークとロンドンとに、それぞれ駐在参事が置かれている（昭和二十七年〔1952〕九月十五日現在。括弧内は事務所。なお参事については後述）。

（水戸、横浜、以上本店所属）、札幌（旭川、帯広）、小樽、函館、青森、秋田、仙台（盛岡、山形）、福島、前橋（宇都宮）、新潟、金沢（富山、福井）、甲府、松本（長野）、静岡、名古屋（岐阜）、京都、大阪（和歌山）、神戸、岡山、広島、松江（鳥取）、下関、高松（徳島）、松山、高知、福岡（門司、佐賀）、大分、長崎、熊本、鹿児島（宮崎）

これらの支店には、それぞれ営業課、発券課、国庫課、文書課が置かれ、本店と似たような仕事をしているが、札幌、名古屋、京都、大阪、神戸、福岡という六つの重要な支店には、以上の四課のほかに融資斡旋課が置かれ、大阪支店だけには、そのほか外国為替課が置かれている。

儲かる日銀

日銀は儲かる。儲けることが目当ての銀行ではないのだが、ひとりでに半期に五十億円、六十億円という「余剰金」ができるのである。最近二年間の成績を見ても、昭和二十五年〔1950〕九月期には二十九億三千七百万円、二十六年〔1951〕三月期には三十二億五百万円、同年九月期には六十五億七千一百万円、二十七年〔1952〕三月期には六十七億七千八百万円、同年九月期には五十八億六千四百万円の「当期剰余金」を計上している。二十七年〔1952〕九月期の余剰金を一年に引直すと百十七億二千余万円となるから、資本金一億円に対する利益年率は一一・七二八％となる。つまり資本金の百二十倍近い儲けというわけで、こんなに儲かるところはほかにあるまい。
日銀の儲かるカラクリは、きわめて簡単である。それは、日本銀行券の発行という特権をもっているからである。つまり、紙幣印刷機械で作り出した金《かね》を貸して、利息をとる。もちろん日銀券を製造するためには費用がかかるが、それは知れたものである。千円札でも、生産費はただの五円にすぎない。また、日銀の預かる金はすべて当座預金で、一切利息を払わないが、貸金からはチャンと利息をとる。元手いらずの商売だから、儲からなかったら不思議だというわけである。論より証拠、日銀の損益計算を見る方が早わかりである。左の通り（昭和二十七年〔1952〕九月期決算、単位百万円）。

利益金

手形割引料	四、五一七
貸付金利息	三、四八四
外国為替貸付利息	一、九九八
政府貸付金利息	六八四
国庫割引料	二〇〇
国債利息	三、一九二
その他	一、九〇〇

損失金

諸　税	一、六三五
銀行券製造費	一、四一四
国庫国債事務費	一七〇
給　料	一、一三一
交通通信費	三五五
一般事務費	一、〇四九
資産償却	三一
償却準備金繰入	一、五〇〇
その他	二、八二四

		合計	一〇、一一〇
		当期剰余金	五、八六四
総計	一五、九七五	総計	一五、九七五

右のように、手形割引料、貸付金利息、外国為替貸付利息、政府貸付金利息、国債割引料、国債利息といった割引料や利息その他が半期に約百六十億円も入ってくるのに、手品の種になる銀行券の製造費はわずかに十四億円余りにすぎず、また日銀が民間金融機関や政府から預かる預金には利息を払わないから、支払利息という項目は損益計算書には出て来ない。主な損失金、すなわち支出といっては、給料、交通通信費、一般事務費といった人件費や事務費だけである。

こうして、昭和二十七年〔1952〕九月期には五十八億余円の剰余金を出したが、これは以上の経費のほかに十五億円という償却準備金繰入れを差引いた残りだから、これを考慮すると、この期の剰余金は実際には七十四億円近くあったわけである。

とにかく日銀はひどく儲かるが、この儲けはほとんど大部分が政府、つまり国庫に入る。日本銀行法によって、一定の積立金と年五分の割合の配当をした残りは、全部納付金として国庫へ納めることになっているからである。

おまけに、日銀の経理については、大蔵大臣の監督を受ける。日銀の事業年度は四月一日から九月末日までと、十月一日から翌年三月までということに定められているが、毎事業年度の経費の予算を、事業年度の始まる前に大蔵大臣に提出して、認可を受けなければならない。決算については、事業年度の経過した後、二ヶ月以内に大蔵大臣の承認を受け、剰余金処分案については認可を受けなければならない。

だから日銀の経理には大蔵省の眼が光っているのであるが、それでも、日銀総裁が半期五千万円の機密費を使うとか、政治資金を出しているとかということが噂されたり、国会の問題になったりする。何しろ右のように日銀は儲かるのだし、日常莫大な金嵩を動かしているのだから、とかくそういう眼で見られるのであろう。

裏から覗いた日銀

日銀の雰囲気

「あの古めかしい建物の表玄関――その重い扉を押し開いて中へ入ると、まずひやっとする石畳の通路があって、その両側には、金網のなかで善良な行員が、せっせと働いている。彼らは謹厳で、お行儀がよい。いや、彼らばかりでない。ここでは守衛たちまでが、日銀マンたることにプライドを感じてか、両手を前に合せて、お行儀よく眼を光らせている。

二階へ上ると、なお更のことだ。部厚な壁、重々しい扉、すべてがうっとうしいまでに重厚な雰囲気の中で、ひそひそと品のよい話し声が交される。それに総裁室付の彼女たちは、どれもこれも麗人揃いだが、あの宮廷服がまことによく映る。これが日銀の雰囲気です。

こういう社会のなかで、いったい何がいちばん大切なこととされるかというと、それはシツケ、行員に対するシツケです。お作法、言葉づかい、気づかい、人づき合い、わけて上司に対する仕え方だ。廊下を歩くときは爪先から足を下して、物腰静かに歩め、タバコをくわえて歩くなどは、以てのほかである――といった類です。一事が万事で、すべて上長に気に入られるよう、従順でなければならぬ。血気にはやるのは禁物です。老人には逆らっては相ならぬという日本の嫁のしつけのように、少しでも上の役の人に逆らうことは、金輪際、法度とされている」――

これは或る日銀通の語る言葉であるが、これが日銀の雰囲気を正確に伝えているとすれば、それは、何よりも、日銀には封建的な気風がかなり残っていることを意味するのであろう。日銀の業務時間は夏冬を通して午前九時から午後三時まで、土曜日に限って正午までと日本銀行内規にきめられているが、この時間になると、拍子木を合図に日銀の鉄の扉が開け閉めされる。東京広しといえども、いや日本じゅうのどこにも、今どき拍子木の音で扉を開け閉めする銀行、会社や官庁はあるまいと思うが、日銀では今もって、恐らく七十年前からのしきたりの通りやっているのである〔昭和四十四年＝1969まで〕。

この一事をもって万事を推しはかることはむろんできないが、こういう古いしきたりの尊重されているところに、日銀の特色の一つがある。しかし、政府の銀行であり、また終戦までは皇室や華族が大株主であった銀行であってみれば、封建的気分が濃厚に残っているとしても、大した不思議はないかも知れない。だが、果してそうかどうか、いささか日銀の内部に入って、観察することにしよう。

厳格な職階制と身分制

日銀が開業したのは今から七十年前の明治十五年〔1882〕十月十日であったが、その当時の従業員は総裁、副総裁以下、番頭、手代などの下級行員から小使さんまでを合わせて四十四人にすぎなかった。それが現在では（昭和二十七年〔1952〕九月中旬）、職員の総数が九千近くに上っている。職員数の膨脹は、この間における日本資本主義の発展を物語るものと考えてよかろう。が、一口に職員と言っても、それはまず四つの身分に分類され、その四つがさらに細かく分類される。

第一は役員で、これは総裁、副総裁、理事、監事、および参与である。総裁、副総裁は各々一人で、これは総理大臣が任命する。理事は三人以上とされているが、現在は八人おり、これは総裁の推薦した者の中から、大蔵大臣が任命する。理事は株式会社の常勤の取締役に当る。監事は普通の銀行会社の監査役に当るもので、二人以上おかれることになっているが、現在は六人。これは大蔵大臣が任命するが、現在は「金融業者もしくは産業に従事する者、または学識経験ある者」の中から大蔵大臣が任命する。参与は十一人いる。

総裁、副総裁の任期は五年、理事は四年、監事は三年、参与は二年となっているが、こういう役員の定員や任命、任期などは日本銀行法によってきめられている。これらの人々の顔ぶれは次の如くである（昭和二十七年〔1952〕九月末現在）。

総　裁　一万田尚登《いちまだひさと》
副総裁　二見貴知雄
理　事　坂口芳久、加納百里、古沢潤一、鶴原浩二、井上敏夫、五十嵐虎雄、山村鉄男、高梨壮夫
監　事　小山直彦、藤島敏男、大金益次郎、塚越虎男、木村茂樹、大久保太三郎
参　与　田島道治、汐見三郎、湯河元威、松岡駒吉、中山伊知郎、石川一郎、迫静二、鈴木剛、関桂三、藤山愛一郎、渡辺義介

第二の部類は事務職員（行員）で、これはさらに参事、副参事、主事および書記に分類される。戦前はこのほかに書記補というものがあったが、戦後は「民主化」で、これがなくなった。また戦前、総裁以下

の役員から書記補までが職員とされ、それ以外の女事務員や守衛などは「職員」に入れてもらえなかった。戦後になっても、「行員」というのは参事から書記までで、女事務員は「事務員」として「行員」と区別されていたが、最近は「民主化」が進んで事務職員という分類になり、女事務員もここへ入れてもらえるようになった。

第三の部類は技術職員で、これは技師及び技手に分れる。日銀では本支店の建物の新造築や保修のために建設技術者を雇っており、また医者や歯医者も常雇いにしているが、これらの人はこの部類に入る。

第四の部類は労務職員で、最近まではこれが、雇員という名前になっていた。雇員、守衛、傭員という人たちで、札束をトラックに積んだり、その護衛のためにトラックに乗って行く人たちなどは、この部類に入る。

こういう分類、いいかえれば身分制は、日銀の職員を律する重要なワクになっている。この身分制とならんで、総裁―副総裁―理事―局長（部長または支店長）―局次長（部次長または支店次長）―課長―係長―課員・係員という職階制があり、身分制と職階制という秩序の下で、日銀の厖大な機構が規則正しく動いてゆく。つまり頂点に総裁を戴くピラミッド型の機構により、上司の命令が下僚に伝わり、下僚は上司の手足として、整然と動いてゆくのである。

こういう職階制と身分制とが綯《な》い合わされているので、日銀役職員の肩書は、左のように、十数種類でき上る。

支店長理事、局長参事、部長参事、支店長参事、部次長参事、秘書役参事、検査役参事、調査役参事
局次長副参事、部次長副参事、支店次長副参事、検査役副参事、調査役副参事、課長副参事、事務所

長副参事、係長主事、書記

このほかに、局長や部長でない参事だけのもの、調査役や課長でない副参事だけのもの、係長でない主事だけのものという、参事、副参事、主事がいる。そこで、局外者から日銀の職制や身分制を見ると、ややっこしいことになるが、手っとり早く言えば次のようなことになる。

理事は、前にも述べたように、重役である。日銀で叩き上げて理事になる者もいれば、大蔵省から天下りで来る者もいるが、とにかく理事は重役であるから、さらに進んで副総裁―総裁になるチャンスもあれば、日銀からほかの金融機関に出て、頭取その他の地位につくこともできる。日銀マンにとっては、最高の階層であって、ここまでくれば占めたものである。毎日の「マル・テーブル」にも出席できるし（マル・テーブルは重役会のこと、円卓をかこむためにこの名がある）、食事も一般行員とはちがう食堂でする。とにかく、理事は重役ということだから、誰にもわかる。そして、支店のなかでも大阪支店は二百四十人、名古屋支店は百三十人の行員を擁し、仕事の上でも重要な大支店だから、ここに理事の支店長がいるということもまた、誰にでもわかる。わかりにくいのは、ここから先である。

参事、副参事、主事には定員というものは別にないようだが、現在（昭和二十七年〔1952〕九月中旬）参事は約六十人、副参事は約三百人、主事は約四百五十人いる。残り数千人が書記というわけだが、この身分制は軍隊の階級で説明すると、最もわかりやすいだろう。

書記はいわば兵卒である。だから、平課員であり、平係員である。主事は下士官に相当する位である。本店や大きな支店の係長とか、普通の支店の課長などという分隊長はこの位の者でないと、なることができない。副参事は下級将校というべき位で、本店や大きな支店の課長、部局の次長、普通の支店の次長などという職務は、こういう将校でないと執ることができない。参事ともなれば、その数も大分少なくなるが、これは高級将校で、部隊長の器のものでないと、これにはなれない。部局長、大きな部局や支店の次長、支店長などの地位に就く者は、参事に限られる。参事ではない者はたとえそういう地位に就いても、「心得」を下につけられる。例えば、現在の渉外部長「心得」の武内重光は副参事であって、参事ではないという如きである。

ついでに、同じく部局長や支店長といい、参事といっても、格は同じではない。本店の部局で格の最も良いのは営業局と総務部であり、それにつぐ部類に入るのは外国為替局、国庫局、文書局、発券局、調査局といったところ、それから一段下ったのが、統計局、出納局、証券局、管理部、貯蓄推進部といったところである。この最後の部類の部局の長は、最近は必ずしもそうでないようだが、昔は出世の行きどまりとされていた。

支店では大阪、名古屋の順で、それについでは神戸、福岡、京都、札幌の格が高く、仙台、金沢、広島がそれに続くが、あとの支店は大体どれも同列というところである。また、本店の部局長から大きな支店長になる例も少なくない。

出世のコース

昔の軍人が大将、元帥を夢み、いまの代議士が大臣、総理を夢みるというのは通り相場だから、日銀マン諸君が理事、総裁を夢みて、出世を心がけることをとやかく言おうとは思わない。ただ日銀も一種の官庁であるから、立身出世に汲々とする傾きが強く、後輩が先輩を抜いてよい地位についたりすると、なかなかウルサイらしい。「誰それは世渡りがうまい、上の人にとり入るのがうまい」などという蔭口も、相当きかれるらしい。そんなことは、日本のどこの社会にもあることだが、それはそれとして、日銀ではどういうのを出世コースと言うか。

理事、総裁を目指すコースから行くと、女の職員はまず不適格。男でも、「事務職員」に限られるが、男の事務職員（行員）でも、大学か、少なくも専門学校を卒業していないとだめだし、大学のなかでも官学でないと、うまくない。

戦前に書記補という身分があったことは前にも書いたが、中等学校（主に商業学校）を出たものは書記補になり、専門学校、大学を出たものは書記になった。書記補を数年間やって書記となり、さらに主事へと上ったのだが、このコースをとる人は大体主事で終る。近ごろは五十歳近くなって副参事になる人もあり、中にはもっと出世する人もあって、昔ほどのことはなくなったが、参事、理事と上って行く人々はまず少ない。近年では中等学校（現在では高等学校）卒業生を毎年百人余り採用し、大学出身者と同じく書記としているが、この人たちは最初から、出世コースなどをあまり考えない方がよいようである。

中等学校出身で相当の地位まで進んだ人の例としては、国庫局長や人事部長になり、転出して横浜興信銀行頭取となった柳沢鉱一（現在は退任）や、函館支店長を最後に日銀を出て北海道の副知事になった佐久間長次郎（現在は退任）くらいのものである。

専門学校、大学出身者は、毎年数十人採用され、書記の位をもらう。最初は出納局や支店の出納係へ廻されて、札の勘定を習う。札勘定を教わる期間は、一、二ヶ月である。それからいろいろの係でコツコツ勉強するわけだが、昔のコースだと十年ほどたったときに、海外支店へ行くか行かないかが、出世の分れ道になった。

当時は毎年四、五人、多いときは六、七人ずつ、海外に派遣した。ロンドン、ニューヨークに四、五人、ベルリン、パリに一人ずつという工合で、そこで海外事情を勉強する。帰ってくると調査役、それから課長になる。入行して五年くらいで海外派遣などといったら、異数の抜擢であるが、海外派遣が早ければ早いほど、出世は早いとされた。

出世コースとしてそのつぎに踏むべき順序は、本店の営業局業務課長、総務局総務課長、文書局総務課長——この三つの椅子のどれかに坐ることである。数ある課長の地位のなかでも、この三つのうちのどれか一つを経て来ないと、幅がきかない。それから支店長に出たり、本店の部局長になったりする。もちろんそのころには、身分はすでに参事になっている。

四千七百人もいる男子事務職員のうち参事は六十人ばかりだから、八十人に一人という割合で、この辺りまで来ればかなりの出世としなければならぬが、大学出で十五、六年はかかるだろう。普通に行って、主事になるには八、九年、副参事になるのは十年か十一、二年、参事になるのはそれからまた五年——といった年限がかかるようである。

現在の部局長、あるいは大きな支店の支店長は、大体右に述べたようなコースを通って来ているし、日銀出身の総裁、副総裁、理事もそうである。戦時、戦後は欧米派遣がなくなったので、出世コースもいくらか右とはちがったが、最近は、ロンドン、ニューヨークに駐在参事が置かれ、参事のほかにロンドンには副参事と書記がそれぞれ一人、ニューヨークには副参事一人、主事二人が置かれるようになったから、昔のコースが次第に復活しつつある。

参事の上には理事がある。これは前にも書いたように重役だが、参事六十人に対して理事は今のところ八人だから、参事の誰でもが理事になれるわけではない。経歴や力量から言って当然理事になるべき人でも、欠員がないと理事にはなれない。そこで理事になるべくしてなれなかった人が日銀を去ってよそへ行く場合、一日だけ理事にして箔をつけるという習慣がある。これを「一日理事」と内部で呼んでいる。

近年の例では、現在の副総裁二見貴知雄が昭和二十三年〔1948〕四月一日に理事に任命されて、同じ日に辞任した。これは彼が閉鎖機関処理委員会へ転出するときのおみやげとして、理事になったのである。そして二見は、昭和二十四年〔1949〕五月に、副総裁として日銀に復帰した。大久保太三郎は外国為替管理委員会へ転出するとき、昭和二十四年〔1949〕の九月二十八日に、一日だけ理事になった。また「一日理事」ではないが同じような例としては、山本米治（当時名古屋支店長）が経済安定本部副長官に転出して行くとき、昭和二十四年〔1949〕三月十九日から四月一日までの間、理事になったというのがある。

また、同じ部局長でも、例えば営業局長と統計局長とでは格がちがうこと、統計局長などは昔は出世の止りとされていたことは前に述べたが、近ごろは必ずしもそうでない。人が多くなった関係もあって、部局長同士、あるいは部局長と支店長を交替させるという「横転」人事もかなりある。先ごろ統計局長の岡本達三郎が新設の長期信用銀行に転出したが、これも出世の止りという意味でなく、人繰りの都合だったのだと言われている。出世といっても、運も手伝うのである。

ついでに、これは普通の出世コースではないが、地方銀行の頭取の息子が、事務見習のため数年間日銀に勤めた後、頭取となって地方銀行へ戻るというコースがある。北陸銀行の現頭取中田勇吉〔昭和三年〔1928〕の明治大学出身〕と三重県の百五銀行頭取川喜田壮太郎（昭和三年〔1928〕の法政大学出身、夫人は中根貞彦長女）は、その例である。

東大閥はばを利かす

出世コースをたどる者には、同じ大学出身者でも官学出身者が多い。それも大部分は東京大学である。まず、役員でいうと、一万田総裁、二見副総裁がともに東大。理事では坂口芳久だけが京都大学だが、この人は日銀生えぬきでなく大蔵官僚出身であり、残り七人の理事は、いずれも日銀子飼い、そして全部東大法科か政治科の出身である。生えぬきの理事は東大が独占しているわけだ。

つぎに本店の部局長とか支店長（理事兼任を除く）を見ると、やはり東大が圧倒的に多く、次は東京商大である。なかに東京外語フランス語科出身という変り種もおり、地方や私立の高等商業学校出身者もちらほらいるが、そういう部局長は、日銀では珍しいとされている。慶應、早稲田などの私学出身者は振わず、慶應出身では、大正十五年〔1926〕ごろまで副総裁だった木村清四郎、現在福岡支店長の佐久間虎雄、早稲田では先ごろ出納局長をやった奥忠彦あたりが、頭角を現わしているだけである。もっとも、同志社出身の深井英五が第十三代目の総裁になっているが（後述）、これなどは稀有の例である。現役の主なところを出身学校別に示すとつぎの通り。

東京大学……人事部長・篠原周一、検査部長・岩井隆次、発券局長・国府田《こうだ》守登、営業局長・佐々木直《ただし》、調査局長・太田剛《たけし》、融資斡旋部長・市田禎蔵、名古屋支店長・谷口孟《つとむ》、神戸支店長・岡川勝平、札幌支店長・藤松正憲、ロンドン駐在参事・立《たち》正嘉、ニューヨーク駐在参事・松本重雄

東京商大……考査局長・鈴木義恵、文書局長・藤沢徳三郎、証券局長・辻斧太郎、参事室参事・吉岡幸

一、秋田支店長・中島福三郎
京都大学……国庫局長・山村秀雄
大阪高商……出納局長・味田《みた》順三郎
大倉高商……国債局長・谷坤《こん》一郎
東京外語……統計局長・鍵山覚
神戸高商……計理局長・木下常雄
小樽高商……貯蓄推進部長・増田常次郎
慶應大学……福岡支店長・佐久間虎雄
高松高商……京都支店長・矢部良臣

そこで日銀には東大閥が確乎たる根を張っていると世間に評判されるわけだが、それは毎年の新入行員のうち、東大出身者がいつも大部分を占めるからである。入ってくるときから東大の数が多いのだから、そのうちで要職につく者も、しぜん東大が多くなる。

近年までは、新人を募集するとき、東大は何人、商大は何人とあらかじめ決めて、数十人採用するうち東大出身者が最も大きな割合を占めるように、はじめからなっていた。給料も、東大と商大は同額、つぎは慶應、少し下って早稲田、それ以外の私学は高等商業卒業生と同額というように、はじめから差がついていた。

戦後は官学、私学の区別もなくなり、採用人員のうち官学と私学の比率をあらかじめ決めることもなくなったが、しかし日銀は狭き門だということで、各大学の選りすぐった秀才が集まり、試験をしてみると、東大がいちばん成績がよくて、最も多数合格する――ということになるのだそうである。いずれにしても、大学、専門学校を出た行員のうち、東大出身者が最も多いから、出世コースをたどる者の数も多いというのが、実情である。

これを学閥というならば、他の官庁におけると同様、日銀にも東大閥があるということができるが、いったい日銀に東大閥がいつごろから出来るようになったかということを、ついでに詮索しておこう。

東大出身の法学士が日銀へ入るようになったのは明治二十二、三年〔1889,90〕ごろからで、最初に日銀へ入った法学士は、志立《しだち》鉄次郎と渡辺千代三郎の二人である。この二人はともに明治二十二年〔1889〕の東大出身の法学士で、日銀へ入って「書記試補」というものになった。ついで久保勇《いさみ》（松方正義の甥）、柳谷卯三郎、伴野乙弥、青木鉄太郎、長崎剛十郎といった法学士が「新知識」として迎えられ、明治二十八年〔1895〕には土方久徴（十二代目の日銀総裁）、明治二十九年〔1896〕には井上準之助（九代目及び十一代目の日銀総裁）というような東大出身の俊秀が、日銀に入っている。

ところで、第一回目の法学士行員は二人とも、明治三十二年〔1899〕二月の日銀ストライキで日銀を飛び出している。このストライキについては、すぐ後でも触れるし、また五代総裁山本達雄のところで詳しく述べるが、志立鉄次郎と渡辺千代三郎の二人とも、それぞれ支店長まで行った後、この日銀騒動で、入行後十年にして日銀を飛び出してしまった。そして志立は住友銀行へ行き、後に日本興業銀行総裁となり、渡辺は大阪北浜銀行へ行き、その頭取となり、また西成鉄道、大阪瓦斯《ガス》、南海鉄道などの社長になった。

がそれはとにかくとして、明治二十年代という六十年も昔から、東大卒業生は日銀に根を下ろしているのだから、その勢力が牢固たるものになっても、不思議はない。東大閥があるとかないとか議論するのは、むしろ野暮と言うべきだろう。

名門は綺羅星の如く

由来日銀は、学閥とともに門閥で固められていると世間で取り沙汰するが、なるほど名門、名家の子弟が多数にいるし、そういう人がまた要職を占めている。

まず、総裁一万田尚登自身、九州の大名、大友宗麟の武将の一人、一万田氏の末裔であるかも知れない。一万田自らの記すところによると、戦国のころ大友氏に三人の有力な武将がいたが、その一人を一万田といった。豊臣秀吉の九州征伐のときに大友勢は黒田勢にさんざんに敗れ、一万田総裁の生れた村の近くで、一族郎党は切腹した。「切腹して相果てたのだから、一万田のあともないわけなのだが、そこが相果てたといっても、一万田の女や子供は残ったかも分らないし、ちょうど明治維新で百姓も姓をもちいることになったときに、その因縁から一万田と名付けたものと思われるが、これはあまり詮索しない方が良いだろう。とにかく一万田氏は豊後の勇将で、こういういわれのある一城の主であった」ということである（一万田尚登『人間と経済』八四―五頁）。

が、これは何ぶん古い話だから、しばらく措くとして、名門でまず指を屈しなくてならないのは、元宮様、元首相、東久邇稔彦《なるひこ》の長男盛厚《もりひろ》であろう（その夫人成子《しげ》は今上天皇第一皇女子）、しかし東久邇盛厚は、調査局の嘱託で、日銀の正式行員ではなく、まして日銀の有力幹部というわけでもないから、まず別格としておこう。

そこで副総裁から理事を見渡すと、副総裁の二見貴知雄は京都大学名誉教授、工学博士・二見鏡三郎の長男、その夫人は芸術院会員故南薫造の長女とあるから、名門と言ってよい。

筆頭理事の坂口芳久は、京都大学の教授で、史学の草分けであった坂口昂博士の長男であり、これも名門ではあるが、しかし、坂口理事は昭和二十一年〔1946〕に大蔵省から来た人だから（最後は東京財務局長）、日銀生えぬきではない。

日銀生えぬきでは、理事・加納百里《ひゃくり》が、第一銀行の重役をした加納友之介の長男、同じく古沢潤一は、鳩山一郎の長女百合子を夫人に迎えているから、ともに名門と言ってよい。

だが、日銀マンとしての血統のよさからいけば、理事・鶴原浩二を最高位に置かねばなるまい。彼は鶴原定吉の二男に生れ、その夫人寿美子は、日銀総裁を二度勤めた井上準之助の二女である（井上準之助については、第九代総裁及び第十一代総裁の項参照）。

今どき鶴原定吉と言っても知らない人が多いかも知れないが、彼は三代目総裁川田小一郎に見込まれて外務省から日銀に入り、明治二十六年〔1893〕九月、高橋是清が支配役に任ぜられたときに、薄井佳久、山本達雄（後に五代目総裁となる）、河上謹一（後に住友理事、現在の輸出入銀行総裁河上弘一の父）などと共に支配役となった人である。川田総裁のあと岩崎弥之助が総裁となり、ついで山本達雄が総裁となったとき、河上、鶴原らと山本総裁とが衝突して、鶴原たちは日銀を辞めたが（当時鶴原は理事、明治三十二年〔1899〕三月）、その後伊藤博文の組織した政友会に入り、明治三十八年〔1905〕十二月に日韓合併で伊藤博文が初代韓国総監に就任すると、鶴原は総監府の総務長官となり、晩年は大阪市長となった。とにかく鶴原定吉は日銀の大先輩で、井上準之助なども、当時は鶴原の輩下であった。

鶴原浩二はその定吉を父とし、井上準之助を岳父とするが、井上の娘を夫人としている人は、もう一人日銀におり（人事部長・参事の三宅重光）、さらに井上の息子（四男）もいる（ニューヨーク駐在・副参事・井上四郎）。この鶴原、三宅、井上は、井上準之助の閨閥トリオで、井上を崇拝する一万田総裁の寵児だと言われている。一万田は大分県人という点でも井上の後輩であり、また井上の秘書をしていたことがある（一万田の井上崇拝については後述）。

この辺りになると、名門であると同時に日銀出身者の第二世ということになるが、名門ないし二世を拾うと、まだまだある。

部局長クラスでは、先ごろまで渉外部長をしていた西園寺不二男（鮎川義介の創立した亜東銀行、すなわち中小企業助成銀行の頭取に転出）は、元公爵西園寺公望の孫である（参議院議員西園寺公一の弟）。その妹は住友吉左衛門に嫁しており、その夫人は鮎川義介の長女だから、名門、閨閥として申し分がない。

また、営業局長の佐々木直《ただし》は、昭和十四年〔1939〕ごろまで日銀の理事をしていた司城《つかさき》元義（もちろん一万田総裁よりも先輩）の女婿、為替管理局長の織田定信は、東京芝浦電気社長・石坂泰三の義弟（泰三の夫人の弟。なお泰三の長男一義は渉外部書記）、文書局長の藤沢徳三郎は興国人絹パルプ社長・金井滋直の女婿、岡山支店長の明石景明は、元帝国銀行会長・明石照男の長男、ロンドン駐在参事の立《たち》正嘉は、元東京大学の教授で国際法の大家であった立作太郎博士の長男という工合である。

元日銀総裁の二世にはまた、新木《あらき》栄吉の二男文雄がいる（その夫人は、京都大学名誉教授・汐見三郎博士の長女）。彼は父新木が駐米大使となったので、現在は日銀の籍を外務省に移し、駐米大使秘書としてワシントンに行っているが、父新木が大使を辞めれば、再び日銀に復帰するはずである。

その他、元内大臣木戸幸一、元埼玉県忍《おし》の城主・子爵松平忠寿、第一ホテル社長・土屋計左右《けいぞう》、元帝国銀行頭取・入間野武雄、現官房長官・緒方竹虎、元外務大臣・元海軍大将・野村吉三郎、元商工大臣・星島二郎、元厚生大臣・広瀬忠久、元大蔵大臣・広瀬豊作、元浅野セメント専務で浅野財閥の浅野八郎といった人たちの息子や女婿というふうに、名家、名門を挙げれば、煩に堪えないほどである。

しかし、日銀はこういう名門の子弟ばかりを選り集めているのかというと、そうも言えないようである。日銀本支店を合せて四千七百余人の男子職員がいるのだから、そのなかに五十人や百人、名門の子弟やその閨閥に属する人がいても、そう不思議ではない。それに、日銀以外の銀行、会社、あるいは官庁にも、そういうことは幾らでもある。ただ七十年という長い歴史があり、政府（大蔵省）が出資金の過半を持ち、さらに戦前は皇室をはじめ華族や財閥が大株主（大口出資者）であったということから、名門の子弟がほかよりも多く集まるという傾きはあっただろう。また銀行当局がそういう子弟を喜ぶ傾向は、今でも確かにある。

毎年の新規採用試験は相当競争が激しく、各学校とも秀才と見られる人々が試験を受けるが、成績が同じような場合には、日銀出身者の子弟とか、名門の子弟を採用するという方針が、今でもとられている。思想問題などの点でも、その方が安心だというわけであろう。

現金給与はそう良くない

日銀の給与については、ズバぬけてよいという説と、世間で騒ぐほどのことはないという説とがある。ズバぬけてよいというのは、新聞や雑誌が書いたり、よその銀行会社の従業員がヤッカミ半分で流布する説であり、それほどでないというのは、日銀内部の人の言い分である。だが、いまの日銀の現金による給与は、銀行のうちではまん中くらいというのが、真相のようである。

なぜ「ようである」という逃げ口上めいたことを書くかと言えば、日銀の当事者も、大蔵省も、日銀の給与については世間に公表しないし、日銀の従業員組合でさえも、本当の材料を出さないからである。全銀連（全国銀行従業員組合連合会）といえば、全国の銀行労組の元締めで、ここへは各組合から、日本じゅうの銀行の給与についての詳しい資料が集まって来る。日銀の従業員組合も全銀連に加入しているから、ほかの組合と同じように詳しい報告を全銀連に出すはずだが、しかし通りいっぺんの報告しか出していない。日銀はとかく官僚的で秘密主義だと言われるが、従業員組合にも、その傾向があるわけだ。従業員組合が、同じ仲間の全銀連にさえも、何かと口実を設けて資料の提供をいやがるほどだから、いわんや局外者に真相のわかるはずがない。だから、「真相のようである」としか言えないのである。

しかし、日銀を裏から覗く以上、日銀の給与や福利施設について触れないわけにはいかない。日銀の行員が「ありきたりの銀行員とはわけがちがう」という誇りをもっているのも、上司に柔順であるのも、身なりをととのえ、行儀正しくふるまうのも、帰するところは、「衣食足りて礼節を知る」ことにあろうと思われるが、そこのところを分析しないと、日銀のすみずみまでわかったと言えない。そこで、関係者のめぐらしているカーテンの隙間から、給与の内部をうかがうことにする。

給与というときには、まず現金給与、つまり月給とか給料が問題になるが、日銀の場合には、現物給与と福利施設が大きい。現金給与、それもいわゆる給与ベース（基準給与）の表面だけでは、一見大したことはないのである。

昭和二十七年〔1952〕四月末現在の調べによると、日銀の従業員の数は八千百六十人、その男女別割合は男五二%、女四八%、平均年齢は二十九・七歳、扶養家族一・三人、勤続年数八・七年で、その給料のベースは一万三千八百円となっていた(税込み以下同じ)。これが同年八月に改訂されて、五月分まで遡って一〇%のベース・アップとなり、現在は一万五千百八十円となったというのが、局外者の知り得る限りの材料だ。

ベースだけをとると、千代田銀行の一万九千円、富士銀行の一万八千七百円などに較べて、日銀の方がグッと低い(ついでに三和は一万八千六百七十円、大阪は一万八千六百五十円)。「銀行の銀行」であり、市中銀行に君臨する日銀でありながら、現金給与の基準は、市中銀行よりも低いということになる。が、「なんだ、千代田、富士より低いじゃないか」と言ってしまうのは、まだ早い。

元来、銀行の給料は、日本じゅうでいちばん高い。銀行では大体において男子行員六割、女子行員四割という比率になっているから、男子を多く使っている事業と同列視するわけにいかない。銀行は昭和二十七年〔1952〕の六月から八月にかけて、いっせいに一〇%程度のベース・アップをしたが、それ以前においても、男子行員だけをとると、基準賃銀の平均で二万四千円となっていた。ストライキ、ストライキで賃上げを闘いとった日産自動車会社の賃金が、日本の最高といわれているが、その賃金は基準外賃金を含めて、税込み二万七千円である。そこで、銀行の方はその後一〇%のベース・アップが行われているし、それにこれは基準給料だけだから、時間外手当などの基準外のものを加えると、日本一高い自動車工業に較べて、優るとも劣らぬ高給となる。

そういう高給の銀行のなかでも、最も高いのが千代田である。その千代田に較べると、ベースでは日銀の方が三千八百円ほど低いが、しかしこのベースを較べる場合でも、一般に銀行の男女行員の比率が六対四であるのに対し、日銀が大体五対五となって、女の行員の多いことを考えなければならない。また、基準外の手当のことは、これだけではわからない。

現に、日銀の昭和二十七年〔1952〕九月期決算報告（二十七年〔1952〕四月―同年九月）に載っている「給料」は、十一億三千百万円、月割りにして一億八千八百万円となり、頭割りにすると一人一ヶ月約二万円となる。当時の給料ベースは一万五千余円であるから、ボーナスとか居残りその他の、基準給料以外のものなどが、五千円ばかりあった計算になる。従業員の半分が女子であることを考えると、一人平均二万円の給料は、いまの日本では最高給の部類に入るといわねばならない。興味のある読者は、自分の会社の給与ベースと比較してみられるとよい。

羨望される福利施設

以上は現金給与の話だが、日銀ではこのほかに、現物給与がある。まず毎日の昼は、パンにお菜が一皿の給食。一人、一食当り三十五円、一ヶ月二十五日とすると八百七十五円を、銀行側が補助する。とにかく日銀行員は、弁当箱を革カバンに入れて歩く必要はない。ほかの銀行では、例えば千代田の給食費は月二百五十円、富士が二百八十円だから、お菜を実物支給する程度で、この点は日銀の方がよほどよい。

日銀では、東京都下の練馬区大泉町に牧場をもっていて、そこから毎日牛乳や山羊乳を運んでくる。戦争中の食糧事情の悪いときでも、日銀の虚弱者には、毎日欠かさず山羊の乳が配給された。むろん今日では、希望者はいくらかの金を払いさえすれば、牛乳がふんだんに飲める。こういう銀行はほかにはあるまい。

食についでは衣であるが、女子事務服は夏冬兼用のものを一年に二着ずつ貸与される。そのクリーニング代の一部は、日銀が負担する。出納事務服は貸与され、そのクリーニング代は、全部日銀負担。女子事務服と出納事務服のクリーニング代の負担に差別があるのは、前者が薄ネズミ色であるのに対し、後者は純白で早く汚れるからであるという。また労務職員には、夏冬一着ずつの事務服が貸与される。「貸与」とは言っても、日銀に勤めている限りは、自分のものも同じことである。

こういう現物給与を現金に換算すると、やはり月何十円、何百円かにはなろう。

つぎは住だが、これになると、まさに至れりつくせりと言ってよい。東京本店だけで三十一の寮をもつほか、独立家屋の行員社宅があって、男子行員の多くが、寮か行員社宅に住んでいる。地方の支店でも、大阪支店には八つ、神戸支店には四つという工合に寮があり、大ていの支店がそれぞれ寮をもっている。参考のために、東京本店所属の寮の名前だけをあげておこう。

竹谷寮、鳥居坂寮、麻布寮、青山寮、早稲田寮、加賀町寮、原町寮、鹿島寮、島津山寮、東洗足寮、大崎寮、穏田寮、目黒女子寮、石川台寮、雪ヶ谷家族寮、雪ヶ谷寮、北沢寮、玉川家族寮、誠之寮、中野新井寮、大和寮、高円寺寮、西荻窪寮、武蔵野寮、杉並寮、板橋寮、板橋第二寮、桜台寮、西窪家族寮、西窪寮、保谷寮

日銀内部の人たちに言わせると、いろいろの言い分はある。第一に、寮というけれども、終戦後個人の住宅を買いとった小さな家に数人、数世帯住んでいるものもあるのだから、必ずしも全部が堂々たる「寮」ではない。また、家族寮などでは、同じ銀行のものが一つの屋根の下に住むために何かと面倒なことや不愉快なことが起る。それに、寮をたくさんもっているというが、大会社や大銀行では、どこでもこういう

福利施設を講じているではないか——と。

けれども、終戦直後の、そこらじゅうが焼け野原でそれこそ住宅難の猛烈をきわめたころ、日銀本店裏手の焼け跡に数軒の社宅をいち早く建てたという例を見ても、行員に住いをあてがう努力と実績のほどがわかるだろう。また、或る高台に昭和二十三、四年〔1948, 49〕当時新築された寮の如きも、家のない中小会社のサラリーマンを、大いに羨ましがらせたものである。

それればかりではない。レクリエーションや医療についての施設も、行きとどいている。東京都下の練馬区上石神井には日銀の石神井運動場があり、毎土曜日の午後になると、日銀の裏門に横づけされる専用バスで、行員たちがそこへ出かけてゆく。海の家には逗子に臨海寮と松風寮、それに千葉県の金谷には行友会（行員の作っている会）釣の家がある。山の家には蘇山寮（長野県）、嘯雲寮（山梨県）の二つがある。

また文書局の厚生課には医師が二人、レントゲン技手一人、歯科医師五人、歯科技工師三人、合せて十一人の医師、歯科医師たちがいて、病人を診察し、治療する。特に歯並びを直す技術では、日銀の歯医者さんは、なかなか優秀だと言われている。さらに、東京都下の清瀬村に、日銀の清瀬療養所（結核研究所日銀病棟）をもっている。日銀の人だけの病棟であること、言うまでもない。

これらは本店の施設だけについて述べたのだが、こういう施設は各支店にもある。これらについても、日銀内部の人たちは、「よその大会社や大銀行でもこのくらいの施設をもっている」と言うが、しかし、こういう立派な施設をもつことに、気がねや遠慮をすることはない。本来どこの会社や銀行でももつべきものが、資力の関係でもてないというだけである。幸いにそういう施設に恵まれた日銀の行員諸君は、これを利用して、健康且つ明朗に活動をつづければよいのである。

日銀の経理は大蔵省の監督下にあり、給与についても大蔵省は、何かとうるさいらしい。終戦後の数年間、日銀は現金給与においても銀行の先頭を切っていたが、近ごろ銀行中での中位に落ちたのは、「大蔵省がやかましいからよ」と、女事務員たちでさえ言っている。「なに、役人は、自分たちの給料が悪いからさ」と評する人もある。が、一万田総裁の方針も、銀行のなかで中くらいのところを行くことを、目安においているらしい。

日銀マンの行方

日銀マンの出世コースについては前に述べたが、官立大学出の秀才のみながみな、理事になれるわけでもなければ、いわんや総裁になれるわけではない。総裁は七十年の日銀の歴史のなかで十八代、十七人しかいないのだから(井上準之助は総裁を二度勤めた)、よほどの実力と幸運に恵まれなければ、なるわけに行かない。一方、五十五歳の停年があるから、先がつかえていたり、外部からの求めがあれば、外へ転出して新しい天地を開拓しなければならない。日銀ばかりにお天とう様が照るわけではないからである。

そこで日銀を出た人々がどういうところへ行ったかは、なにがしかの興味をもつ話題と思うが、以下にその主なものを拾ってみよう。日銀から出た人々の行き先を調べるからと言って、日銀からの天下りだとか、日銀の金融界、産業界への支配力の強化だとかいう理窟をこねようというわけではないが、やはり過去の経歴から、金融界、とくに地方銀行へ入る人が多く、産業界へ入った人も幾らかはいる。

まず中央の金融界や証券界には、つぎのような人々がいる。

現職	日銀当時の地位

川北禎一	興銀頭取	副総裁
浜口雄彦	東京銀行頭取	局次長級
小田切武林	協和銀行頭取	理事
鈴木亨一	東海銀行頭取	名古屋支店長
渡辺忠雄	三和銀行頭取	文書局長
太田利三郎	日本開発銀行副総裁	理事、営業局長
西園寺不二男	亜東銀行頭取	渉外部長
阿部要吉	協和銀行常務	出納局総務課長
梅野友夫	日本開発銀行理事	資金局長
加藤寛一	輸出入銀行理事	考査局長
岡本達三郎	長期信用銀行常務取締役	統計局長
江沢省三	農林中央金庫理事長	理事
佐藤　鐶	商工中央金庫副理事長	考査局長
伊藤英三郎	同　監事	文書局長
島居《しますえ》庄蔵	証券取引委員長	理事、大阪支店長
末松春彦	東京証券取引所監事	名古屋支店長
荒木勇美	大阪証券取引所監事	副参事
白根清香	日本証券金融社長	理事

高山　広　　同　常務　　融資斡旋部一般金融課長
岩坪友二　　閉鎖機関処理委員長　　参事
下岡忠一　　会計検査院検査官　　名古屋支店長

富士、千代田、帝銀などという財閥系大銀行の首脳に日銀マンを迎えていないことは当然として、中央の金融界には日銀出身者は比較的少ない。しかし、地方銀行となると、総数六十行の頭取のうち四分の一の十五人までを日銀出身で占め、その他副頭取、専務、常務などを加えると、左の如く、かなりの数に上る。但し、このうち北陸銀行の中田頭取や百五銀行の川喜田頭取は、前にも述べたように、名門の「日銀留学生」ともいうべきもので、低い地位で、日銀を去っている。

	現　職	日銀当時の地位
柏木純一	七十七銀行会長	参事、検査部長
遠田　淳	足利銀行頭取	参事、秘書役
横田太喜夫	群馬大同頭取	参事、課長
中田勇吉	北陸銀行頭取	書記
石橋義雄	北国銀行頭取	監事
吉川智慧丸	十六銀行頭取	理事
川喜田壮太郎	百五銀行頭取	書記
岩波守文	滋賀銀行頭取	参事、検査部長
吉田忠郎	泉州銀行頭取	参事

山内信次郎	山陰銀行頭取	参事、文書局長
里見信三	百十四銀行頭取	書記
末次恭輔	佐賀中央頭取	副参事
牧　謙一	親和銀行頭取	書記
門川　暴	日向興業頭取	監事
勝田　信	鹿児島興業頭取	参事、国庫局長
伊藤　貢	十八銀行専務	調査役
荻野憲一郎	紀陽銀行常務	参事
小林芳夫	神戸銀行副頭取	書記
須藤仁郎	東邦銀行副頭取	調査役
鶴見威夫	駿河銀行取締役	副参事
中田菊太郎	肥後銀行常務	副参事
福岡　正	伊予合同常務	主事
福田　亮	山陰合同専務	主事
両沢権七郎	北海道銀行取締役	参事、千葉事務所長
寺田明三	大垣共同常務	参事、大阪支店調査役
大原友幸	日向興業専務	参事、横浜事務所長
小寺勝昌	十六銀行副頭取	参事、国庫局長

これらの人が地方銀行の頭取や首脳部に入った事情としては、地方銀行の合併の際、色のない日銀マンが求められてシャッポに坐るという場合も、かなりあったようである。

産業界には比較的少ない。その点興業銀行が債権を背景にして、多数の重役を産業界に送り込んでいるのと趣きを異にする。昭和電工、保土谷化学、極洋捕鯨、わかもと、利久醗酵（会長に証券局長から若槻有格《ありのり》＝若槻礼次郎の長男が就任）などの諸会社のように、経理上の危機を打開するため、市中銀行と日銀が協議の上、日銀から経理担当重役を送り込んだ例がいくらかある程度に止っている。現在産業界にある日銀出身者の主なものを拾ってみると、つぎのようである。

	現　職	日銀当時の地位
堀越禎三	東京電力常務	理事
柳田誠二郎	日本航空社長	副総裁（追放）
岡崎嘉平太	池貝鉄工社長	参事
清水通夫	小野田セメント常務	出納局長
牟田　治	保土谷化学取締役	副参事
野村昌委	昭和電工常務	副参事
浅岡一雄	極洋捕鯨専務	参事、新潟支店長
坂上捨松	三共副社長	参事、鹿児島支店長
秋山敬四郎	同　経理部長	副参事
牧田鉛市	わかもと専務	副参事

田中守三　　武田薬品取締役　　理事
岩瀬雄治　　丸善石油取締役　　参事、下関支店長
佐々部晩穂　　松坂屋副社長　　副参事
和田秀次郎　　日本レイヨン常務　　調査役
六鹿貞一　　名古屋精糖常務　　岐阜事務所長
前田謹一　　長崎製鋼取締役　　副参事

なお、日銀を出た人々は、「相互の旧交を温め、親睦を図り、吉凶禍福を慶弔する」目的をもって「日銀旧友会」というものを作り、ときどき寄り合っては昔なつかしい日銀を回想しているが、その会員は五百人近くに上っている。

慾と名誉心で買われる日銀出資証券

一口三千円で買う名誉

日銀株——正確に言えば日銀出資証券——の値段は、払込百円のものが三千円以上している（昭和二十八年〔1953〕一月二十八日現在三千四百七十円）。昭和二十六年〔1951〕九月ごろには四百四十円くらいだったのが、八倍近くに値上りしているが、この間に、一日で百円ずつ高騰したときもあった。

日銀の資本金は一億円、出資口数は百万口で、その過半数の五十五万口を大蔵大臣が持つことに、法律（日本銀行法、以下同じ）できまっている。そのほかにも、財産税として物納された日銀出資証券で大蔵大臣の所有になっているものがあるから、民間の所有は四十万口足らずである。その四十万口も、大部分はいわゆる安定株主の手中にあるから、株式市場に現われる浮動株は、きわめて少ない。そこで、市場のくろうと（証券業者）がわずかの株数を売ったり買ったりすることによって、一日に百円暴騰させたり、ときには暴落させたりすることができるのである。

それにしても、だんだんに値上りして三千四百円もの値段を保っているのは、どういうわけか。日銀の配当は年五分を超えてはならぬと、これまた法律できめられており、この法律に従って日銀では五分配当をつづけているから、三千四百円という相場だと利廻りは〇・二％（二厘）にもならない。一般の株式の利廻りは八、九分というところだから、日銀の出資証券は、ひどい低利廻りまで、つまり投資のソロバンに全然乗らない値段まで、買われているわけである。これは、どういう理由だろうか。

まず考えられることは、配当は低くても資産の内容がよいから、その資産内容を買うということである。そういう点から見ると、なるほど日銀の資産内容は無類によい。昭和二十七年〔1952〕十月一日現在で、諸積立金四十五億二千五百万円、償却準備金百十八億四千八百万円をもっている。出資金一億円と合せて百六十四億七千三百万円となり、もし日銀が解散するような場合には、出資証券一口当りの値打ち（解散価値）は、約一万六千四百余円となる。

ところが、日銀の場合は、普通の会社とちがって、解散価値は問題にならない。というのは、これまた法律で、日銀の解散した場合において、払込資本金額を超える残余財産は国庫に帰属するということが、きめられているからである。だから、いくら解散価値が大きくても、それは株主（出資者）にとっては絵に画いた餅で、株主には一口につき百円しか返って来ないのである。こういうことは、証券のくろうとはもとより、株式投資でもしようとする人は、よく知っているはずである。

では、株式市場でどういう理由をつけて、日銀株を買煽るかと言えば、それは三つほどある。

第一は増配説である。前述のように現在の日銀の配当は年五分以下と決められているが、この法律が作られたのは昭和十七年〔1942〕で、金利水準の低いころである。銀行の貸出利率が年九分から一割にもなっている今日、五分という配当は如何にも低いから、法律を改正して増配を許すようにするだろう、というのである。

だが、仮にそうなったとして、日銀の配当が例えば一割に上ったとしても、出資証券の相場が三千円ならば利廻りは〇・三%にしかならない。二割配当でも〇・六%である。とうていソロバンに合うものではない。

第二は増資説である。資本金を十倍に増資して、現在の出資者に一口に対し九口の割合で新証券を割当てるだろう、というのである。そうなれば、増資割当のプレミアムは相当大きい。

だが、この説も眉つばものである。日銀の資本金は、普通の事業会社や銀行の資本金とは性質がちがう。資本金が少ないから、金繰りに不便だというようなことはない。四千何百億円の日銀券を発行している日銀にとっては、資本金が一億円であろうと、十億円であろうと、何の変りもない。増資などは全然無意味である。そういう無意味な増資を、株式市場を喜ばせるだけの目的のために、大蔵省や日銀が実行するかどうか。

第三は無償交付説である。これは、ほかの事業会社がやったように、資産を再評価して、ふえただけの再評価益を出資金に振替え、新しい出資証券を現在の出資者に無償で交付する、というのである。日銀は昭和二十七年〔1952〕三月末現在で五億円近い金地金をもっている。これは昭和十二年〔1937〕に制定された「金準備評価法」で、純金二百九十ミリグラムを一円とする(一匁は十二円九十三銭)と定められた時の評価に従っている。その後物価が二百倍にも三百倍にもなっている今日、これを再評価することは意味があるし、大蔵省あたりでも検討しているようである。だから、仮にこれを二百倍に評価替しても、一千億円という評価になり、九百五十五億円の評価益が出る。それを資本金に繰入れて、出資者に無償交付することになれば、出資者は大いに儲かるだろう。

しかし、そういううまいことが実現するかどうか。もともと日銀の儲けは一切、国庫へ納めるというのが、日銀の経理をつらぬいている建前である。毎半期の決算でも、年五分の配当と所定の積立金を差引いた残りは、全部国庫へ納めることになっている。解散の場合にも、出資金以上の財産を全部国庫へ納めることは、前に述べた通りである。日銀券の発行という特権をもつ中央銀行として、これは当り前のことであるが、そういう建前になっている日銀が、普通の会社のように無償交付で株主を優遇することは、まず考えられない。

こう見てくると、日銀券を釣り上げるためのいろいろの説は、根拠が薄弱である。ただ、くろうとの相場師がいろいろの理由をつけて、日銀株（出資証券）をいじっているだけだから、しろうとの投資家は要心されるがよい。

豪華な昔の株主の顔ぶれ

そこでソロバンずくで考えると、日銀出資証券が三千円以上もしているのは、全くべら棒な値段だということになる。だが、日銀出資証券を、ソロバンだけで持っている出資者は、あまり多くないようである。大ていの出資者は、虚栄心と呼んで悪ければ、名誉心からこの出資証券を持つ。つまり、ほかの株を持つよりも、日銀株を持つのが名誉だと思っているのである。

昭和十七年〔1942〕にナチスばりの「日本銀行法」が制定される以前には、日本銀行は株式会社組織で、株主総会も開かれていたから、株主はそこへ出席して発言することもできたし、「異議なし、異議なし」とやることもできた。ところが、この法律によって日銀は特殊法人だということになり、株主総会に当る出資者総会というものも認められていないので、出資者が日銀の仕事に関与する余地は全然なくなった。そこでそれ以来は、日銀の株主総会に出席するという「名誉」はなくなったのだが、しかし、それでも日銀出資者であるということを名誉とする考え方は、まだ残っているのである。

その昔、日銀の株主にはまず皇室があった。株主名簿の筆頭に内蔵頭《くらのかみ》と書かれていたのがそれである。以下、皇族、華族、三井などの四大財閥——それらが大株主の上位を占め、日銀株は皇室をはじめ華族や財閥の世襲財産でもあった。こういう状態が終戦直前までつづいていたが、そのころの日銀の大株主とその持株数（出資口数）を示しておくと、つぎの通りである（昭和十九年〔1944〕五月一日現在、単位は口数）。

内蔵頭	二一一、五二八
東久邇宮	四〇〇
大蔵大臣	五五〇、〇〇〇
侯爵鍋島直泰	五、四〇〇
三井物産会社	四、九一四
安田銀行	四、三四八
帝国銀行（第一銀行）	四、二四五
三菱銀行	四、二二三
男爵住友吉左衛門	四、二二三
侯爵前田利建	三、三六〇

後宮信太郎　三、三〇〇
公爵徳川圀順　三、〇〇三
大日本無尽株式会社　三、〇〇〇
日本勧業銀行　二、四六五
公爵島津忠承　二、二〇〇
誉仁合資会社　二、〇七〇
伯爵松平頼寿　二、〇三〇

こういう人々と並んで、自分の名前が株主名簿に載るという名誉があり、その上、毎半期ごとの株主総会には、大蔵大臣や日銀総裁、さてはお歴々の株主と同席し、しかも一席演説をブッことができる。これは当時の平民にとって、少なからぬ名誉であり、しかも何百円か何千円かを投じて日銀株を買うことによって、この名誉を買いとることができた。

だから例えば、東京深川の佐賀町で陸海産肥料商を営んでいた岩出惣兵衛という人などは、株主総会で一席ブッことで有名であった。また例えば第一徴兵保険会社（現在東邦生命）の社長太田清蔵（現社長太田弁次郎の先代）は、「会社持株欄の冒頭に日銀株を掲げることは、会社の誇りである」というので、日銀株を買っていた。

いまや皇室財産をはじめ元皇族、華族、富豪の日銀持株の多くは、財産税の物納として大蔵大臣所有に移り、これらの人々の名前は出資者名簿から消えてしまった。その代りに金融機関や証券会社が大口出資者の上位にすわり、個人の大口出資者も、世間に名を知られない人が顔を出すようになっている。時勢の移り変りはこういうところにも現われているが、最近の大口出資者を示すと、つぎのようである（昭和二十七年〔1952〕十一月一日現在、数字は出資口数）。

大蔵大臣	五五〇、〇〇〇
大蔵大臣（物納分）	二六、〇四〇
東邦生命保険会社	一〇、〇一〇
神戸井上証券会社	八、二二〇
山一証券会社	八、七〇〇
大和銀行	五、〇〇〇
共和証券会社	四、五七八
星廉平（宮城県）	四、一〇〇
長井繁一（東京都）	四、〇〇〇
肥後銀行	四、〇〇〇
玉塚証券会社	三、八七一
小島三之（愛知県）	二、八〇〇
大阪土地建物会社	二、七〇〇
角丸証券会社	二、六〇〇
大和証券会社名古屋支店	二、六〇〇
塚本証券会社	二、六〇〇

神戸銀行　二、四四〇
山崎証券会社　二、三七〇
丸国証券会社　二、二〇〇
菊池寛実（東京都）　二、一〇〇
三和銀行　二、〇三二
徳山鉄板会社　二、〇〇〇

右によると、東邦生命保険会社が民間出資者の筆頭にすわっているが、これは前に書いたように、第一徴兵保険時代から買い集めたのが、たまっているのである。そして二千口以上の個人出資者のうち、世間に名を知られているのは常磐炭鉱社長で「億万長者」といわれる菊池寛実くらいのものである。その他の人々の名前は、帝国興信所の「人事興信録」にも出ていない。しかし、そんなものに名前が出るよりも、日本にただ一つの中央銀行の株主名簿に名前の載る方が、この人たちにははるかに名誉なのであろう。

そこで、日銀出資証券の値段のうち、出資額の百円以上を超える部分は、そういう人々の名誉心満足代と見てよかろう。

財界に君臨する日銀

跪く財界

或る市中銀行の頭取が、著者にむかってニガニガしげにこう言ったことがある。

「世間では日銀総裁をローマ法王にたとえているが、あんなものは法王でもなんでもない。いったい日銀には、本来そんな権力などはないのです。それをジャーナリズムが法王、法王とさわぐものだから、日銀総裁とは絶大な権力をもつのが当然のことのように、世間が誤解する。また、『金融界に君臨する日銀』というようなことをよく言うが、本来の日銀は『君臨』などすべきものではない。それを『法王』だとか『君臨』などというのは、不見識きわまるもので、そういう言葉を使ったり、流行らせたりするジャーナリズムも、責任を感じてもらいたいと思います」と。

じっさい、この人の言う通り、日本銀行法を見ても、「日本銀行は金融界に君臨す」などいう条文は無論どこにもない。日銀法によれば、「日本銀行は、国家経済力の適切なる発揮を図るため、国家の政策に即し、通貨の調節、金融の調整、及び信用制度の保持育成に任ずるを以て目的とす」とあり、「日本銀行は、専ら国家目的の達成を使命として運営せらるべし」とある。そして総裁はこういう目的に向って日銀を運営するために「日本銀行を代表し、其の業務を総理す」るものなのである。

だから、銀行の頭取や事業会社の社長などをその膝下に跪かせ、三拝九拝させようなどということは、法律には謳っていない。日銀総裁とは、本来そんなものではない。だが今日の実際は、漫画家が好んで書く絵柄のように、一万田日銀総裁は大きな椅子にドッカと腰をおろし、小人《こびと》のような金融界、産業界の紳士たちが、総裁の法衣《ころも》のすそを、いっしょうけんめいに引っぱっているのである。それが日銀総裁の本来の姿であろうとなかろうと、現実はやはり、そうなっている。これは、どうしたわけかと言えば、日銀の助けをかりることなしには、銀行界も、産業界も、やっていけないからである。

終戦から今日までの七年余りの間に、世の中は幾変転をとげた。終戦直後からのインフレの高進が昭和二十三年〔1948〕の暮ごろまでつづき、二十四年〔1949〕に入ると、連合軍最高司令官経済顧問ジョゼフ・ドッジの第一次来日で（二月）、三百六十円の為替レートがきまり、ついでドッジ恐慌が、昭和二十五年〔1950〕の夏ごろまでつづいた。その夏からは朝鮮事変の勃発で景気は一時上向いたが、二十六年〔1951〕の春には早くも天井を打って、景気は再び悪くなり、今日まで不景気がつづいている。

こういうように、インフレからデフレ、ついで景気の反撥から再悪化というコースをたどって来たが、この間にも一貫して変らないものは金づまりである。インフレと言っては金づまり、デフレと言っては金づまり――これが終戦以来変らない日本経済の姿であるが、これは結局するところ、敗戦日本の資本の不足から来ている。

日本は戦争で莫大な富を失った。そこへ戦後は財閥が解体され、金融機関は軍需補償の打切その他で、これまた資本の蓄積を失った。戦争で蓄積を失った産業界としては、金融機関に頼らなければならないが、その金融機関もまた自力では産業界の要求に応じ得ないから、日銀に金《かね》を借りるほかない。金の源――日銀券の発行権――を握っている日銀には、誰も彼も頭があがらなくなってしまった。これが、日銀を法王庁にし、日銀総裁を法王に押しあげた根本の原因である。「万事金《かね》の世の中」とあれば、法律はどうであっても、金《かね》の前には頭があがらないわけである。

それに加えて、日銀は産業界に対しても、直接力を振うことができる。戦時中(昭和十二年〔1937〕)に制定された臨時資金調整法で、会社の設立、増資、未払込徴収、設備の拡張などは大蔵大臣の許可を得ることになっていたが、その仕事は日銀が大蔵省に代って行い、昭和二十三年〔1948〕にこの法律が廃止されるまで、日銀はこの仕事を通して産業界に力を及ぼした。

昭和二十一年〔1946〕の二月には金融緊急措置令で新旧円の交換と預金の封鎖が行われたが、この緊急措置令で「金融機関融資準則」や「産業資金貸出優先順位表」が定められると、産業への融資統制は日銀の指導の下に行われるようになった。この融資統制は今日ではほとんど有名無実になっているが、これが法令できめられて以来の数年間は、日銀が産業資金の融通に直接の発言権をもった。

また昭和二十三年〔1948〕以来、日銀と市中銀行とで融資斡旋委員会を組織し、財政資金や産業資金の融通をはかっているが、この委員会の事務は、日銀の融資斡旋部がやっている。産業資金が欲しければ、日銀に斡旋してもらわねばならぬという仕組みである。

産業界が直接日銀にお辞儀しなければ、その必要な金が手に入らぬという状況は、もちろん変則にはちがいない。しかし今日の日本では、これが日常茶飯事のようになっている。現に、戦前までは市中銀行にさえめったに頭を下げなかった大紡績会社が、日銀の前に七重の膝を八重に折った。昭和二十六年〔1951〕

夏の滞貨金融のときがそうである。

この年の春から夏にかけて、朝鮮事変景気の反動で綿製品の輸出がとまり、また輸出先の注文取消し（キャンセル）で、厖大な綿製品の滞貨ができた。この年の七―九月だけで二百億円の滞貨ができ、これを抱いた輸出商は値下りと金繰りに二進《にっち》も三進《さっち》も行かなくなった。そこで輸出商ではこの滞貨への融資を市中銀行に頼んだが、銀行は紡績会社が保証しなければ融資しないと言い、紡績会社はそんなことはできないと言って三つ巴になってもめたが、結局、紡績会社と銀行が日銀に泣きついて、この滞貨金融がようやく成立した。その条件は、輸出商が六十日払の手形を振出し、紡績会社がこれに裏書きして、市中銀行が割引きする。そして市中銀行が、この手形の再割引を日銀に求めた場合、日銀は当時の相場の六割程度の金額まで再割引に応ずる――というのであった。

鐘紡、東洋紡をはじめ大紡績の社長たちがわざわざ上京し、通産省やら日銀に陳情これつとめて、ようやく二百億円の滞貨融資が成立した。こういう一事から見ても、単に金融界ばかりでなく、産業界にも貿易界にも、日銀の威力の及ぶのは当然であることがわかるだろう。

歴史は繰り返す

しかし、日銀、したがって日銀総裁が金融界や産業界に「君臨」するということは、戦後はじめて見られるようになった現象なのではない。じつは、日清戦争前後のころまでは、そういう現象がしごく当り前だったのである。

日清戦争ころまでの日本には、資本の蓄積がなかった。産業を興すにはまず資金がいるが、民間の事業界には資金がない。そこで政府が事業を興し、これを政府が直営するというやり方で日本に近代産業が勃興したのだが、日清戦争に近づいたころ、民間にも大いに事業熱が起って来た。しかしその資金がないので銀行に金《かね》を借り、銀行はまた銀行で、日銀から金を借りて、民間の産業資金の要求に応じた。というよりも、市中銀行では、日銀から借りた金を民間の事業に貸して、その鞘をかせぐことが主な仕事のようになっていたものである。

だから、そのころの日銀及び日銀総裁は、文字通り金融界や産業界に君臨していたもので、なかでも第三代総裁川田小一郎の如きは、大蔵大臣を自宅に呼びつけるというほどに、威張っていたものである。

日清戦争で勝った日本は、清国から約三億七千万円の賠償をとって産業の発達に必要な資金を持つようになり、日露戦争に勝ってからは、かなりまとまった外国資本が導入されるようになった。さらに第一次世界大戦中には、日本の産業は飛躍的に発展するという工合で、産業が起り、市中銀行の力も強くなって来ると、日銀の威力はそれほどではなくなって来た。しかし、それでは金融界、産業界が日銀の御厄介にならなかったかと言えば、決してそうではない。

日清戦後と日露戦後の産業熱が勃然と起った時期や、第一次世界大戦時に新規の事業が勃興した時期には、市中銀行では産業資金の需要に応ずることができなくて、やはり日銀に援助を仰いだ。銀行が融通する金の源は預金であるが、その預金以上に貸出を行い、その不足を日銀からの借入に仰ぐということ、すなわち、最近やかましい問題になっているオーヴァー・ローンは、右の時期にはきわめて普通のことだったのである。大銀行が日銀に頭を下げなくて済むようになったのは、ようやく第一次世界大戦以後のことである。

しかし、それは平常のときのことで、恐慌や非常のときには、やはり日銀の救済を求めなければならない。明治以来何回か恐慌が起ったが、その度に日銀は救済に乗り出した。ことに、第一次大戦直後の大正九年〔1920〕の恐慌、大正十二年〔1923〕の関東大震災、さらに昭和二年〔1927〕の金融恐慌と、そのたびごとに日銀は救済に乗り出し、大正末期から昭和の初めにかけて、日銀は銀行や産業のための救済機関に化したかの観を呈した。

満洲事変から日華事変にかけては、日本の産業は「第二次産業革命」といわれるほどの発展をとげ、金融機関の力も充実して、このころには市中銀行に対する日銀の圧力は著しく弱くなった。と言っても、そのころに産業が飛躍的発展をとげ得たのは、その背後に、やはり日銀のインフレーション政策があったからである。

右のように日本の銀行は、産業が発展すると言っては日本銀行に貸出を仰ぎ、恐慌になったと言っては、預金の取付に応じるための札束を日銀に借りに行った。そういう点では、日銀が財界に「君臨」することは、今に始まったことではない。

日華事変が長期化し、太平洋戦争が勃発すると、事情はよほど変って来た。そのころになると、市中銀行は軍費の調達（公債消化、貯蓄奨励）、軍需産業への資金調達の機関となり、政府と日銀の統制を受け、これに協力を強いられるようになった。同時に日銀自体が、大蔵省の出店化されてしまった。昭和十七年〔1942〕の新しい日本銀行法の制定は、日銀を大蔵省の完全な統制下に置くために、つまり大蔵省の出店とするために、行われたものである。

ついで敗戦となり、民間の資本の蓄積が失われたので、再び日銀の力が復活し、財界に「君臨」するようになった。と同時に、日本は占領下に置かれて、日銀の上に大蔵省の力が、大蔵省の上にさらに連合軍総司令部の力が加わって、そういう権力が市中銀行及び産業界の上に及んだ。

このような、財界における日銀の地位の歴史的変化については、後に歴代日銀総裁の評伝のところでまた詳しく述べるが、要するに日銀総裁のローマ法王化は今に始まったことではなく、言わば昔の状態、殊に日清戦争前後の状態に戻ったのに過ぎないのである。

ワンマンとしての総裁

一万田総裁は「法王」と渾名されるほか、新聞記者たちから「ワンマン」とか「一万田天皇」とか呼ばれている。日銀内部の独裁者という意味らしい。

日銀には「マル・テーブル」というものがある。正式には「役員集会」というもので、つまり重役会であるが、毎日午後三時ごろから五時ごろまで、総裁室の一隅の丸いテーブルを囲んで、総裁、副総裁と理事たちが会議を開くので「マル・テーブル」すなわち円卓会議の名がついている。必要のときには、このほかに部局長連が呼び出され、理事の背後の補助椅子に腰かけて補助的説明に当ることになっているが、こういう重役会ともなれば、各重役がそれぞれ活溌な議論を戦わすのかと思うと、新聞記者諸君の伝えるところでは、そうではないという。一万田総裁の大分《おおいた》なまりが終始会議をリードし、他の重役たちは大体相づちを打つか、判コをつくためにはんべっているに過ぎない。結局、総裁が一人発言して、一人できめてしまう。誰かが何か思いつきを発言しても、ピシャリとやられてしまい、二度と物を言うものがなくなってしまう。

その他、何ごとにつけても一万田総裁の独裁で、理事、副総裁に至るまで、総裁の意にこれ従うという有様だから、一万田はワンマンであり天皇であるというのだが、もともと今の日本銀行法でも日銀の定款でも、総裁の独裁ができるように定めてある。日銀法では「総裁は日本銀行を代表し、其の業務を総理す」とあるし、定款では、「副総裁および理事は、総裁を補佐し、総裁の定むるところにより、当行の業務を掌握す」とある。また、マル・テーブルについては、定款によって「役員総会は総裁これを統裁す」となっているから、合議制ではない。だから、総裁が会議をリードし、総裁がほかの重役の発言をピシャリと押えても、「これを統裁す」という定款には反しないのである。

総裁がマル・テーブルを「統裁」するようになったのは、昭和十七年〔1942〕の新日本銀行法の制定以来である。この法律は、戦時中にドイツのライヒスバンク（国立銀行）に関する法律（昭和十四年〔1939〕六月制定）をまねて作ったものだから、ナチスの統制思想や指導者原理（フューラー・プリンチープ）の思想が多分に入っている。

だから、この日銀法やそれに基いて作られた定款の規定に従って行動すれば、日銀総裁は当然にワンマンとなり、天皇となり、独裁者となるのである。もっとも、こういう指導者原理のとり入れられなかった五十余年以前でも、例えば川田小一郎総裁は現在の一万田総裁以上にワンマンであり、独裁者であった。彼はほとんど日銀に出て来ないで、理事たちを自宅に呼びつけて指揮命令した。反対に第十代総裁の市来乙彦は、昭和二年〔1927〕の金融恐慌のとき、台湾銀行の救済問題について総裁としての断を下した以外は、自分の意見らしい意見を述べたことのない総裁であった。従って、法律や定款がどうなっていようと、総裁や理事たちの力量と識見がそのときに独裁者を作るかどうかを決めるのだが、とにかく今の法規では右のようになっている。

昭和十七年〔1942〕の日銀法、つまり現行の日銀法が、如何にナチス張りのものであるかついてもう少し述べておくと、まず第一に、日銀を株式会社から、特殊法人に変えた。それまでの日銀は有限責任の株式会社であったが、これを強度の国家的色彩を持つ特殊法人にした。大正から昭和年代のはじめにかけて、日銀は政府から或る程度独立したものにすべきだという議論が強く行われたが、そんな考え方とは全く逆なものになっている。

第二に、従来からも総裁は勅任、副総裁は奏任の官吏とされていたが、理事は定員の二倍の人数を株主総会で選び、そのうちから大蔵大臣が任命することになっていた。また監事は、株主総会で選ぶことになっていた。だから、理事や監事には民間の代表が入り、その人選には、民間株主の意嚮を十分反映することができた。ところが、特殊法人になると共に、株主総会に代るべき出資者総会も設けられず、民間出資者の発言の機会は全然なくなってしまい、理事は総裁の推薦した者のうちから大蔵大臣が任命し、監事は初めから大蔵大臣が選ぶことになった。こうして総裁と大蔵大臣の力が強くなった。しかも、総裁と副総裁については総理大臣が、理事や監事については大蔵大臣が、必要とあれば任期中でも解任できるという規定が新たに設けられ、日銀に対する政府の力は、非常に大きくなった。

こうして理事や副総裁に対する総裁の力は一段と大きくなり、さらに総裁以下の役員に対する政府、大蔵省の力は絶大なものになったから、総裁は政府に、他の役員たちは総裁に全く頭があがらないという体制が、でき上ったのである。従って法規の上では、日銀総裁は、行内に対してだけはワンマンであっても差つかえないことになっている。

飾り物の参与

日銀には「参与」というものが置かれていて、金融業者や産業家や学識経験者、つまり財界その他のお歴々が顔を並べている。その顔ぶれはつぎの如くである。

田島道治（宮内庁長官）、汐見三郎（京都大学名誉教授・法学博士）、湯河元威（農林中央金庫理事長）、松岡駒吉（衆議院議員）、中山伊知郎（一橋大学学長）、石川一郎（経済団体連合会会長）、迫静二（富士銀行頭取）、鈴木剛（大阪銀行頭取）、関桂三（東洋紡績会社会長）、藤山愛一郎（日本商工会議所会頭）、渡辺義介（八幡製鉄社長）

しかし、この参与は「日本銀行の業務に関する重要事項につき、総裁の諮問に応じ、または総裁に対し意見を述ぶることを得る」だけで、決議権もないし、執行権もない。総裁の相談に乗るというだけのことだから、総裁がその意見に耳を傾けなければ、それまでのことである。

参与というものは、昭和七年〔1932〕に初めて置かれるようになった。そのころ、日銀券の保証準備制限額が一億二千万円から、一挙十億円に拡張され、事実上「兌換券」ではなくなって管理通貨になり、金《きん》のワクがはずされることになったので、日銀の政策は一層慎重にやることが必要になった。そこで、総裁の諮問と勧告の機関として、金融界、産業界の代表や学識経験者五人以内を大蔵大臣が任命し、日銀総裁を会長とする日本銀行参与会というものが、置かれることになった。

が、昭和十二年〔1937〕二月、池田成彬が日銀総裁に就任すると、こういう参与制度では、民間の意見を十分日銀の政策に反映することはできないという池田の主張が通り、これが参与理事という制度に改められた。そして日本銀行条令を改正して、参与理事七名以内を置くことにし、しかもこれを重役とした。参与理事は金融界、産業界、学識経験者のなかから株主総会が選んで、これを大蔵大臣が任命する。と同時に、総裁、副総裁、理事、参与理事をもって重役総会が構成され（議長は総裁）、「総裁の指示する事項」をそこで審議することになった。

池田がこういう制度を作った目的は、日銀が大蔵省の言いなりになることを防ごうとしたのであるが、昭和十七年〔1942〕に新日本銀行法が制定されるとき、この参与理事の制度は廃止され、また元の参与に変えられた。これも、大蔵省と日銀総裁の指導者的地位を強くする目的からであった。そこで参与は大蔵大臣が任命し、その役目も、ただ総裁の相談に乗るだけのものになってしまった。任期は二年である。

棚上げされた政策委員会

右のように、日銀総裁は内部に対してはワンマンたり得るが、ただ総理大臣や大蔵大臣には頭があがらない建前になっている。しかしそれも、やはりお互いの力量や識見の関係、つまり左翼理論家の口調を借りれば「力の関係」で、押したり押されたりしている。政府や蔵相の力が弱ければ、日銀の発言権は強くなり、反対の場合には、日銀の方が弱くなるというわけだ。

日本銀行政策委員会と日銀総裁との関係にしても、そうである。この政策委員会は、昭和二十四年〔1949〕六月、日銀の政策を決定する最高機関として作られたもので、現在は左の人々が委員になっている。

一万田尚登（日銀総裁）、中山均（地方銀行代表）、岸喜二雄（大都市銀行代表）、宮島清次郎（商工業代表）、荷見安（農業代表）、三井武夫（大蔵省代表）、高坂正雄（経済審議庁代表）

これはその当時、ドッジ・ラインを実行するときに当って、金融政策の重要性が高まったので、政治的な立場を全く離れ、純経済的な見地から不偏不党、且つできるだけ恒久的な金融政策を立てるという目的で、設置された。つまり、それまでの日銀は「銀行の銀行」としての色彩がなくなり、余りに政府の銀行化していたから、これを名実ともに「銀行の銀行」として、金融の自主性をとりもどさせよう、というのがその設置の目的で、この構想は、アメリカの連邦準備局を真似たものであった。これを推進したのは、連合軍総司令部とドッジである。

この委員会は日銀総裁のほか大蔵省代表（銀行局長）、経済安定本部（経済審議庁）代表（金融局長）、大都市銀行、地方銀行、商工業及び農業の各代表という七人で構成され、日銀の政策決定の最高機関として、つぎのようなことを決定するものである。

一、業務の運営に関する基本方針、つまり日銀の金融政策の決定

二、日銀の手形割引の割引歩合、貸出利率の決定または変更（それ以前は、日銀が大蔵大臣の認可を得て公告することになっていた）

三、日銀の割引く手形の種類と条件、貸付の担保の種類、条件、価格――これらの決定と変更

四、公開市場操作（マーケット・オペレーション）のために売買する証券の種類、条件、価格、これを始める時期と停止する時期――これらの決定と変更

五、市中金融機関の金利の最高限度の決定と変更（それ以前は、大蔵大臣が日銀総裁をして行わせた）

政策委員会は、こういう日銀の最高政策を決める機関だから、これは日銀総裁を束縛し、しかもその委員長は、日銀総裁の上に坐ることになる。だからこれは、一万田総裁を押えるために作られるのだとか、

自由党の反一万田勢力がここに結集されるのだとか言われた。またこれは、あたかも西遊記の孫悟空が三蔵法師から頭にかぶせられた金のタガのようなものを、一万田法王の頭にはめるのだとか噂された。が、実際に発足してみると、決して孫悟空の頭の金のタガにはならず、むしろ一万田法王の冠の飾りものになってしまった。

第一に委員の顔ぶれだが、農業代表として、もと農林次官をした荷見安《はすみ》が選ばれ、大都市銀行代表には興銀総裁の岸喜二雄が祭り上げられ、地方銀行代表は静岡銀行頭取の中山均が買って出た。また商工業代表には前日清紡社長の宮島清次郎が、吉田首相によって引っぱり出された。このうち中山均は、日銀の専横を取って押えようという意気込みで自ら進んで出馬したが、彼は大銀行から敬遠される人物だし、また市中の大銀行は政策委員会に対してはなはだ消極的で、結局岸を引っぱり出した。それと言うのも、政策委員は他の職務の兼任を許されないから、帝銀、富士、千代田といった大銀行の頭取、社長連中は、現職をなげうってまで、政策委員会入りをしようとしなかったのである。

ひとり宮島清次郎だけは、長年の産業界の経験と、「一言居士」であることに期待を持たれ、吉田首相とは大学時分からの友人であるという関係で、首相は彼を委員長に推していると言われた。この宮島が委員長になっていれば面白かったし、もし宮島が委員長になったら、一万田総裁は面子の上からも辞職するだろうとも伝えられたが、一万田総裁が各方面に運動したのが奏功してか、委員長には一万田自身が就任した。

こうして政策委員会が発足し、日銀内の一隅にジュータンが敷かれ、丸テーブルも置かれて、毎週一回会合することになったが、会を重ねるに従って、政策委員会は無力、無意味なものになって行った。というのは、官庁代表の委員は別として、民間各界の代表は、全く手足を持たない。せっかく張りきって政策委員会入りをした中山均も、静岡銀行を離れてしまえば、自分自身の調査機関を持っていないというわけだし、他の民間代表の委員にしても、同様である。

その上に、理事をはじめ日銀の関係者は、日銀官僚と通称されるその官僚気質から、総裁を掣肘しようというような機関に対してソッポを向くというふうだから、この委員会は結局において、一万田委員長のリードするところとなって行く。だから、日銀政策委員会が日銀の政策を決定するというのは名目だけとなり、実際は、日銀総裁が決めているのと同じことになった。

いま、朝鮮事変ブームに際してとった政策委員会の政策に対する責任だとか、あるいは機構の簡素化を理由にして、これを廃止しようという意見が政府内部に強くなっている。これを廃止するには日銀法を改正しなければならぬので、そのための法律案も用意されている。その成行きがどうなるかは今後に属するが、とにかく現在の政策委員会が、二階へ上ったところを下から梯子をはずされた——という恰好になっていることだけは事実である。

日銀制度の改正問題

この政策委員会を廃止するかどうかの問題のほかにも、日本銀行の機構についてはいろいろ問題がある。そのうち最も大きな問題は、現在のように、日銀が政府の強い統制の下に置かれていてよいのかどうか、ということである。

前にも述べたように、出資者の総会もなく、役員の任免は政府の手だけに握られているのだから、民間の意志は日銀の運営に立ち入ることができない。せっかく作られた日銀政策委員会も、この制度を生かすどころか、単なる飾り物に化している。

また人事のほかに、日銀に対する大蔵省の監督はきわめて厳重で、大蔵大臣は日銀に対して次のような監督をする。

(一) 大蔵大臣は日銀を監督し、必要があると認めれば、日銀に対して必要な業務の施行を命じ、または定款の変更その他必要な事項を命ずることができる。

(二) 大蔵大臣は日銀に対し、業務及び財産の状況に関して報告をさせ、検査をし、その他監督上必要な命令を発し、また処分をすることができる。

(三) 大蔵大臣は特に日本銀行監理官を置き、日本銀行の業務を監視させる。日本銀行監理官は、何時でも日銀の業務及び財産の状況を検査し得る。また必要ありと認めるときは、何時でも日銀の業務及び財産の状況を報告させることができる。また監理官は、日銀の諸般の会議に出席して、意見を述べることができる。

日本銀行が、日銀券の発行を一手に握っている以上、また、これが「政府の銀行」であり、「銀行の銀行」である以上、政府の監督を受けるのは当然のことである。さらに中央銀行である以上、政府と中央銀行がつねに協調しなければならぬのは当然だが、戦時中にナチス・ドイツの中央銀行についての法律をまねて作った今の制度を、平和の今日においてもなお、ソックリそのまま持ちつづけなければならぬ、という必要は全然ない。

制度はこれを運用する人によって、良くも悪くも使うことができるが、しかし前にも述べたように、日銀が法王庁になったり、日銀総裁がローマ法王になったりする原因がその制度に根ざしているとすれば、これは大いに考えなければならぬことである。

日本銀行の創立者と歴代総裁

——日銀を通して見た財界の盛衰

創立者・松方正義〔1835-1924〕

明治初年の悪性インフレ

日本銀行が開業したのは明治十五年〔1882〕十月十日のことであるから、昭和二十七年〔1952〕の同月同日をもって、その開業七十周年を迎えた。この七十年の間に日本財界は万丈の波瀾をくぐって来たが、日銀もまたその間、日本の中央銀行として財界と盛衰をともにして来た。以下に歴代日銀総裁の列伝を述べることによって日銀七十年の歴史を語ろうと思うが、それは同時にまた、日本財界興亡の側面史でもある。日銀の歴史を語るには、その創立の事情から述べなくてはならないが、日銀の生みの親は松方正義《まさよし》である。松方は、明治十四年〔1881〕十月から十八年〔1885〕十二月まで、太政大臣三条実美の下で大蔵卿をつとめ、明治十八年〔1885〕十二月に内閣制が布かれると総理大臣伊藤博文の下で大蔵大臣となり、それ以来、九つの内閣の大蔵大臣をつとめた。大蔵大臣としての在職期間は通計十二年三ヶ月となり、これに大蔵卿としての在職年月を加えると、前後十六年五ヶ月に及ぶ。彼は日本の大蔵大臣の任期の最長レコード・ホールダーであるばかりでなく、明治、大正を通じての最大の財政家の一人であった。

松方は明治十五年〔1882〕三月一日、三条太政大臣に「日本銀行設立の議」という建白書を出し、これが三条に容れられて、明治十五年〔1882〕六月二十七日、「日本銀行条令」が制定され、この「日本銀行条令」に基いて日本銀行が設立された。松方が日銀の生みの親だというのは、そういうことである。

日本銀行の創立は、二つの目的をもっていた。一つは、不換紙幣の整理、言いかえれば貨幣制度を統一することであり、他の一つは、統一された金融制度を確立することであった。

松方が大蔵卿に就任したのは、前記のように明治十四年〔1881〕十月であるが、そのころの財政経済上の最も大きな問題は、不換紙幣の整理であった。紙幣が濫発された結果、物価が暴騰し、今の言葉で言えば悪性インフレーションが起っていた。このインフレを止めようというのが、松方の紙幣整理であった。当時流通していた紙幣は第一種政府紙幣、第二種政府紙幣、および銀行紙幣の三種類で、明治十四年〔1881〕十月末のその流通総額は一億五千四百八十万三千円であった。

第一種紙幣というのは歳入不足を補うために発行した政府紙幣、第二種紙幣は国庫出納上一時支弁のため予備札を繰替発行した政府紙幣である。それに国立銀行の発行した銀行紙幣があり、それらの総額一億五千余万円というと、今日から見れば大した額でないように思われるが、決してそうではない。これが今の金《かね》に換算してどのくらいに当るかということを、その当時の国家財政の規模と比較しつつ、想像してみよう。

明治十四年〔1881〕度（その年の七月から翌年六月まで）の一般会計歳入総額は七千百四十九万円、歳出総額は七千百四十六万円であった。歳出総額を国民一人当りで割ると、一円九十五銭にしかならなかった。それが今日では、昭和二十七年〔1952〕度の一般会計歳入予算が九千五百五十五億円、歳出予算が九千三百十四億円に膨脹しているから（補正予算を含む）、歳出の規模は当時に較べて一万三千倍にふくれている。

そこで、当時の紙幣流通高を一万三千倍してみると、実に二兆円になる。これに対して、今日（昭和二十七年〔1952〕十一月末）の日銀券発行高は四千八百六十億円だから、今の日銀券の四倍程度に当る不換紙幣が流通していたことになる。

この比較は、その当時と今との日本の経済力の変化を考慮に入れていないから、もちろん正確とは言えないが、こんな大ざっぱな計算でも、そのころの不換紙幣の額が、決して小さなものでなかったことだけは、おぼろげながら判るであろう。前にも述べたように、現在の日銀券は「管理通貨」、言いかえれば不換銀行券であるが、今この日銀券が二兆円も発行されたら、日本の経済がどうなるか、ということを想像してもらえばよいのである。松方は、この不換紙幣の整理に手をつけ、この仕事を日本銀行にやらせて成功した。

濫発された政府紙幣

この紙幣整理は大へんな仕事で、松方は生命《いのち》がけでこれをやったのであるが、その話に入る前に、いったいどうして紙幣がこんなにふえたかと言えば、まず第一に、明治政府ができた当時、すでに相当多額の不換紙幣があり、これを諸大名から引きついでいたことである。幕末のころの徳川幕府や諸大名の財政窮乏は極度に達し、金貨、銀貨（大判、小判、一分銀）の改鋳、改悪が行われたほか、各藩では、幕府の禁令にも拘わらず藩札を濫発し、しばしばこの藩札の無効を宣言しては、また新しい藩札を出すという無茶をした。ことに四国、九州、中国の諸地方や北陸の加賀、能登、越前、越中などでは、ごく少数の者を除けば一生涯小判など見たことがなく、藩札しか知らないという有様で、幕末ごろには、藩札の種類は千六百余種に上った。

普通の革命であれば、新政府はこういう不換紙幣を踏み倒してしまうところであろうが、明治革命ではそれをやらずに、これを受けついだ。その上に、明治政府は、財政困難のため、紙幣を発行して財政の穴をうめた。これが紙幣増発の第二の理由である。

初期の明治政府の財政困難の原因は、大体五つある。(一)諸大名が分割統治していた政治を中央に吸収したため、大きな行政費がかかること、(二)古くは伏見鳥羽の戦い、「御親征大阪行啓」から「御東幸、奥羽征討」、さらには明治十年〔1877〕の西南戦役といった戦費、(三)諸大名の債務の弁済と旧武士の生活保証のための出費、(四)資本主義を日本に移植するために、政府自らが近代産業を経営したり、あるいは民間企業を援助するための費用、(五)「富国強兵」というスローガンの強兵を実現するため、つまり軍備充実のため、武器の輸入や官営兵器工場の設立、経営をする費用がそれである。

これらの費用を賄うために、明治政府は租税のほかに、三井組、小野組、島田組、鴻池組などの富豪や地方の金持の町人などからの借上げ、公債発行という手段を用いたが、それでも足らず、紙幣を発行して、財政資金を賄った。

そこで明治元年〔1867〕四月には、早くも布告を出して紙幣を発行することになり、翌年十二月までに四千八百万両の金札を発行した。俗に太政官札というのがそれである。この時分はまだ円、銭、厘でなしに、両、分、朱の単位を使っていた。

ついで明治二年〔1869〕九月から翌年十月までに七百五十万円の民部省札を、明治四年〔1871〕十月から翌年二月までに六百八十万円の大蔵省兌換券を発行した。この大蔵省兌換券は政府の手では流通しにくかったので、三井組にたのんで流通させてもらった。それで三井札と呼ばれた。さらに明治五年〔1872〕一月には、北海道開拓費を賄うために北海道開拓兌換証券を二百五十万円発行した。これは名は兌換証券だが、やはり紙幣である。

こうして不換紙幣を濫発した結果、明治五年〔1872〕には、政府発行の不換紙幣の総額は六千四百八十万円に上った。ところが、紙幣の質が粗雑で、簡単に贋造できるため、贋造紙幣が横行するようになった。さらに、明治四年〔1871〕七月の廃藩置県の結果、藩札が政府の負担になったが、これがまた千数百種類もあって、しかも贋札が多い。その上、明治二年〔1869〕五月二十八日の布告で、政府は明治五年〔1872〕末までに、新しい金銀貨を鋳造して紙幣と交換すると約束していたが、とうていこの約束を実行することができない。こういう事情から、ドイツにたのんで精巧な「新紙幣」を印刷し、これを金札、藩札、北海道開拓兌換証券などすべての旧紙幣と交換することになり、明治四年〔1871〕十二月から交換を開始した。が、新紙幣もまた不換紙幣であることに変りはなく、しかもその後の財政の赤字や、西南戦争の軍費調達（そのための第一種紙幣の発行二千七百万円）などで紙幣はふえ、明治十三年〔1880〕の一、二月には、政府紙幣発行高は一億三千万円を越えた。

銀行紙幣も不換紙幣

のみならず、政府紙幣の整理を目的として国立銀行が設立され、銀行紙幣が発行されることになったが、その結果は政府紙幣が整理されるどころか、反対に銀行紙幣が濫発されて、インフレーションに拍車をかけた。政府は明治五年〔1872〕十一月十五日、「国立銀行条令」を、翌六年〔1873〕三月三十日に「金札引換公債条令」を出した。ときの太政大臣は三条実美、大蔵卿は大久保利通、大蔵大輔（今の官制では次官に当る）は井上馨であったが、この条令は、次のことを定めてあった。

国立銀行——これはアメリカのナショナル・バンクの意味をとりちがえた誤訳で、国の法律によって設立された銀行、つまり国法銀行と呼ぶべきもの。名は国立だが、実際は私立銀行——の資本金は、五万円以上でなければならない。

政府は、国立銀行による紙幣発行高を一千五百万円と予想していたが、その紙幣発行の方法は、次の如くであった。銀行は資本金の六〇％に当る政府紙幣を政府に納め、政府はこれに対して金札引換公債証書（六分利付）を下付する。銀行はこの公債証書を抵当として政府に預け入れ、これと同額の銀行紙幣の下付を受ける。資本金の四〇％は兌換準備として正貨を積んでおく。

つまるところ、政府紙幣が同額の銀行紙幣に代り、同時に銀行はこの紙幣に対し年六分の利息を政府からもらうという仕組みであった、しかし、前述のように、政府紙幣は相変らず増発され、せっかく発行された銀行紙幣は、正貨に兌換することを求められて、銀行に戻ってくるという始末で、大して流通するに至らなかった。国立銀行もわずか四行しか設立されず、その紙幣発行高も、多いときで二百万円内外に過ぎず、明治九年〔1876〕六月には、わずか六万二千円に減ってしまった。

この銀行紙幣は「日本国中いずれの地においても租税、運上、貸借の取引、俸給その他一切の公私の取引に用いて正金同様に通用する」と定められ、「もしこの紙幣の受取渡を拒み、あるいはこれを妨げ、その他不正の行為があれば、その者は国法に従って罰せられる」ことになっていたが、その代り銀行は、紙幣の金貨兌換を拒んではならないと定められていたから、銀行紙幣はどんどん正貨兌換を求められたのである。

そこで明治九年〔1876〕八月に「国立銀行条令」を改正したところが、今度は、国立銀行が濫立し、銀行紙幣が濫発されることになった。この改正では、国立銀行の紙幣発行高を三千四百万円に制限したが、一方、資本金の八〇%まで銀行紙幣を発行できることにした。そのためには、紙幣発行高と同額の公債証書(四分利付以上)を政府に供託する。同時に、銀行紙幣の引換準備は資本金の二〇%に引下げられ、しかも、その引換準備は必ずしも正貨でなくてもよいことになった。つまり、銀行紙幣の兌換を求められたときに、政府紙幣と交換すればよいのである。だから、国立銀行は紙幣の発行で大へん儲かることになり、しかもその紙幣は、不換紙幣に輪をかけたものになってしまった。

この改正は、同じ年の同じ月に発行された秩禄公債と深い関係がある。明治二年〔1869〕の藩籍奉還の際、その代償として明治政府が藩に代って士族の秩禄を負担することになったが、これを毎年支払うことをやめて、その代りに公債を発行して一時に支払うことにした。これが秩禄公債で、いわば旧武士の退職手当である。この公債の総額は一億七千二百余万円に上ったが、これだけの公債を一どきに出せば公債の市価が暴落するだろうというので、これを恐れた政府は、秩禄公債の消化とも睨み合わして、国立銀行条令を改正したのである。つまり、この公債を政府に供託して、銀行紙幣を発行させることを狙ったわけである。

そこで、秩禄公債は国立銀行の設立に大いに利用され、国立銀行の設立が相ついで、その数は明治十年〔1877〕末の二十六行から十二年末には実に百五十一行に上った。銀行紙幣の発行高も明治十年〔1877〕末の一千三百万円から十三年〔1880〕末には三千四百万円となり、定められた最高限度に達した。

こうして、銀行紙幣も政府紙幣と同様に不換紙幣となり、その発行高も両方合せて一億五千万円を越えたから、その価値は下落した。金貨または銀貨と紙幣との間には大きな価値の開きができて、明治十四年〔1881〕には金貨一円に対し、紙幣は一円八十三銭になった。紙幣の値打は、金貨に較べて八割余りも低いということになったが、紙幣の下落は、言いかえれば物価の騰貴であって、例えば明治九年〔1975〕に一石五円十三銭であった米価は、明治十三年〔1880〕には紙幣で十円五十七銭となり、二倍以上に騰貴した。

こういうインフレーションは一部の投機師や地主を儲けさせたが、庶民の生活には大きな打撃を与えた。また、産業にも結局において悪影響を及ぼすのは、太平洋戦争後のインフレ時代に、われわれが経験した通りである。物価が騰《あが》るので事業が起り、好景気の外観を呈した。山路愛山は当時の世相を形容して「物価騰貴、事業繁昌という酒に酔うて自由民権という管を巻きたるにほかならず」と言ったが、酒に酔いっぱなしというわけには行かない。物価騰貴の結果、輸出は減り輸入はふえて国際収支は悪くなり、金銀は海外へ流れ出る。正貨（当時は主として銀）と紙幣の開きは大きくなり、紙幣の下落は公債の下落を伴い、金融は逼迫するというので、どうしてもインフレの酔いをさまさなければならぬ、紙幣整理を断行せねばならぬということが大問題となって来たわけである。

紙幣の膨脹をここまで持って来た直接の責任者は、大隈重信であった。大隈は明治二年〔1869〕三月、会計官副知事に就任して以来、明治十四年〔1881〕の政変で野に下るまで、大久保利通が大蔵卿、井上馨が大蔵大輔であった時期（明治四年〔1871〕七月―六年〔1873〕九月）を除いて、ずっと財政の実権を握っていた。

この間、官名は会計官副知事から、大蔵大輔（ともに今の大蔵次官に当る）、大蔵卿、大蔵事務総裁、財政担当の参議と変ったが、財政の枢機を握っていた点には変りはなかった。

彼は新しい貨幣制度を打ち立てようとして努力し、紙幣の整理にも手をつけたが、うまく行かなかった。彼がまずやったことは、江戸の金座、銀座と大阪の長堀で発行していた悪貨の鋳造停止、金銀両座の閉鎖と全職員の免職、極印の破棄であった。他方、明治二年〔1869〕十一月に旧来の幣制を改めて、銀貨を本位貨幣、金貨を補助貨幣とすることを決め、従来の両、分、朱をやめて円、銭、厘という新しい呼び名をつくった。本位の一円銀貨は銀九〇%、銅一〇%、量目は銀七匁一分九厘六毛（四百十六ゲレーン）で、大阪淀川河畔の川崎村に建築していた造幣局が竣工すると、明治三年〔1870〕十一月から、新銀貨の鋳造を始めた。

明治五年〔1872〕十月には「新貨幣条令」を制定して、金本位とし、銀貨を補助貨とし、さらに明治十一年〔1878〕には金銀複本位制、実際には銀単本位の制度に変えて、貨幣制度は一まず恰好がついたが、問題は前記した紙幣の整理である。

当時紙幣の価値が下落し、物価は騰貴したが、物価騰貴の先駆をなしたものは、いつも洋銀（メキシコ銀）の相場であった。そこで大隈は、物価騰貴の原因が洋銀相場の騰貴にあると考え、ひたすら銀価の昂騰を押えようとした。明治十二年〔1879〕二月に政府が、洋銀取引所の設立を公許して洋銀の空売買を禁止したこと、同年四、五月のころから国庫のなかの銀を、第一国立銀行、第二国立銀行、三井銀行を通じて売出したこと、同年九月に本位貨幣の取引を公許したこと、明治十三年〔1880〕二月に横浜正金銀行を設立して、民間に隠匿している正貨をこれに吸収し、市場における正貨をふやして銀貨の騰貴を抑制しようとしたこと等は、すべてそういう政策からであった。しかし、これらの政策は全部失敗し、正金銀行などは、そのために非常な損失を蒙って、一時は危く閉鎖するところまで行ったほどである。

しかし大隈も、紙幣整理の方に手をつけなかったわけではない。明治十年〔1877〕十二月に西南戦後の費用を賄うため二千七百万円の紙幣を発行したときにも第八十七号達《たっし》をもって償却方法を布告し、翌十一年〔1878〕八月二十九日には「公債及び紙幣償還概算表」を作り、これを正院（太政官）に稟議して、許可を得ている。これを明治十二年〔1879〕六月に修正して「国債紙幣償還方法」と名付けたが、これは当時「減債法案」と一般に呼ばれた。

この「減債法案」によると、三億七千五百万円の紙幣と公債を、明治十一年〔1878〕度から三十八年〔1905〕度までにすっかり償還する計画で、これは或る程度まで実行され、明治十一年〔1878〕度には紙幣七百六十余万円を償却した。そして、十二、十三年〔1879, 80〕度も紙幣をそれぞれ二百万円償却する予定であった。しかし、物価はますます騰貴し、金づまりはますます激しくなって行く上に、財政経済に及ぼす悪影響も甚だしいので、この計画は放棄するほかなくなった。

そこで大隈は、外債五千万円を募集して、これで紙幣を償却しようと考えたが、それは実現しなかった。それにはこんな話がある。大隈と親交のあったイギリス公使パークスは、五千万円の外資をイギリスから入れて、紙幣を整理してはどうかとすすめた。大隈はこの話に乗ろうとしてこれを建議したのであるが、明治天皇は勅旨によってこの建議を斥けた。というのは、そのころアメリカの前大統領グラント将軍が来朝し、明治十二年〔1879〕六月末から二ヶ月余り日本に滞在して、その間に明治天皇とも何回か会ったが、そのとき、グラントは明治天皇に、外債についてこういう意味のことを話した。

「およそ国家にとって、外債ほど害のあるものはない。個人の場合でも、他人に金を借りたら、頭があがらない。国家の場合はなおさらで、エジプトにしても、スペインにしても、みな国の財産を外債の抵当にとられてしまい、自国の所有というものがなくなってしまった。或る国は弱国に金を貸すことを甚だ好んでいるが、それによってその権威を張り、弱国を籠絡した。彼が金を貸す目的は、政権を掌握することにあり、常に金を貸す好機会を狙っているのである。」

グラントはこう言って、イギリスの日本に対する野心を警戒すべきことを暗に臭わせたのであるが、明治天皇はこのことを記憶していて、大隈の建議を斥けた。その他、伊藤博文、松方正義なども反対して、外債説は立ち消えになった。

そうこうするうちに、明治十四年〔1881〕十月二十日、大隈参議は政府を追われて野に下った。これは、政府が十年間にわたって千四百万円もつぎこんだ北海道開拓使官有物を、タッタ三十万円、しかも無利子三十ヶ年賦で、大阪の実業家で薩摩出身の五代友厚に払下げようとしている――ということが暴露されたことに関連する。これは朝野の大問題になったが、大隈が政府の払下げ計画を事前に洩らし、反政府熱を煽ったというので、大隈は官紀紊乱のかどで諭旨免官となった。佐賀藩出身の大隈を、薩摩と長州出身の大臣連中が連合していびり出したのであるが、大隈の辞職とともに、その友人、子分三十余名が官を辞したという明治十四年〔1881〕の政変がそれである。これで矢野文雄、犬養毅、尾崎行雄、島田三郎、中上川《なかみがわ》彦次郎といった若手の錚々たる人々も野に下ったのだが、とにかく大隈の下野とともに、大蔵卿の佐野常民（明治十三年〔1880〕二月から十四年十月まで在任）も辞職し、紙幣整理のバトンは松方正義に渡された。

決死の紙幣整理

松方は大蔵卿に就任する以前にも、明治八年〔1875〕十一月から大隈大蔵卿の下で大蔵大輔の地位についたが、明治九年〔1876〕八月に大蔵大輔から、勧業頭《のかみ》となり授産局長を兼ね、さらに内国博覧会御用掛を兼ねて、明治十一年〔1878〕にはフランスのパリ博覧会事務局副総裁としてパリに行った。この機会に松方は欧米各国の経済事情を視察し、当時の有力者に会って見聞を広めたが、その際最も教えられるところ多かったのは、フランスの前大蔵大臣レオン・セイの意見であった。フランスから帰朝後は、明治十三年〔1880〕二月内務卿（内務大臣）となり、翌年の政変で大蔵卿となった。

松方は薩摩の出身であったため、後には二度も首相の地位についたが、彼は政治家としてはむしろ無能であった。しかし財政家としては、卓抜した見識と手腕をもっていた。彼は、財政経済政策の根本は学理に置かねばならぬということを信条としたが、その理論方面の指導者は二人ある。一人は、旧会津藩士で蘭学者であった山本覚馬、他の一人は、さきに述べたレオン・セイである。レオン・セイは財政学者であり、普仏戦争後の大蔵大臣としてフランスの財政整理に当った人であるが、松方は彼の意見に大いに傾倒し、明治二十二年〔1889〕には彼の財政経済論を翻訳して、『理財辞典』と題して刊行している。

こういう松方は、不換紙幣の病根を正しく見抜いていた。彼の意見は明治十四年〔1881〕九月、三条太政大臣に提出した「財政議」に述べられているが、彼は紙幣の弊害の根源が正貨準備の涸渇にあることを指摘し、「方今の急務は貨幣運用の機軸を定め、正貨を蓄積して紙幣償還の元資を充実せしめ、物産を興隆して輸入を制する目的を立てる」ことにあるとした。

こうして松方は紙幣整理に着手することになったが、これは生易しいことではない。紙幣整理をするには、財政の緊縮と国民消費の節約を行わねばならず、その結果は物価が下落して非常な不景気の襲来が予想される。だからこれを実行するには、よほど強い決心をもたなければならぬが、松方は決死の覚悟でこれに当った。

松方は大蔵卿に就任すると早々、京都に隠棲する山本覚馬を訪ねて、紙幣整理についての自分の方針を述べ、山本の意見を求めたが、山本は松方の説明が終ると徐ろに口を開いて「申し分のない案だが、実際にやり通せますか」と言う。これに対して松方は「私も難事業であることは承知しています。このために、あるいは暗殺されるかも知れませんが、もし松方が暗殺されなかったならば、必ずこの大事業を遂行する決心です」と答えた。そこで山本も喜んで、「そのお覚悟があれば、結構です。おやりなさい」と激励した。

ついで松方は紙幣整理を廟議にはかり、「紙幣整理に着手すれば必ず不景気になって、反対論も起ると思うが、どんなことがあっても中途で挫折しないようにせねばならぬ。中途で方針を変えるくらいならば、むしろ初めから手をつけない方がよい」と念を押して、賛成を得、明治天皇にこのことを上奏して「どんなことがあっても中止しない」という勅裁を経て、実行にとりかかった。これだけの堅い決心、周到な用意をもって、松方は紙幣整理をやったのである。

紙幣整理と日本銀行

松方の紙幣整理は次の方法によるものであった。まず歳出を三年間据置いて増額を許さず、その上に新税を設け、増税を行う。この歳出据置と新税及び増税によって、財政の余裕を作る。次にこの資金の一半をもって政府紙幣の償却を行い、他の一半を、民間から正貨を買入れる準備金として、国庫に積み立てる。この後者もそれだけ流通から引上げられるから、紙幣の償却と同じ作用をする。

こうして明治十四年〔1881〕末には、すでに紙幣償却の効果が現われ、物価は低落し始めた。そこで、明治十五年〔1882〕三月一日、松方は三条太政大臣に「日本銀行創立の議」を提出し、六月二十七日に「日本銀行条例」が布告された。

日本銀行の制度はベルギー国立銀行に則ったもので、松方の理由書によると、

「欧洲諸国の制を通観するに、規模の宏大なる、勢焰の赫奕たるに於ては、固《もと》より英仏両銀行の右に出る者なしといえども、その機関の完成なると事業の整備せるとに至っては、すなわち、ベルギー国立銀行を以て、各国に冠絶せりといわざるべからず。蓋《けだ》し、該国立銀行の創立最も晩近にあるを以て、英仏墺米諸国の成績に考え、利害得失のある所を審《つまびらか》にし、粋を抜き草を摘み、前者の覆轍はこれを未然に警戒することをえたり。これその完璧を成せし所以なり。……今我が中央銀行の制の如きも、その模型をこれにとりて、以て我国固有の慣習に参酌せば、すなわち我国情に適応するのみならず、その機関も又大いに整備する所あらんと信ず」

ということであった。

日本銀行条令は全文二十五条から成っているが、その内容は大体次のようであった。

一、営業年限を三十年とする

二、資本金を一千万円とする

三、資本金は開業前に五分の一を入金させ、残額は営業上の都合により幾回に分けても入金を命じうる

四、営業に制限を設け危険の事業を禁ずる
五、政府の都合により国庫出納に従事させる
六、兌換券発行の特権を持たせる、但しその実施は別段の規定を設けた後とする
七、総裁を勅任とし副総裁を奏任とする
八、大蔵卿の監理官をおく
九、毎月報告を大蔵卿に提出させる
十、政府において資本金の半額を引受け、株主となる

この内容を一見して判るように、日本銀行は当初から官立的色彩がすこぶる濃厚である。特に総裁、副総裁の官命などはその最大のもので、当時の経済学者田口卯吉（鼎軒）は、この官立的性格に強く反対したのであるが、そういう反対論は葬り去られた。

なお、兌換銀行券の発行を別段の規定を定めるまで延期したのは、当時紙幣償却が完了せず、紙幣と銀貨の差がまだ大きかったためである。

日本銀行の創立

日本銀行条令を布告すると同時に、松方大蔵卿は大蔵省に日本銀行創立事務所をつくり、大蔵少輔の吉原重俊、大蔵大書記官の富田鉄之助、大蔵権大書記官の加藤済を創立事務委員に任命し、第三国立銀行頭取の安田善次郎と、三井銀行副長の三野村利助を御用掛心得に任命した。

この五人が日銀の創立事務に当り、明治十四年〔1881〕七月二十八日、資本金一千万円、二百円株五万株

のうち二万五千株を政府が引受け、残りの二万株を一般公募することを発表したが、八月二十日には満株に達した。

ついで九月になって子安峻、外山脩三、松本重太郎、草間貞太郎の四人が創立事務御用掛として追加され、十月二日に政府は二万五千株に対する第一回払込百万円を日銀に交付し、十月六日にその定款を認可するとともに吉原重俊を総裁に、富田鉄之助を副総裁に任命した。また安田善次郎、三野村利助、外山脩三を理事に、子安俊、北岡又兵衛、森村市太郎（のち市左衛門）を監事に任命し、十月九日には創立事務所を閉鎖し、特許状と開業免状を日銀に下付し、その翌十日から、日銀は開業した。本店は東京日本橋北新堀町二十一番地に置かれた。

さて前に述べたように、日銀は創立当初から官立的色彩が濃厚であったが、それとともに見逃してならないのは、三井、安田をはじめとして財閥、富豪がこれに協力していることである。創立当時の大株主は大蔵省であったが（二万五千株、これは明治十八年〔1885〕皇室財産に編入された）、ほかに三井八郎右衛門（二千株）、大谷尊由（五百株）、川崎八郎右衛門（五百株）、安田善次郎（五百株）、鴻池善右衛門（四百五十株）というように東西の富豪が大株主に名を連ね、その他西川貞次郎、川崎金三郎、久米兵次郎、三野村利助、原亮三郎、住友吉左衛門、渋沢栄一、原六郎、大倉喜八郎、山口吉郎兵衛、辰馬吉左衛門、渡辺福三郎らが株主になっている。さきに、「慾と名誉心で持つ日銀出資証券」のところで、太平洋戦争終戦直前まで、皇室や財閥が日銀の大株主であったことを述べたが、この関係は創立以来数十年にわたって、つづいて来たわけである。

また役員についても、総裁、副総裁は政府が任命するが、理事は株主総会が選挙して大蔵卿が任命し、監事は株主総会で選挙することになっていたから、日銀の運営には民間の意見が反映されるようになっていた。そして、創立の当初には株主総会で理事、監事を選挙することができないので、創立委員の稟請という形で、前記の理事と監事が選ばれたが、理事には三井の三野村利助と安田善次郎という、財界、金融界の代表が加わった。

殊に安田は、銀行の最も重要な仕事を受持つ割引局長を嘱託され、多年にわたって理事の地位にあった。また三野村利助は三井家の大番頭三野村利左衛門の養子であったが、彼が理事を退いた後には、京都の三井八郎次郎家から出た西邑虎四郎が、三井銀行の大阪支店長から日銀に入って理事になった。さらに三代目の日銀総裁川田小一郎、四代目の岩崎弥之助はいずれも三菱の人間であるという工合に、初期の日銀には財閥、富豪が活躍した。

子福者の松方正義

財政家としての松方は、明治七年〔1874〕から九年〔1776〕にかけての地租改正に、参議大久保利通を輔けてこれを実現し、ついで前述のような紙幣整理、日本銀行の創立という大きな業績を残した。それにつづいて明治三十年〔1897〕には、金本位制度の確立という大きな仕事をした。また松方は数回の蔵相のほか、明治二十四年〔1891〕には第一次松方内閣、二十九年〔1896〕には第二次松方内閣の首班となり、明治三十六年〔1903〕に枢密顧問官、明治四十年〔1907〕に侯爵、大正六年〔1917〕に内大臣、大正十一年〔1922〕に公爵となり、晩年は政界、財界の元勲として平和な生涯を送り、大正十三年〔1924〕七月二日、九十三歳の高齢をもって歿した。

松方正義は明治天皇からその子供の数を質問されて、「後日正確なところを奉答いたします」と答えたという子福者で、十三男、六女があった。そのうち長男巌（十五銀行頭取）、次男正作（シャム公使）、三男幸次郎（川崎造船社長）、四男正雄（浪速銀行頭取）、六男虎雄（陸軍軍人）、七男乙彦（東京瓦斯《ガス》、日活の各社長）、八男金次郎（米国アナポリス兵学校在学中歿）、長女千代子（武笠《むかさ》工学博士夫人）、次女広子（日銀監事川上直之助夫人）はそれぞれすでに歿したが、五男五郎（元東京瓦斯《ガス》電工社長）、九男正熊（元台湾製糖社長）、十男義輔（日本陶器監査役）、十一男虎吉（現在松本姓、稲畑産業重役）、十二男義行（二代目森村市左衛門養嗣子、日本陶器、森村商事の各社長）、十三男義三郎（共同通信専務理事）、三女鶴子（谷村海軍大尉＝水雷艇長として戦死＝夫人）、四女光子（松本枩《まつ》蔵夫人、松本重治の母）、五女梅子（堀越角次郎夫人）、六女文子（野坂医学博士夫人）はいずれも健在で、それぞれ各方面で活動している。

初代総裁・吉原重俊〔1845-1887〕

紙幣償却と兌換券発行

初代総裁吉原重俊は、明治十五年〔1882〕十月六日から二十年〔1887〕十二月十九日まで、五年二ヶ月の間その地位にあったが、その在任中の主な仕事は、紙幣の償却と、日本銀行兌換券の発行であった。日本銀行は創立の当初から、銀行券を発行する中央銀行であったわけでなく、名実ともに中央銀行になるまで、三、四年かかったのであるが、吉原総裁の役割は、日銀を真の中央銀行とするために、松方正義に協力することにあった。

前に述べたように、不換紙幣のうち政府紙幣は松方大蔵卿の財政政策によって年々減少する見透しがついた。しかし、国立銀行紙幣の整理については、まだ何のメドもつかなかったのである。

そこで、日本銀行創立の翌年五月、政府は「国立銀行条例」について重要な改正を行った。その主眼は、第一に国立銀行から、次第に紙幣発行の特権を奪い、完全な私立銀行、預金銀行に変形させることであった。そのために、国立銀行が紙幣発行の特権を持つのは、開業許可日から満二十年間だけとし、期限後に私立銀行として営業を継続させることにした。第二はその銀行紙幣を償却させることで、そのために次のような方法を講じた。
一、国立銀行の紙幣引換準備金を日銀に集中し、日銀はその準備金で公債を買入れ、その利子を銀行紙幣償却の元資《もとで》とする
二、国立銀行は、その紙幣発行高のうち年率二・五％ずつを、毎決算期毎に日銀に預け入れ、一と同じ方法で紙幣償却の元資とする
三、これらで買入れた公債が抽籤償還された時は、その金額でさらに別の公債を買入れ、紙幣償却の元資とする
四、国立銀行が営業満期の際、なお償却未済の紙幣がある時は、以上の公債を売って償却する
五、償却の事務はすべて日本銀行が行う
この国立銀行紙幣償却の方法は、すこぶる巧妙でもあるが、同時に国立銀行保護の意図がアリアリと見えるものである。こうして明治十六年〔1883〕六月、百四十行余の全国立銀行は、それぞれ各行別に紙幣償却についての約定を日本銀行と締結し、同年十一月、日銀に紙幣償却部を設け、翌十七年〔1834〕からこれを実施した。

元来、日本銀行にも兌換券発行の特権を持たせるという日本銀行条令ができたとき（但し、すぐには実施されなかったが）、当時発券を許されていた国立銀行が、この条令に少しも反対を唱えなかったのは、今日から考えても実に不思議な感じがする。

だがその理由は、明治九年〔1876〕から十三年〔1880〕ごろにかけて好成績に恵まれていた国立銀行も、十四、五年〔1881, 82〕には紙幣償却のあおりを食って業績悪化し、意気沮喪して、政府と争う勇気を失ってい

たことにあろう。そして逆に安田、三井などの国立銀行の有力者は、日銀の創立事務御用掛や理事、監事として、日銀の設立を助ける有様となったが、右のようにして、その国立銀行の銀行券発行権は大幅に縮められ、いよいよ整理の段階に入った。

他方、政府紙幣の整理は着々進んだ。その反動も大きく、商業は沈滞し、農工業は萎縮し、破産、倒産相つぐ状態となり、ムシロ旗を立てた百姓一揆さえも何度か起った。果然、松方に対する非難攻撃の声は政府、民間の間に高くなったが、或る日松方が明治天皇に謁見の際、何心なく「臣の一身については、このごろ種々の噂もございましょう」と言ったところが、明治天皇は、紙幣整理に対する群臣の非難のことと察して「誰が何を言おうと、迷うところなく最初の方針で邁進せよ」と松方を激励した。松方は、この言葉に大いに感激したということである。が、こうした苦痛を忍んだ効果は、紙幣償却開始後三年目になってようやく現れ、明治十八年〔1885〕には銀貨と紙幣の価値の開きがほとんどなくなり、また国庫には紙幣兌換のための銀貨もかなり蓄積された。そこで政府は、明治十七年〔1884〕五月に「兌換銀行券条例」を公布し、十八年〔1885〕六月には、十九年〔1886〕一月から政府紙幣を漸次銀貨に交換する旨の布告を出すことが、できるまでになった。

「兌換銀行券条例」は、日本銀行の発行する兌換券が銀貨に兌換されるものであること、及びその発行の引換準備として相当額の銀貨をおくことを、定めたものである。この条令に基いて、明治十八年〔1885〕五月、日銀は初めて十円兌換券を発行したが、すでに銀紙の差も消滅していたので、日本銀行兌換券の流通はすこぶる円滑であり、政府紙幣、銀行紙幣の流通高の減少につれて、日銀券の需要も多くなった。そこで初めて日銀は、名実ともに中央銀行としての資格を得ることになった。

紙幣整理の進行につれて、政府紙幣の発行高は日銀創立当時の一億二千四十万円から、吉原総裁の病死直後の明治二十年〔1887〕末には四千六百三十万円に減り、銀行紙幣は三千四百四十万円から二十八百六十万円に減った。他方、明治十八年〔1885〕五月から発行され始めた日本銀行兌換券は、明治二十年〔1887〕末には五千三百五十万円に増加した。

日銀総裁の最年少者

吉原重俊は、歴代総裁中の最年少者であった。彼が総裁になったのはわずかに三十八歳のときであったが、四十三歳で病歿した。今日の日銀ならば、さし当り支店長ぐらいの年齢である。副総裁の富田鉄之助（二代総裁）も四十八歳であったから、創立当時の日銀がどんなに若い指導者にひきいられていたかが想像されるが、当時の日銀の全従業員は四十四人だったというから、日銀そのものの規模は、もちろん今日とは比較にならない。

吉原が副総裁の富田より十歳も若くて総裁の地位についたのは、吉原がすぐれた人物であったことはもちろんだが、彼が薩摩藩出身であったことも大いに関係している。

彼は弘化二年（一八四五年）四月、鹿児島に生れ、父は鹿児島藩士であった。吉原は性俊敏で、文学を好んだ。幼少にして無点の漢文を読み、詩文を読み、詩文を巧く作った。島津侯が彼を愛して、彼を側近にまねき句読師助に任じた。年わずかに十二というのであるから、異数のことである。

吉原は慶応二年（一八六六年）、森有礼（明治中期の政治家）、吉田清成（のち枢密顧問官）などと共に選ばれて米国に留学し、明治六年〔1873〕三月学業成って帰朝した。同年四月外務省に入って、外務省五等出仕に補せられた。同十月外務省一等書記官に任ぜられ、在米国公使官在勤を命ぜられた。明治七年〔1874〕全権弁理大臣大久保利通が台湾征討折衝のため清国に赴くとき随行を命ぜられ、のち大蔵省に入って租税権頭《ごんのかみ》、横浜正金銀行管理長、さらに大蔵大書記官として租税局長ならびに関税局長となり、明治十三年〔1880〕大蔵少輔になった。

そして、明治十四年〔1881〕六月、日銀の創立事務委員にあげられ、ついで十月六日、初代の日本銀行総裁に任ぜられたわけである。

吉原はその在任期間に、前述のような仕事をしたが、明治十七年〔1884〕十月には、ロンドンに渡って中央銀行事務を研究して来た。彼は当時の金融界の新知識であったが、明治二十年〔1887〕十二月九日、病のため死去した。現職の総裁で死亡したのは吉原と、三代目川田小一郎、八代目三島弥太郎の三人だけである。吉原は、文学を好むような人であったから、国字問題に大きな関心を持ち、欧米諸国の文化の発展の根本原因は、簡明な音標文字にあるとして、国字改良に手を染め、近藤真らと協力して「かなの会」を作り、大いに宣伝普及しようとしたが、歿年が早かったため、この方は大して効果はなかったようである。

二代総裁・富田鉄之助〔1835-1916〕

松方蔵相と衝突

富田鉄之助は吉原重俊の後をうけて日銀総裁に就任した。在任わずか一年半で、松方大蔵大臣と喧嘩してやめてしまったが、彼自身大蔵省からの天下りでありながら、日銀の立場を固執して大蔵大臣にゆずらなかったという、骨っぽい男であった。彼は東北人独特の質朴剛健な武士タイプで、気転も利かず、人にオベッカをつかうことが大嫌いな代りに、剛直無私で、ひたすらその職分をつくすという男であった。

彼は旧仙台藩士富田実保の四男として、天保六年（一八三五年）十月十六日に生れた。幼少の時から利発で、新式の武術を学んだが、衆にすぐれた才智は、早くから要路の人々に認められていた。若いころから幕臣勝海舟の人格に傾倒してその門に出入りし、慶応三年〔1867〕に勝の斡旋で徳川幕府からアメリカに留学させられて、経済の学を修めたが、明治二年〔1869〕、明治新政府劈頭の在外留学生として引続き研学に従った。

明治五年〔1872〕、特命全権大使岩倉具視が米国に行った際、彼を抜擢して領事心得としたが、同六年〔1873〕以後、ニューヨーク在勤副領事、上海総領事、外務省書記官、ロンドン在勤公使官一等書記官などの外交官職を歴任した。次いで大蔵大書記官に転じ、明治十五年〔1882〕十月六日、大蔵少輔吉原重俊が日本銀行初代総裁に就任すると、彼は一躍その副総裁に擢用された。

その後、一年ほどして、吉原総裁は海外中央銀行事情観察のため外遊したので、自然行内の権力は彼に集まり、信望も加わった。そして吉原総裁死去の後をうけて二十一年〔1888〕二月二十二日、五十四歳で日銀第二代の総裁となった。彼が重用されたのは、吉原同様、永い間の海外遊学及び駐在によって得た外国金融経済の新知識を、買われたものである。

富田の日銀における功績はむしろ副総裁として、吉原と功を分つべきであって、彼の総裁としての在任期間が短かったため、総裁の事蹟として述べることは少ない。しかし、松方蔵相との喧嘩は、記録しておく値打ちがある。初代の吉原が薩藩出身で同じ薩閥の松方と良かったのに対し、富田は仙台藩、しかも幕府方の勝海舟の乾分《こぶん》であったから、もともと松方とはソリが合わなかった上に、上におもねることが嫌いという男だから、松方と正面衝突してしまったのである。

問題は、松方が横浜正金銀行に日銀から金《かね》を貸してやれと言ったのに対し、富田がこれを拒絶したことである。正金銀行では当時（明治二十二年〔1889〕）外国為替買入れのために日銀から資金を借りようとし、松方蔵相はそのため日銀に特別貸付をするよう命じて、再三督促したが、富田は頑として応じない。

富田に言わせると、外国為替の売買は中央銀行が自ら行うべきもので、正金銀行を経る必要はないという理窟で、彼はこのことを「為替方法案」という意見書に書いて、松方に提出した。松方は富田が言うことを聞かないので業をにやし、ついにこれを馘にしたのである。富田の意見の当否は別として、日銀独自の立場を飽くまで主張して枉《ま》げなかった点で、このとき初めて政府から独立した日銀という意識が生れたと言ってよかろう。

富田総裁在任中の出来事としては、もう一つのことがある。それは、明治二十一年〔1888〕七月、松方蔵相が「兌換銀行券条例」の改正を布告し、いわゆる保証準備屈伸制限法を採用すると共に、政府紙幣償却のため日銀から政府に二千二百万円を貸上げることを定めた点である。保証準備屈伸制限法とは、兌換銀行券発行高に対しては同額の金銀貨及び地金銀を準備として要するが、ほかに七千万円を限って、政府発行の公債証書、大蔵省証券、その他確実な証券または商業手形を保証として保証準備発行を許し、更に七千万円以上の金額についても、大蔵大臣の許可を得て前掲諸証券を保証に制限外発行を許す制度である。

硬骨漢、実業界に入る

富田は明治二十二年〔1889〕九月三日、日銀総裁を辞めたが、その後明治二十三年〔1890〕十月、貴族院議員に勅選され、翌二十四年〔1891〕七月、東京府知事に任命された。知事としては新道路の敷設、選挙粛正などに努めたが、二年余りで病気と称して辞職し、官界から足を洗った（明治二十六年〔1893〕十月）。

その後は実業界に入って、富士紡績会社を創立した。静岡県駿東郡菅沼村（現在小山町《おやま》）を流れる鮎沢川という川があるが、富田はアメリカの水力電気事業の発展に刺戟されて、この川の水力資源に眼をつけた。そして森村市左衛門、神鞭知常、柿沼谷蔵、村田一郎など数人をかたらって、この電源を開発し、これを動力として綿糸紡績事業を起すことを計画した。明治二十九年〔1896〕三月、資本金百五十万円で創立された富士紡績がそれである。

富田はその初代取締役会長になり、同郷の荒井泰治を支配人として、明治三十四年〔1901〕まで会長をしていたが、この工場が今日の富士紡績の主力たる小山工場である。同社は、のち和田豊治の力でさらに発展したが、とにかく富田はその創立者であり、初期の経営者であった。

富田はまた、火災保険事業の経営に当った。日清戦争直後の財界好況で各種の事業が勃興し、保険事業を始めるものも続出したが、富田は横浜の実業家たちと協力して明治三十年〔1897〕十月、横浜火災保険を創立し、大正三年〔1914〕六月まで十七年間、その社長をした。

そのほか、初期時代の日本鉄道に関係して理事になるなど、彼の実業界における活躍は表面的に華々しくはなかったが、その足跡は小さくなかった。富田は大正五年〔1916〕二月十七日、八十二歳で病死したが、彼は恩給亡国論者で、官界を去るときに恩給を辞退した。そのため未亡人は、折にふれて、「あのとき恩給をもらっておいてくれたら」とこぼしたというエピソードもある。

なお富田には『銀行小言』という著書があり（明治文化全集に採録）、ほかに未公刊の尨大な量の日記があるようである。

三代総裁・川田小一郎〔1836-1896〕

財閥総裁の嚆矢

初代、二代の総裁がいずれも大蔵省から来た人であったのに対し、三代目の川田小一郎から四代目岩崎弥之助、五代目山本達雄と、このあとに三菱財閥出身の総裁がつづくことは、日銀の歴史の上で興味のある事柄である。

前に詳しく述べた日銀創立の事情からも判るように、日銀は形式の上でも、その運用の点においても官立の色彩が濃厚で、国営と事実上ほとんど変らない。イングランド銀行のように、諸銀行のうち最も有力なものが中央銀行にまで発展したのでもなく、アメリカの連邦準備銀行のように、銀行を組合員とする中央銀行でもなく、日本の中央銀行は、政府によって上から作られたものである。だから、初代、二代と大蔵省出身者が総裁に就任したことは、十分に理由のあることであった。

ところが、そのあと三代目から五代目まで、三菱財閥から総裁が出たのはどういうわけか。それは、中央銀行としてできるだけ政府や政党から中立の立場をとるという建前のほかに、その当時の日本資本主義の発展が、民間資本家、なかんずく財閥の協力を必要としたからである。すでに日銀創立の当初から、安田善次郎や三野村利助など、安田や三井から理事が入っていたが、川田以後、総裁までも財閥から迎えたのは、そういう理由からである。

財閥出身総裁の時代は、年代にすれば明治二十二年〔1889〕九月から明治三十六年〔1903〕十月までの、日清戦争を挟んだ前後十四年間である。この時代は民間産業勃興の第一期ともいうべきときで、一方では明治政府の財政難を打開するため、他方では民間事業を育成するための官営事業払下げは、大体一段落して、これらは民間事業として、発展しようとしていた。

ついでに官営事業払下げの主なものを挙げておくと、明治十四年〔1881〕の高島炭礦（三菱へ）、明治十七年〔1884〕の小阪銀山（久原庄三郎へ）、深川セメント（浅野総一郎へ）、明治二十年〔1887〕の長崎造船所（三菱へ）、明治二十二年〔1889〕の三池炭礦（三井へ）などであるが、これらのほかに、紡績工業、鉄道、鉄工業その他の民営事業が勃興しつつあった。

こういう背景の下に、日銀は産業の発展を援助する役目を持っていたのだが、そのとき、民間財界を代表する財閥から総裁が入った。しかも、財閥の中でも新興の意気最も盛んであった三菱から、三人つづいて入ったことは、単なる偶然ではない。

三井や住友が徳川時代以来の長い歴史を持つのに対し、三菱財閥の基礎は岩崎弥太郎によって、幕末から明治十八年〔1885〕（二月七日）に弥太郎が死ぬまでの間に二、三十年間で作り上げられた。三菱財閥は当時の成り上り者であったが、それだけにその意気は盛んであり、また弥太郎の協力者には、手腕と実行力において卓越した人材がいた。川田小一郎は、その一人だったのである。

その後にも、昭和十二年〔1837〕には三井財閥の池田成彬が、太平洋戦争末期には渋沢財閥の渋沢敬三が、それぞれ日銀総裁になった。しかし、同じ財閥総裁でも、この時代になると、その役割が全くちがって来るが、その点については、池田、渋沢のところで述べることにしよう。

三菱三傑の一人

　三菱財閥の始祖岩崎弥太郎は一通りや二通りの人物ではなかったが、彼と石川七財、川田小一郎の三人は、三菱財閥の三傑と呼ばれた。この三人が三菱の土台を築き、弥太郎の亡きあと弟の弥之助（後述）がさらにこれを固めて、三菱財閥は大を成して行ったのだが、石川七財が強引の一手で、目的のためには手段を選ばぬという男であったのに対し、川田小一郎は、胆っ玉は太いけれども、同時に緻密な、理財的な頭をもつ男であった。七財、小一郎はそれぞれ、弥太郎の右大臣、左大臣という恰好であった。

　川田小一郎は、天保七年（一八三六年）土佐藩士川田恒之丞の次男に生れた。藩士とは言っても半農、半武士という軽輩かつ貧乏な士《さむらい》の息子で、長じて農家の娘をめとったが、冬になっても細君に袷の着物を着せることができないほどの暮らしであった。しかし、根が理財の道に明るく、才気煥発なので、追々に認められて地位も上り、藩政にも参画するようになった。

　そこへ明治維新で世の中が変り、土佐藩の所領であった伊予の国川之江銅山が奉還地として、明治政府の手へ移ることになったが、その変化に銅山の従業員は動揺して、争議を起し、ついにはそれが暴動化するまでになった。このとき、その善後処理を命ぜられたのが川田小一郎で、彼はこれを鮮かに解決した。新政府から毎年五千石の扶持米をこの銅山の従業員に給与するという条件でこれを解決したのだが、その手際がよかったというので、土佐藩内の勧業、鉱山、通商の事務に当ることを命ぜられた。

そのころ土佐藩では、土佐商会という事業を経営していた。これは土佐の物産を交易する機関であったが、川田も岩崎弥太郎と共にこれに従事していた関係で、川田は弥太郎と相識り、親密な間柄になった。そして明治四年〔1871〕、廃藩置県が行われて、土佐藩では土佐商会の事業の一切を岩崎弥太郎に譲ったが、川田は弥太郎と共に土佐商会に残った。

この土佐商会というのが三菱財閥のそもそもの起りで、藩ではこれを資産と負債とを抱き合せて、無償で弥太郎に譲った。というのは、士族の商法で営業は振わず、資産よりも借金の方が多いから、藩主山内家の所有にしてもモノにならないという理由からであったが、実際は弥太郎はこれによって巨富を得た。汽船六隻、曳船二隻、庫船、帆船、脚船各一隻、合計十一隻と海運営業地盤、それに坂本竜馬から商会に托されていた七万両、後藤象二郎が土佐から大阪に廻送していた樟脳四万斤（その代金十六万両）が弥太郎の手に入った。

これを弥太郎の私有として個人経営とすることになったとき、弥太郎は従来同商会に従事していた者を集めて、「今日からこの事業は藩の仕事でなくなり、弥太郎個人のものになったが、自分の部下となることを潔しとしない人は去ってくれ」と演説した。この演説を聞いて去って行った者は多かったが、川田と石川七財の二人は残り、彼らは純粋の商人となって弥太郎の仕事を助けた。

土佐商会は、九十九商会、三川商会、通運業三菱商会と何度か名称を変え、明治八年〔1875〕に郵便汽船三菱会社となったが、その後明治十八年〔1885〕に弥太郎が死ぬまで、川田は三菱の謀将として弥太郎を助けた。

財界を睥睨す

川田小一郎は、右のように三菱の基礎を築くことに働いたが、弥太郎の死後、弥之助があとを引受けるようになってから、三菱の第一線を退いた。そして、松方蔵相の推薦で明治二十二年〔1889〕九月三日、富田鉄之助辞任のあとを受けて日銀に入り、総裁となった。ときに年五十四歳。それ以来、明治二十九年〔1896〕十一月に病歿するまで、まる七年余りの間、松方正義、渡辺国武の両蔵相の下で、日銀総裁をつとめた。

この間、明治二十五年〔1892〕八月まで松方、それ以後二十八年〔1895〕三月まで渡辺、同年三月から八月まで再び松方、同年八月から二十九年〔1896〕九月まで再び渡辺、その後三たび松方と、蔵相の入れ代りが行われたが、これは伊藤博文（明治二十五年〔1892〕八月から二十九年〔1896〕八月まで第二次伊藤内閣首相）と松方との間が、接近したり離れたりするたびに、松方が入閣したり辞職したりしたためである。渡辺蔵相は松方の下で大蔵次官だったのを、松方の推挙で第二次伊藤内閣に入り、後で述べるように、日清戦争のときには戦費の調達に当ったのであるが、伊藤は渡辺を軽く扱っていたようである。

ところで川田総裁は、ほとんど日銀に顔を出さず、理事、行員を自邸に呼びつけて命令したのみか、「用件があるのなら、そちらから来い」と言って、蔵相をさえも、江戸川大曲の広大な自邸に呼びつけたと伝えられているが、その呼びつけたという蔵相は、松方ではなく、渡辺国武であった。松方に対しては、さすがの川田も、「さん」付けで呼んでいた。そして、自分の推薦者であり、首相ともなるほどの松方（明治二十四年〔1891〕五月第一次松方内閣、兼蔵相）に対しては、いくら川田でも、自邸へ呼びつけるようなことはしなかったのである。

それはさておき、川田日銀総裁の威勢は飛ぶ鳥も落すほどで、市中銀行家は「敢えて仰ぎ見る者なし」という有様であった。明治十四年〔1881〕大隈重信に殉じて外務省をやめ、川田総裁のころに三井銀行へ入った中上川彦次郎の如きも、三井入りの挨拶廻りに行った際、川田によほど威張られたものか、「二度と川田などに頭を下げないように、三井はたとえ利益は少なくてもよいから、堅実な経営をしなくてはいけない」と後々まで言っていたという。ついでに、この中上川は益田孝と並んで、明治二十年代から明治末期までの三井を背負って立った人物で、池田成彬の岳父である。

川田総裁がこのように威張ることができたのは、その経歴がものを言ったばかりではない。前にも述べたように、市中銀行は資金がなく、預金以上の貸出しをしては（オーヴァー・ローン）、その不足を日銀から借り、いわば日銀の資金の鞘取りによって成立っていたからである。

これを数字で説明すると、一層よく判る。明治二十二年〔1889〕末の全国普通銀行勘定を見ると、その貸出の総額は六千二百万円であったが、そのときの日銀の貸出は三千七百万円であった。普通銀行全体の貸出の六割に当る金額を、日銀一行で貸出していたのだから、そのころの日銀が日本の金融界で占めていた比重の大きさは、凡その想像がつくであろう。市中銀行が日銀と日銀総裁に全然頭が上らなかったのは、不思議でない。

ことに明治二十二年〔1889〕以後、政府預金はすべて日本銀行の所管に移され、日銀は「政府の銀行」としての地位を確立し、さらに明治二十五、六年〔1892, 93〕になると、国立銀行の営業年限の到来を機として、国立銀行の銀行券発行の特権がとり上げられてしまった。これには国立銀行側の猛烈な反対と延期請願があったが、川田はそれを押し切り、政府を動かして国立銀行の私立銀行への転換を断行させた。その結果、市中銀行の日銀への依存は、ますます強くなったのである。

恐慌と日清戦争

川田総裁在任中の大きな出来事としては、明治二十三年〔1890〕の金融恐慌と、明治二十七、八年〔1894, 95〕の日清戦争がある。

すでに明治二十一年〔1888〕には、前総裁富田によって財界に対する警告が発せられていたが、果して明治二十三年〔1890〕には金融恐慌が起った。これは日本における最初の近代的恐慌で、明治十九年〔1886〕から二十二年〔1889〕にかけての企業熱の反動として起った。この時期に鉄道、紡績、銀行を中心に企業熱が勃興したが、その企業熱は銀相場の下落による輸出超過と正貨流入、正貨準備の増加による兌換券の増発、株式を担保とする一般銀行の貸出増加などによって、一層煽られた。ところが、その反動で泡沫会社が破綻し、その株券がほとんど無価値になった。そのため、そういう株券を担保に金融していた銀行も左前となったばかりか、確実な会社の株券も下落して、金融は逼迫し、大阪の如きは、金利が日歩五銭をさえ唱えるようになった。

そこで日本銀行では同年二月二十八日、政府の許可を得て制限外兌換券を発行して、財界焦眉の急に応じたが、これは日銀が限外発行をした最初の事例である。

さらに松方蔵相は川田総裁や、東京、大阪の銀行家を集めて協議した結果、同年五月九日から、日銀は日本鉄道会社株をはじめ十五種の株券を担保として、手形割引を行うことになった。いわゆる見返品制度は、このときから始まった。また政府はこのとき、保証準備発行限度を七千万円から八千五百万円に拡張したが、保証準備発行限度を拡張したのも、このときが始めてであった。

第二の事件は日清戦争で、そのときの蔵相は渡辺国武であったが、日銀では公定歩合の引上によって民間貸出の抑制を計り、これから生じた余裕金で公債公募以前に政府一時貸上を行い、また、戦費調達のため発行された一億一千二百万円の国債を、無事消化した。日清戦争の戦費は二億四十七万円で、西南戦役の費用の五倍に当り、当時としては莫大な金であった。そのため伊藤首相は、当時京都にいた川田を訪ねて、外債募集を頼んだほどであったが、外債には頼らず、公債と財政上のやり繰りで賄った。このことは、渡辺蔵相と川田総裁の功に帰せられている。

人材を養成

このほかに、川田が日銀に残した足跡としては、多くの人材を集めたことである。川田自身は正規の学歴もなく、また海外に留学したこともなかったが、彼は総裁に就任して以来、海外の新知識を学んだ人材を日銀に集めた。三菱からは山本達雄、大蔵省からは薄井佳久、海軍からは片岡直輝、外務省からは河上謹一、鶴原定吉、ほかに民間から小泉信吉、高橋是清を入れ、新たに大学卒業生から志立鉄次郎、土方久徴、井上準之助などを採用した。これらのうちには後に日銀総裁になった人々がおり、また日銀を去った人でも、それぞれ大を成した。ただ当時採用した大学卒業生はいずれもほとんど東京帝国大学出身者であったから、日銀の東大閥はこのころに始まったと言うことができる。

彼は外に向って威張ったと共に、行内に対してはワンマンで、「日銀の重役および局長らは唯々諾々として川田総裁の命を奉じ、あえて反抗しようとする者がなかったばかりでなく、みな総裁の信任を失うまいと努めた」と言われているが、その反面なかなか人情に厚かった。こんな話がある。

或る若い行員が、帳簿を書き損じたため、そのページを破り捨てた。新米の行員は銀行の帳簿がいかに大切なものであるかを知らないので、学習ノートの書き損じを破り捨てるくらいのつもりで、やったものらしい。しかし、そういうことは銀行員には厳禁されるべきことだから、その行員は馘きられることになった。そこで辞令をもらうべく川田総裁の室へ行くと、川田はその青年に向って、「お前を辞めさせるが、やったことが悪いのだから、仕方がない。しかし、お前も前途ある青年だから、この辞令は自分の家へ帰ってから開け」と言って辞令を渡した。これを家に戻って開いて見ると、免職の辞令の間に、正金銀行への推薦状が入っていた——というのである。

川田の総裁時代に、現在の日本銀行本店（旧館）が建築されたが、それについては前述した。川田は明治二十九年〔1896〕に病を得て、京都木屋町の別狂で療養していたが、同年十一月五日、六十一歳で歿した。その葬式は東京で行われたが、生前派手好きだった川田にふさわしく、葬式は豪盛をきわめ、当時日銀理事であった河上謹一が、「この葬式を川田さん自身に見せてあげたかった」と言ったほどの、盛儀であった。

四代総裁・岩崎弥之助〔1851-1908〕

大総裁相つぐ

　三代総裁川田小一郎が三菱財閥の大番頭で、創業の功臣であったのに対し、四代総裁岩崎弥之助は三菱財閥の一族、それも開祖弥太郎の実弟であった。岩崎が総裁に就任したのも、川田の場合と同じく、松方正義の懇望によるものである。松方は明治二十九年〔1896〕九月、第二次松方内閣を組織して首相兼蔵相となったが、川田総裁の死後、松方が岩崎を日銀総裁に迎えたのである。岩崎の日銀総裁に就任したのは明治二十九年〔1896〕十一月十一日で、その当時彼はまだ数え年四十六歳の働き盛りであったが、すでに三菱合資会社の社長を弥太郎の子久弥にゆずり、自分は後見役として第一線を退いていた。

　兄弥太郎が豪放大胆、向う見ずであったのに対し、弟弥之助は守成の人であり、この二人がお互いに長短を補い合って、三菱は大を成すことができた——と普通に言われている。しかし弥之助は、必ずしも守成いっぺんの男ではなく、胆力も機略も備えていた。ただ弥太郎が天保五年（一八三五年）十二月生れであったのに対し、弥之助は嘉永四年（一八五一年）一月八日の生れで、兄より十五歳も年下であったという点から、おのずから兄の後始末をする方へ回ったというだけである。

弥之助は土佐国安芸郡井ロ村に、土地の郷士岩崎弥次郎の次男に生れ、慶応三年（一八六七年）十七歳のとき高知藩立学校に入り、のち大阪に移住して重野成斎に漢籍を学んだが、明治四年〔1871〕、二十一歳のときアメリカへ渡って苦学した。明治六年〔1873〕、老父の病気の報を得て日本へ帰った後は、弥太郎の事業を助けて奮闘した。なかでも、弥之助が弥太郎を助けて奮戦したのは、明治十六年〔1883〕から十八年〔1885〕にかけての共同運輸との競争のときで、これは三菱会社の運命をかけた一戦であった。

この競争の詳細については五代総裁山本達雄のところで述べるが、その最中に明治十八年〔1385〕、弥太郎は五十二歳で死んだ。そこで弥之助は三十五歳で副社長から二代目の社長となったが、共同運輸に屈服するか、あるいは破滅するかのドタン場を頑張り通して切抜け、ついに両社の合併が成立して、日本郵船会社が作られることになった。この日本郵船は、三菱系の船会社として、のちに世界的な大会社となったものである。

弥之助はこの競争で男をあげ、これで三菱の基礎は安泰になったが、弥之助が単なる守成の人物でなかった一例を書いておこう。弥之助は明治二十三年〔1890〕、政府が師団増設費の財源に苦しんでいるのを見て、政府が持てあましていた官有地を、用もないのに百五十万円を出して買いとった。これは現在の丸の内一帯の土地であるが、当時はただいちめんに草茫々の野原で、かなり後まで三菱ヶ原と呼ばれていた。三菱の長老たちが、こんな野原を買ってどうするつもりかと弥之助に聞いたのに対し、「なに、藪でも作って虎を飼っておくさ」と答えたという。この土地はその後東京のビジネス・センターとなり、三菱は莫大な利益を得たが、これを見ても、弥之助が胆っ玉の太い男であったことが判る。

弥之助は明治二十六年〔1893〕、社長を辞めて第一線を退いていたが、そこを松方によって、日銀総裁に引っぱり出されたわけである。三菱と松方は当時すでに親密な関係になっていたが、のちには弥之助の長女繁子が松方の二男正作に嫁し、姻戚関係を結んで両者は一層緊密の度を加えた。

賠償金で金本位確立

岩崎弥太郎の日銀総裁としての在任期間は、わずか二年足らずであった。後に述べるように、彼は明治三十一年〔1898〕十月二十日、ときの蔵相松田正久と衝突して日銀を去ってしまうのだが、しかしこの二年間に、重要な三つの事柄が起っている。第一は金本位制度の確立、第二は日銀が個人取引を開始したこと、第三は明治三十年〔1897〕から三十一年〔1898〕にかけて、日清戦後最初の恐慌が起ったことである。まず金本位制度の確立から述べよう。

岩崎の日銀総裁としての役割は、川田総裁から引つづいて、勃興期にある日本産業のために、豊富な資金を供給することであった。殊に当時は、日清戦後の飛躍的発展期にあったので、岩崎総裁は、「戦後日本国民のなすべき急務は一に産業の発展にある」と言って、大胆な積極的金融政策を実行したが、その政策を容易にしたものは、日本が日清戦争で得た賠償金であった。この賠償金によって、日本は金本位制度を確立することもできたし、また日本の資金供給源も、それによって豊富になった。

日清戦争によって日本は清国から二億円の軍費償金を得、その他に遼東半島還付報償金、威海衛守備費などを合せて三億七千二百六十万円の償金を得た。この償金を明治二十八年〔1895〕十月末日から三十一年〔1898〕五月七日までの間に五回にわたって受取ったが、そのうち大部分は戦費、軍備拡張費その他の不生産的事業に使われ、金融市場に直接資金として供給されたのは、三千五百万円に過ぎなかった。しかし、この償金が、金本位制実施のための金貨鋳造に、大いに役に立ったのである。

政府ではすでに明治二十六年〔1893〕以来、貨幣制度調査会を設け（第二次伊藤内閣、蔵相渡辺国武の時代）、いろいろ議論を重ねた結果、金本位制度の必要なことが認識された（貨幣制度調査会の答申では二十人の委員のうち八人が幣制改革の必要を主張し、そのうち六人が金本位制を主張した）。しかし、当時の日本の蓄積正貨が主に銀貨であったため、金本位制の実行は困難であった。ところが、日清戦争の勝利によって清国から巨額の償金を手に入れたので、松方首相兼蔵相は同国政府に交渉して、償金の銀両《テール》を英貨に換算してロンドンで受けとることにした。そしてその英貨で金《きん》を買い、これを日本銀行の手で内地に回送させ、造幣局におさめさせて、その金で金貨を作ることにした。こういう金の準備を蓄えたのち、政府は明治三十年〔1897〕三月、「純金の量目二分《ふん》を以て価格の単位となし、これを円と称す」とともに、金貨を無制限法貨とする貨幣法を公布したのである。

この貨幣法を公布したのち、松方蔵相は造幣局に命じて、明治三十年〔1897〕四月から翌年四月までの一年間に、二十円、十円、五円の各金貨、総計七千四百四十余万円を鋳造させた。これにはロンドンから送らせた金と、国庫に持っていた金（日銀へ仮渡しとして交付）とが使われた。

以上のような準備を整えたのち、政府は右の新貨幣法を明治三十年〔1897〕十月一日から実施し、同日から、従来流通していた一円銀貨と新金貨との交換を開始した。そして、従来の一円銀貨は明治三十一年〔1898〕七月一日限り通用を禁止されることになり、その日までに総額四千五百五十八万円の金貨が銀貨と交換された。

この金本位制の確立は、日本の金融史上に新しい時代を画した。これによって世界の金貨国に対する日本の為替相場は一定して動かないこととなり、海外貿易の発達をうながし、延いては国内の産業の伸長、発展に大きな作用をしたからである。

そればかりでなく、我が金融市場を国際金融市場に結びつけ、日清戦勝で日本の信用が高まったことと相まって、外資の輸入を促進するのに役立った。従来日本が外資を輸入した例は、明治元年〔1867〕英国東洋銀行から洋銀五十万両を借入れたこと（これは大隈重信が英公使パークスの口添えによって借入れたもので、多分に政治的な意味をもっていた）、および明治三年〔1870〕及び五年〔1872〕に外債一千六百六十万円を募集したことがあるだけで、その後は一文の外資も入らなかった。それが、日清戦勝及び金本位制の確立以後、明治三十年〔1897〕に四千三百万円の公債を海外に売り、三十二年〔1899〕にはロンドンで一億円の外債募集に成功し、三十四年〔1901〕には五千万円の公債を海外に売るなど、わずか四年間に二億円近い外国資本を輸入することができるようになったのである。

金本位制度が確立されるまで、日本の貨幣制度は形の上では金本位制をとっていたが、実質は銀本位であった。ところが、明治二十六年〔1893〕以来銀の価格の下落が激しくなり、他方、世界の大勢は次第に金本位制採用に傾いたので、金本位国と日本との為替相場は、きわめて不安定になっていた。そのため、金本位国との貿易は一種の投機事業のようになっていたし、またそういう不安定な為替相場の下では、外資の輸入は不可能であった。そういう状態が、金本位制度の確立によって打破されたのである。

当時はまだ、外資輸入については、強硬な反対論があり、外債募集を売国的行為だと考える者が多かった。さきに明治十二、三年〔1879,80〕ごろ、大隈重信が紙幣整理のため外資を入れようとしたのに対し、明治天皇が強く反対したことは前に述べたが、こういう考え方はまだ根強く残っていた。しかし日清戦後は資本の必要がますます大きくなって来たため、金本位制の確立についで、明治三十一年〔1898〕十月、政府は「我が国経済の現状に鑑み、外資輸入の必要ありや否や、もしありとせば、その最も適切な方法如何」という諮問を、農商工高等会議に提出するという気運になったのである。

しかも、日清戦後には中国からの償金を当てにして、鉄道建設をはじめ各種の工業建設に着手したが、償金の大部分は戦費や軍拡などに使われ、鉄道などの建設は資金の涸渇に見舞われて、明治三十年〔1897〕から三十一年〔1898〕にかけては、戦後第一次の反動恐慌に襲われるに至った。そこで、こういう状態を打開するためにも、外資の輸入が急務となり、こういう必要の前には、根強い外資排斥の声も次第に影を潜めざるを得なくなったのである。こうして、日清戦後に本格的な外資輸入がはじまったが、しかし、その規模はまだそれほど大きくはなかった。大規模な外資の輸入が行われるようになったのは、日露戦中および戦後のことであるが、これについてはまた後述する。

個人取引で銀行を育成

金本位制の確立とこれが日本経済に及ぼしたいろいろな効果は、それ以前の歴代内閣の施策や日清戦勝によってもたらされたものであって、ひとり日銀総裁岩崎弥之助の功に帰すべきものではない。しかし、日銀が個人取引を開始したことは、岩崎総裁の残した功績の一つであった。それは、貨幣法制定後間もない明治三十年〔1897〕六月、日銀の取引先を銀行だけに限らず、信用ある個人にも及ぼすようにしたことである。

明治十五年〔1882〕に制定された日本銀行条令では、日銀は銀行だけではなく、個人とも取引できることになっていたが、実際は銀行との取引だけに限られていた。つまり、信用があり、資産のある人が確実な事業のために振出した手形であっても、それが個人の手形の場合には、日銀は銀行を通じて再割引するだけで、直接割引くことはしなかった。それを、日銀が直接割引くことに改めたのである。前に岩崎総裁が積極的金融政策をとったと述べたが、これはその大きな一つである。

それまでは、市中銀行が個人の手形を割引き、その再割引を日銀に求めることによって、市中銀行は利鞘をかせぐことができた。日銀の利子は市中銀行の利子よりも著しく安かったので、市中銀行はその利子の鞘をかせぐことができたのだが、日銀が安い利子で個人の手形を割引くようになった結果、個人の事業は金融上大きな利便を受けるようになった。一方市中銀行は、日銀が競争相手になった結果、次第にその貸出利率を引下げるようになり、さらに従来の日銀依存をやめて、自分の力で預金を集め、これを貸出に廻すという銀行本来の姿――預金銀行――に進むようになった。

そのころ松方蔵相は、日銀の大阪支店で演説を行い、

「日本銀行はもと銀行を相手に再割引するを主とすれども、日本銀行の利子と他の銀行のそれが常に今の如く相懸隔しおるは不都合なるをもって、一個人といえども裏書あるもの、また信用ある者には割引することとせり。このことたる、もとより好んでなしたることとならねど、余り利子懸隔甚しきは善からぬことなれば、これを改正せんため、かくの如く決行したる次第なり」

と言ったが、趣旨はその通りであった。

ヨーロッパの中央銀行ではいずれも個人取引を行っていたので、日銀もこれに倣ったのでもあるが、日銀の個人取引は、実際にはそう大した額に上らなかった。しかしこれが刺戟になって、市中銀行は鞘取を

やめ、預金吸収に努めるようになった。最初の間は、金融界に激動を起さぬよう、個人取引の利子を銀行取引のそれよりも四厘高くしていたが、明治三十二年〔1899〕十一月になると、両者の利子の差は撤廃されてしまった。

こうして日銀が個人取引を始めた後でも、市中銀行ではその貸出利率と預金利子との間に、まだかなりの開きがあったので、預金利子を引上げて、預金を集めた。その結果、市中大銀行では大体定期預金に七分、中小銀行は七分二厘から七分五厘の利子を付けるようになったが、この預金利子の引上げで、預金は市中銀行に集まり、市中銀行の日銀に依存する度合は次第に低くなって行った。

日本銀行の市中銀行への貸出は、月末とか期末の決済資金、季節的な資金需要が輻輳するときの、一時的な融通、あるいは恐慌勃発のときの出動に限られるのが常道であるが、日銀の個人取引実行は、こういう理想的な状態の達成を狙ったものであった。それ以来、日本の金融界はこの状態に近づいて行ったが、その反面において、市中銀行が預金銀行としての実力を増すに従って、それまでのような日銀の市中銀行に対する勢威は減って行った。が、しかし、減ったとは言っても、まだ全然無くなるまでに至らなかったことは、前に述べた通りである。

惜しまれた辞任

岩崎総裁在任中のもう一つの出来事は、明治三十年〔1897〕から三十一年〔1898〕へかけての恐慌である。明治二十八年〔1895〕から二十九年〔1896〕にかけて、日清戦後の異常な企業熱が起ったが、その反動で恐慌が起ったのである。

この恐慌の前ぶれはすでに明治二十九年〔1896〕秋に現れ、大阪の糸商大門利兵衛が不渡手形を出したことから、大門の関係する大阪同盟貯蓄銀行、島之内銀行、琴平銀行大阪支店が預金の取付にあい、ついで第四十七、第七十九国立銀行、大阪明治銀行、逸見銀行など十行余の銀行にも、取付が起った。このうちでも逸見銀行は最も危険であったが、これが破綻するとその影響は大きいので、日本銀行大阪支店が、三十万円を融通して、その破綻を救うという有様であった。

この取付騒ぎのとき、日銀大阪支店長が専断の処置をしたというので、馘きられた事件が起ったが、この事件に対する岩崎総裁の措置には、その人柄がよく現われているから、つぎにその経緯を簡単に紹介しておこう。

大阪の金融界がこういう騒ぎになったので、大阪商業会議所は日銀に救済を求め、日銀もまた救済する方針を決めて大阪支店に指令したが、まだその指令を出す以前に、大阪支店長で理事の川上佐七郎が独断で、八銀行（同盟銀行）の連帯保証責任を担保として、手形三百万円の割引を承諾した。そのため日銀本店では、指令を出す前に支店長が独断でこういう処置をとったことは不都合であるとして、支店長を辞めさせたが、しかし川田総裁は、約束は約束であるからと言って、これを実行することを宣言した。しかるに不都合なのは第一銀行と三井銀行で、この二行の大阪支店は最初連帯保証を約束しておきながら、中途で連帯から脱退したが、しかし川田総裁は、連帯保証の銀行が八行から六行に減っても、日銀の方の約束は守ると言って、三百万円を限度とする融通を、ちゃんと実行したのである。だが、恐慌はそれだけで止まらず、そのころ東京でも木綿問屋の数軒の不渡手形から金融界が動揺したが、明治三十年〔1897〕下半期から三十一年〔1898〕春になると、金融は極度に逼迫して事態は全面的に悪化した。これは貿易の逆調、正貨準備の減少、紡績業と機業地の業態悪化が、一時に表面化したためである。そこで政府では、清国からの償金の残りと公債の海外売却で得た資金の一部をもって、（一）勧業債券を引受け、勧業銀行に百四、五十万円の工業貸付を行わせ、（二）正金銀行に貸付を行って紡績業に融通させ、（三）また日銀に三千万円の公債を買上げさせて資金を放出した（我が国最初のマーケット・オペレーション）。これで、金融市場は平静にもどった。

償金の流入、物価騰貴、産業勃興などの結果、輸出が減り、輸入が激増して、右のような事態が起って来たわけで、明治三十一年〔1898〕の如きは、一億一千万円という未曽有の入超額を示した。

そこで正貨は滔々として海外に流出するので、日銀としては正貨準備を擁護しなければならなかった。正貨準備がなくなれば、せっかく確立した金本位制は、早くも崩壊してしまうからである。また、金融逼迫で市中金利も昂騰した。そこで日銀では正貨擁護の目的と市中の金利に対応する意味で、明治三十年〔1897〕六月から三十一年〔1898〕三月にわたって五回の金利引上げを行い、貸付日歩を二銭七厘まで引上げた。日銀の金利がこういう高率になったことは、後で述べる明治三十三、四年〔1900, 01〕の金融恐慌の際を別にすれば、大正末年まで絶無のことであった。

岩崎が日銀総裁になると、それまでの日銀の金利政策のやり方を変えて、金融事情に応じて頻繁に金利を動かす方針にしたが、右に述べたような事情から、岩崎総裁は五回の利上げをしたわけである。ところが、この政策は、時の蔵相松田正久の政策と正面衝突した。

松方が首相と蔵相を兼ねた第二次松方内閣は明治三十一年〔1898〕一月総辞職して、第三次伊藤（博文）内閣ができ、井上馨が蔵相になったが、この内閣はわずか半年で倒れ、明治三十一年〔1898〕六月三十日、大隈内閣が成立した。この内閣は我が国最初の政党内閣で、大隈重信、板垣退助（内相）の合作であったため隈板内閣（又は板隈内閣）と呼ばれたが、この蔵相に就任したのが松田正久である。松田の一代記は或る意味では日本の政党発達史だといわれるくらいで、彼は佐賀に生れてその生涯の大半を政党員として送り、のち政友会の領袖となり、大正三年〔1914〕三月、司法大臣現職のまま死んだ人物であるが、財政金融についてはしろうとと言ってよかった。しかし、首相の大隈は、前にも述べたように、明治の初年から十二年ごろまで大蔵卿その他として財政の中枢にいた財政通だから、これが松田蔵相を指導したし、また大蔵省には秀才が揃っていて、松田を助けた。

ところが、この松田蔵相が日銀の利上げに反対して、金利の引下を日銀に命じたが、岩崎総裁はその時期でないとしてその命令をきかず、ついに明治三十一年〔1898〕十月に辞任した。ことは金利問題であったが、松方のつれて来た岩崎に対し、これに反対の立場に立つ大隈、松田の反感ということも手伝ったものであろう。

大蔵大臣と特定の問題について意見が合わずに日銀総裁を辞任したものは、今まで二代目富田と四代目岩崎の二人だけである。このころの日銀総裁は、大蔵省と対等の位地を保っていたわけだが、とにかく岩崎は、「在職わずか二年に過ぎずして、十分にその抱負を実行する機会の与えられなかったことを、我が国金融制度の発達の上に惜しまざるを得ない」として、識者から惜しまれた。

日銀の民主化を計る

彼は川田小一郎とともに日銀の「大総裁」といわれているが、彼は川田が独裁的な総裁であったのとちがって、役員会を尊重し、合議制でこれを運用した。家来筋の川田ですらあれだけ威張ったのだから、御主人筋の岩崎はそれ以上に威張ることと思っていた人々は、岩崎が毎日きちょう面に出勤し、書類も丹念に眼を通す上に、今日の言葉で言えば役員会を民主的に運用するというので驚いたが、これは、川田よりも岩崎の方が思慮が深かったのである。

「川田老人は豪傑だからあの流儀でやれたが、この流儀を一般に当てはめることはできない。私は、豪傑でなくともやれるような慣例を作っておくのだ」というのが、岩崎の本心であった。つまり、彼の後にそれほどズバ抜けた人物が現われなくても、その人物で日銀総裁が勤まるように、精励恪勤で重役会の合議制を尊重して行けばよいというお手本を、自ら作っておいたのである。しかし、岩崎の次の総裁山本達雄はこのお手本を見習わなかったため、空前絶後の日銀騒動をひき起すのだが、それについては後で述べる。

岩崎総裁がどういう心構えで日銀を運用していたかについては、さらに次のようなエピソードがある。それは町田忠治（後の民政党総裁）が、そのころ調査役（言わば支店次席）として日銀大阪支店へ赴任するとき、岩崎総裁が町田に与えた注意の言葉である。当時の大阪では、日銀支店の幹部を招待するときに、他の銀行家といっしょに招いて同席させることは日銀の尊厳を傷つけるものだというくらいに考え、住友でも鴻池でも、日銀支店幹部だけはその本邸に招待するというほど、特別扱いしていたものである。そういう時代に岩崎は町田にこう注意した。

「従来日銀というものは何か特別に偉いもので、その一挙一動が経済界を支配する力があるとし、社会的にも優越な立場をとって、一般社会との接触が保たれていない憾みがある。君が大阪へ行ったらできるだけ平民的にし、一般の人々と接触するよう心掛けたまえ」と。

岩崎の脳裡には蔵相（渡辺国武）を自邸へ呼びつけた川田前総裁があったのだろうが、こういう注意を町田に与えているように、岩崎は日本銀行を雲の上からおろそうとしていたのである。

岩崎は日銀総裁を辞した後、再び財界の表面に立たなかった。しかし、三菱の財力を背景として、伊藤博文と大隈重信の提携を画策したり、松方と大隈の握手を計ったりして、政界の裏面に活動していたが、明治四十一年〔1908〕三月二十五日、五十八歳で永眠した。

岩崎は蘭室と号して詩文をもよくしたが、彼は、当時の西洋学偏重の風潮を嘆き、医師重野成斎博士に委嘱して国書、漢籍を蒐集し、これを静嘉堂《せいかどう》文庫と名づけた。この文庫には、市中の書店や北京の書店から買った書物のほかに、中村敬宇、島田重礼、竹添光鴻など諸博士の蔵書を含み、さらに清国の有名な蔵書家陸心源の蔵書（十万巻楼及び皕宋楼《よくそう》）を収めてある。特に皕宋桜は二百種の宋代（一一〇〇年代）の刊本を蔵するという意味で珍籍揃いである。この静嘉堂文庫と、弥太郎の子久弥が購入したモリソン文庫（中国通の英人アーネスト・モリソンの東洋に関する洋書の大蒐集）を基にした東洋文庫とは、ともに東洋学界の双璧として、世界的なものである。

五代総裁・山本達雄〔1856-1947〕

三菱会社の出身

五代目の総裁山本達雄も、三菱財閥の出身者である。しかし、三代目の川田、四代目の岩崎がそれぞれ三菱財閥の番頭あるいは一族として、すでに名を成した後に総裁として日銀へ迎えられたのに対し、山本は川田が三菱にいたころの部下であった関係から、川田につれられて日銀へ入り、累進してついに総裁になった。だから山本の場合は、或る意味で初めての日銀出身総裁とも言い得る。

山本達雄は安政三年（一八五六年）三月三日大分県臼杵藩の山本唯の二男として生れた。明治二年〔1869〕山本幽捿の養子となったが、養家先は貧乏士族で生計は楽でなかった。明治五年〔1972〕十七歳の折、志をいだいて大阪に出、小学校の教師となって学資をかせぐ傍ら勉強し、三年間に百五十円ほどの蓄えを作り、上京して慶應義塾に入ったが、間もなく学資が尽きたので三菱商業学校に転校した。三菱商業学校というのは、慶應義塾と商法講習所（現在の一橋大学の前身）を折衷したような組織で、三菱の豊川良平が主宰していた。

明治十三年〔1880〕三菱商業を第一回の卒業生として出た山本は、しばらく母校三菱商業で教鞭をとり、また岡山県立商法講習所の教師となり、やがて大阪府立商業学校の校長になった。しかし、毎日学校で政治論ばかりしていたので、生徒からは喜ばれたが、府庁から免職されてしまった。一時浪人をしていたが、間もなく岩崎弥太郎の郵便汽船三菱会社に拾われ、その横浜支店副支配人となったが、当時の会社の布陣を見ると、次の如くである。

東京本社　社長岩崎弥太郎、事務総監川田小一郎、管理荘田平五郎
阪神支店　支店長吉川泰二郎、幹部加藤高明、吉武誠一郎
横浜支店　支店長近藤廉平、幹部久米弘行、山本達雄
函館支店　支店長船木竜之助

三菱会社で山本達雄は、後の日銀三代総裁川田小一郎の知遇を得るようになったのであるが、後の憲政会総裁、加藤高明も当時やはり三菱にいた。この三菱会社時代の山本は、史上有名な三菱会社対共同運輸会社の激闘の機会に遭ったものである。

岩崎弥太郎は後藤象二郎のお蔭で手に入れた海運業と、大久保利通や大隈重信の力添えで手に入れた造船業（長崎造船所）とを両翼として、当時すでに三菱財閥の基礎を作っていたが、海運業を独占して横暴の振舞いがあるというので、政府の三菱に対する態度が一変し、露骨な三菱征伐が始まった。時の農商務大輔・品川弥二郎が三菱征伐軍の総帥格で、これに三井の益田孝や渋沢栄一などの資本家が加担し、共同運輸株式会社を作って、三菱会社に対して猛烈な競争をしかけて来た。共同運輸との競争は猛烈であったが、特にひどかったのは東京神戸、東京四日市間の運賃競争で、三菱の独占時代には東京神戸間の下等運賃は五円五十銭であったのが、だんだん下って、最後にはわずか五十五銭になった。

この競争の結果、両社とも損失を重ねたので、明治十八年〔1885〕、ついに政府が間に入って両社の間に休戦協定が成立した。しかし、協定成立二日後の明治十八年〔1885〕二月七日、岩崎弥太郎が死んだのを機会に共同運輸側が協定を破棄したので、再び競争が始まった。三菱側は弥之助が兄の弔い合戦だというので、川田小一郎、荘田平五郎、近藤廉平などの幕僚と共に、猛烈に応戦した。そのあげくは、前記の東京神戸間の運賃が、五十五銭からさらに二十五銭に下り、その上に三十銭の手みやげを出すということになったから、この競争を続けていては、両者共倒れとなることは目に見えていた。

そこでついに明治十八年〔1885〕七月、農商務省は両社に対して競争の惨害を説き、合同を勧奨する内訓を発し、両社がこれに応じて結局合併することとなった。そして、明治十八年〔1885〕十月一日、両社は正式に合併して、今日の日本郵船株式会社が出来たのである。

もめた総裁就任

山本は、三菱会社と共同運輸会社が合併して日本郵船となった後も、引続きそこに止まり、釜山や元山の支店長から東京支店長に累進した。その間に川田小一郎にその材幹を見込まれて、明治二十二年〔1889〕九月、川田が日銀総裁に就任すると、山本は抜かれて日本銀行に入り、営業局筆頭書記となった。その後、営業局長・理事に抜擢され、兼ねて正金銀行の取締役にもなった。山本は「川田の腰巾着」と言われるほど、川田にかわいがられたものである。

営業局長時代の山本は、その生涯を通じて最も華やか、かつ得意な時代であった。川田総裁は宏量大度の東洋流の豪傑であったし、山本を信頼していたから、営業の全般を山本に任せた。川田は、人材を愛して、山本のほかに鶴原定吉、川上謹一、高橋是清らをその幕下に入れたが、これらの人も山本の営業局長時代には、まだ銀行家として一年生であったから、山本の全盛時代は日清戦争前後に亘ってかなり永く続き、彼は名営業局長の名をほしいままにした。

しかし、明治二十九年〔1896〕川田総裁が現職のまま病歿し、岩崎弥之助が四代総裁になると、以前ほど羽振りがきかなくなった。彼に代って河上謹一、鶴原定吉、町田忠治、片岡直輝が岩崎総裁の信任を得ていた。山本はこの時分英国から帰朝したが、これらの人々と肌合がしっくりゆかず、また岩崎総裁との間も必ずしもうまく行かなかった。岩崎総裁時代の二年間は山本は不遇であったが、明治三十年〔1897〕、岩崎総裁が松田蔵相と低金利政策のことで意見が合わず辞職すると、次期総裁の栄冠は彼の頭上に輝くこととなった。

山本が総裁になるまではかなり揉めたもので、日銀内部では河上謹一を推す空気が濃厚だったが、行外では山本達雄を推す一派の運動があり、そのうちに星亨までがこの問題の渦中に入って意見をいうようになり、さらに時の内閣の与党たる憲政党方面からは犬養毅、竹内綱などを推そうとするもの、また財界からは原六郎、園田孝吉などを担ぐものがあり、娘一人に婿八人の観を呈した。

そこで日本銀行に政党の勢力が入ってくる懸念が生じたので、日銀内部では万一そうなっては中央銀行としての日銀に及ぼす弊害が大きいとして、日銀内の主立ったものが河上謹一を推す希望を捨て、結束して山本達雄を総裁候補に押し立て、万一輸入総裁を任命するならば、連袂辞職するという気勢を示した。そこで大隈内閣もこの希望を入れ、ついに山本達雄を五代総裁に任命したのである（明治三十一年〔1898〕十月二十日）。

空前絶後の日銀ストライキ

こういう経緯で山本が総裁になったのだから、薄井佳久、河上謹一、鶴原定吉らは山本に対し、自分たちの推挙で総裁になったのだから、名は総裁でも事実は首席理事くらいにしか考えていなかった。ところが山本が総裁になると、前総裁岩崎弥之助が役員や局長の合議制で日銀を運営していたのに対し、山本は川田総裁張りの独断専行をやり、他の人々の意見を顧みなかった。そこで鶴原たちと山本との感情が次第にもつれて、ついに明治三十二年〔1899〕二月に、有名な日銀騒動、日銀としては未曽有の、そして後にもその例を見ないストライキが持ち上った。

そのキッカケになったのは、営業局長の後任問題であった。同年二月の総会で営業局長の鶴原が理事になったので、山本総裁は西部支局長をしていた首藤諒を営業局長にしようと考えた。ところが、鶴原は西部（門司）支店長をしていた志立鉄次郎を営業局長にしようとして、志立の上京を促した。このとき志立は、鶴原から営業局長にするといってやったと見えて、再び門司へ帰らぬつもりで、全部引上の仕度をして東京へ帰って来た。これをきいて山本は鶴原の越権を怒り、一方鶴原らも、首藤諒の如き人物を重用せんとしているのはけしからんと怒った。

両者のもつれがここまで来てしまえば、いろいろのことが問題になる。同じ二月の総会で監事側から、岩崎前総裁が一割二分を一割に減配した配当を元通りにせよという主張が出た。が、山本は前総裁に遠慮して増配を強行し得ないでいたところ、鶴原、河上らが秘書役三田信を大磯の岩崎前総裁邸に派遣して増配の諒解を求めさせた。ところが、そのことを聞いた山本総裁は鶴原たちが余計なことをしたという態度を示したので、これがまた鶴原たちを怒らせた。

さらにまた調査役を他に出張させる場合には、重役会に諮ってその決議によって出張させることになっているのに、山本が理事たちと相談なしに、或る調査役を大阪に出張させた。これは総裁のわがままな振舞だというので、また鶴原たちが怒ったというようなことで、両者の紛争はますますもつれて行った。

そこでかつて鶴原や河上や山本の同僚であり、そのころは横浜正金銀行の副取頭になっていた高橋是清もその仲裁に立とうとしたが、ついに仲裁することができず、二月二十六日鶴原等同志一味はデモンストレーションの意味で同盟して辞表を提出した。それは理事・鶴原定吉、理事・河上謹一、理事・薄井佳久、文書局長・植村俊平、計算局長・藤尾録郎、大阪支店長・片岡直輝、名古屋支店長・市原盛宏、西部支店長・志立鉄次郎、北海道支店長・渡辺千代三郎などの三理事、五局長、三支店長であった。

世にこれを十一人組とか、ストライキ組とか唱えたが、いずれも錚々たる連中で、それが山本総裁を排斥して一斉に連袂辞職するというのだから、一時は山本の地位が危くなった。そのころは、すでに大隈（隈板）内閣が倒れ、第二次山県（有朋）内閣になっており、蔵相も松田正久から松方正義に変っていたが、松方蔵相も、せっかく川田小一郎の育て上げた有為の人材を一挙に日銀から失うことは、山本一人には替えられない、という意見であった。

しかし、山本と鶴原たちとの仲直りを斡旋した高橋是清も、ことここに至っては止むを得ないとし、「日本銀行という国家枢要の機関において、政府の任命した総裁に対して理事や従業員が同盟罷業を起した結果、政府が総裁を交替させたとあっては、海外に対しても悪影響を及ぼす」という意見を、政界の大御所井上馨や陸軍大臣の桂太郎に進言した。その結果山県首相が断を下し、ストライキ組は辞めさせられて、山本総裁の方が勝った。

と同時に、日銀の重役は山本総裁と理事三野村利助だけになってしまったので、重役陣を補強するため、高橋是清が迎えられて副総裁に就任した。さきに富田鉄之助が副総裁から総裁に昇任して以来、副総裁はずっと空席のままになっていたが、松方蔵相の推薦で、高橋が副総裁に任命されたのである。

日銀騒動の副産物

さしもの日銀騒動もそれで結末がついたが、その副産物として、日銀を飛び出した人材が、大阪財界へ続々流れ込む結果となった。

当時の大阪は東京に較べて遥かに旧式で、東京でも洋服を着た銀行員は少なかったが、大阪ではほとんど全部の銀行員が縞の着物に縞の羽織の着流しという服装であり、また学校出の銀行員はほとんどいなかった。帳面は洋式の帳簿を使って新しい簿記法を用いても、あたりはことごとく番頭手代のような者ばかりであった。池田成彬（のち十四代日銀総裁となる）が明治二十年〔1887〕に三井銀行の大阪支店長に赴任した折、松本重太郎（百三十銀行頭取）や田中市兵衛（大阪商船社長）が、「あなたのような人がもう一人か二人大阪に来てくれると、大阪は変りますがね」と嘆息したことなどは、このことを最もよく示している。

そうしたときに、明治三十二年〔1899〕に日銀騒動が起きたのである。この結果、十一人組は相率いて大阪の財界に流れ込んだ。鶴原定吉は関西鉄道会社社長に、河上謹一、志立鉄次郎は住友銀行に、片岡直輝は大阪瓦斯《ガス》会社に、渡辺千代三郎は大阪北浜銀行にという工合である。町田忠治は山本との友人関係から騒動には加わらなかったというが、これも日銀を辞めて、山口銀行に入った。日銀辞職組を大阪へ招いたのは、三井銀行から大阪北浜銀行に入った岩下清周の斡旋によるものだと言われる。これと前後して大阪への人材輸入は拡大して、三十四銀行に小山健三、加島銀行に中川小十郎、星野行則、近江銀行に池田桂三郎などの人材を招き、中橋徳五郎も商船会社の社長に就任した。言論界にも毎日新聞に原敬、朝日新聞に本多精一が招かれた。

かくて日銀騒動は、日本銀行にとっては大きなマイナスに相違なかったが、日銀を出たこれらの人材を吸収し、それによって幼稚な産業を近代化し、従来の面目を一新して新時代を画したことは、大阪にとっては大きなプラスであった。日銀の人材散じて近代大阪を作るとも言ってよかろう。

しかしこれと同時に、日本経済が日清戦争以後ようやく産業資本確立の時期に入り、次第に従来のような国家の保護を必要としなくなって来たことも、見逃してはならない。前述したような川田前総裁の鞘取銀行清算の政策で、預金銀行としての市中銀行の力が次第に充実するにつれ、日銀の圧力は低下しつつあった。たまたまそういう時代であったからこそ、鶴原、河上以下は総裁に反旗を翻し、また大阪財界において成功を見たのだとも言えるだろう。

明治三十四年の恐慌

山本総裁時代の金融界の最も大きな問題は、明治三十四年〔1901〕の金融恐慌である。前述したように、すでに岩崎総裁のとき、明治三十年〔1897〕後半から三十一年〔1898〕春にかけて恐慌が起ったが、これは日銀最初のマーケット・オペレーションなどの対策によって、切抜けた。ところが、その後間もなく一億円の外債が募集され、財界は再び繁栄時代を現出し、明治三十二、三年〔1899, 1900〕には企業熱が猛然と起った。その反動が、明治三十三年〔1900〕の上半期末から三十四年〔1901〕の春にかけて、起ったのである。

直接のキッカケは、明治三十三年〔1900〕六月に北清事変（義和団事件）が起り、清国向け輸出が大打撃を受けたことであったが、もともと企業熱に浮かされて当時の実力以上に、事業や取引の大拡張や新設を行った反動が、北清事変を契機として表面化したわけである。

金融恐慌は明治三十三年〔1900〕十二月二十五日、熊本第九銀行の支払停止に始まった。それ以後九州一帯に取付が起り、やがて九州から東京及び関東地方に波及して、三十四年一月には、不評判であった蚕糸銀行（横浜）が破綻し、以後同地方の各行に及び、さらに三月二十八日の北浜銀行の破綻以後、恐慌は大阪及び堺方面に波及して、四月十七日には恐慌は大阪全市を掩った。

山本総裁は、制限外発行を行い、大阪の諸銀行と協力してこれを救済し、約一週間で恐慌を沈静させたが、恐慌救済資金は、日本銀行大阪支店だけで七百万円に達した。

その後恐慌は各地に及び、これと並んで、関西の貿易会社、大阪の石炭商、同洋反物商、京都の日本石鹸会社、東京の深川木場の材木商、各地機業者、神戸のマッチ業者、各地の陶磁器業、煉瓦製造業、ガラス製造業、鉄工業など、いずれも惨憺たる状況を呈した。

のちには銀行に頭を下げなくなった鐘淵紡績でさえも、その社長武藤山治の後日の述懐によれば、そのころは極度に金融につまり、武藤は七転八倒の苦しみをして、武藤は毎晩寝汗をかいたということである。

しかし、明治三十四年〔1901〕五月になると金融恐慌はようやく鎮まり、八、九月ごろになると輸出が増加し、輸入が減って、景気も立直りに向った。

アッケなく馘きらる

山本総裁は、川田、岩崎と前二代の総裁につづいて、産業資金の供給に中心をおき、不当な政府の貸上要求ははねつけるという態度をとって、日銀の独自性を堅持するために相当の努力を払った。そして、明治三十四年〔1901〕秋から三十六年〔1903〕秋までは、大きな事件もなく、大過なくその職責を果した。ところが、明治三十六年〔1903〕十月二十日、その任期満了とともに、簡単に馘きられてしまったのである。在職期間はまる五ヶ年。

前述のように、山本が日銀総裁に就任したのは第一次大隈内閣の末期で、日銀騒動の起ったのは山県内閣のときであったが、明治三十三年〔1900〕十月には山県内閣が瓦解し、第三次伊藤内閣（蔵相渡辺国武）となり、さらに明治三十四年〔1901〕六月には桂（太郎）内閣となり、蔵相には曽禰荒助が就任した。山本は、この曽禰蔵相に、いともアッサリと辞めさせられたのである。

これより前、山本は井上（馨）、伊藤（博文）などの元老や桂首相から、重任の諒解を得ていたので安心していたが、曽禰からは何の挨拶もない。いよいよ任期満了という前日になって曽禰から電話で呼び出しがあり、山本が官邸に出向くと、曽禰は一幅の絵のかかった部屋に山本を迎えて「どうも永々御苦労であった」と簡単な挨拶をし、その後は「この絵はどうかね」と絵の講釈をして会見を打ち切った。

いやしくも中央銀行の総裁の人事が、こんなにも簡単に扱われたことはかつてないことであったが、これにはつぎのような訳がある。曽禰荒助は、大蔵大臣としては松田正久や後の桂太郎（日露戦後の第二次桂内閣の兼摂蔵相）とともに、最もしろうと臭い大臣で、あまり財政経済のことに通じていなかった。明治三十五年〔1902〕の晩春のころ、山本日銀総裁が、金融事情も落ちつき、金融が緩慢になって来たから利下げをしたいと蔵相の認可を求めたのに対し、「いやしくも、大臣の認可は軽々しくすべきではない。今日金利を引下げて、明日また引上げるというようなことがあってはならぬ」と言ったと伝えられるほど、金融のことは知らない男であった。市場の変動に応じて、日銀金利を上げ下げすべきだということすら、判らなかったというのである。

しかし、曽禰は長州閥の政客として相当の利け者で、明治二十三年〔1890〕、第一回国会が招集されると内閣書記官長となり、国会の運営のことなど知らずにマゴマゴしている大臣連中を叱り飛ばしたというから、相当の男である。明治二十六年〔1893〕にフランス公使となり、その後数年パリに駐在したが、毎日昼は競馬にふけり、夜はトランプに夜ふかしするという工合で、「競馬公使」とか「カルタ公使」とか渾名された男。それが第三次伊藤内閣（明治三十一年〔1898〕一月）の司法大臣、第二次山県内閣（明治三十一年〔1898〕十一月）の農商務大臣を経て、第一次桂内閣の大蔵大臣となった。

こういう男だから、日銀総裁の首くらいは大したことに考えなかったのだろうが、しかし理由はそれだけではない。当時の日銀副総裁高橋是清が桂首相に質して明らかになった事情は、次のようなことである。桂首相は高橋に答えて言う。

「伊藤侯（博文）から、日銀総裁更迭の考えがあるかと問われるから、自分としてそんな考えはないと返事したのは確かだ。しかし大蔵大臣が、『いま日露の間に重大な関係をひき起そうとしているのに、万一の場合、今の総裁では自分は大蔵大臣の任務が尽せない』というものだから、当局大臣がそういう以上仕方がないと思って、大蔵大臣の言に従ったまでだ」と。

つまり山本総裁を辞めさせた本当の理由は、曽禰蔵相と山本総裁の仲が良くない、その上に、当時桂内閣はすでに対露戦争の大方針を決め、曽禰蔵相もその肚で対策を練っていた。だから、いよいよ日露戦争の起った場合、気に食わぬ山本総裁とそういう大事をともにすることはできないとして桂首相を動かし、任期満了を機として山本を辞めさせた。そしてその山本への解任の申渡しは、曽禰一流の人を食ったやり方をしたというわけである。つまり、日露戦争の準備が、山本を退任させたのである。

山本はその埋め合せの意味で、貴族院の勅選議員となり、勧銀総裁に推され、西園寺内閣（明治四十四年〔1911〕）の大蔵大臣を勤めてから政友会に入党し、山本権兵衛、原敬、高橋是清三内閣の農商務大臣を歴任した。大正十三年〔1914〕政友会の分裂の際には政友本党側に走り、同党の長老となったが、その政治生活の最後として斉藤実内閣の内務大臣を勤めた。その後は表面に出ず、太平洋戦争終戦後昭和二十二年〔1947〕十一月十二日、九十二の長寿を全うして歿した。

六代総裁・松尾臣善〔1843-1916〕

日露開戦に備えた日銀人事

五代目の総裁山本達雄は曽禰蔵相によって辞めさせられ、そのあとにやはり曽禰によって、前大蔵省理財局長の松尾臣善《しげよし》が、六代目総裁に据えられた（明治三十六年〔1903〕十月二十日、数え年は六十一）。そのころは前述したように、日露の国交が急をつげ、桂内閣は開戦を予想して政府機関の要所要所に有為練達の士を配置していたが、曽禰蔵相もまた日露戦争に備えて、その腹臣の松尾を日銀総裁の部署につけた。川田、岩崎、山本と三代、十四年にわたって民間出身、しかも財閥出身の総裁がつづいた後、ここに大蔵官僚が日銀総裁に天下ったのは、そういう意味をもっていたのである。

だから、曽禰蔵相は山本総裁を辞めさせると同時に、日銀副総裁の高橋是清をも官邸に呼びつけて、「今日限りで任期満了の山本総裁を辞めさせるが、それに不服な者は日銀を辞めてくれ。そうでないものは、自分に協力してくれ」と高圧的態度に出たが、これもまた、日露戦争の切迫がしからしめたのであった。高橋はこの言葉を聞いて、いかにも「鎧袖一触」という感じがしたと記しているが、この「鎧袖一触」というのはドイツ皇帝の言い出したもので、当時のはやり言葉であった。

松尾は日銀総裁に就任すると早々、明治三十六年〔1903〕十一月上旬の或る日、高橋副総裁を呼んでごく内秘にこういうことを言った。それは、

「今朝大蔵大臣に呼ばれたが、その話によると、日露談判の経過が甚だ面白くなくなった。あるいは談判が破裂するかも知れない。万一両国会戦となれば、日銀としては軍費の調達に全力を注がねばならぬ。また国内の支払は兌換券の増発によってともかく弁ずるとしても、武器、軍需品、などで外国から買わねばならぬものが沢山ある。これに対しては金貨をもって支払わねばならぬから、この方面のことについては、今日から十分に考慮して、画策しておいてもらいたい」

ということで、高橋は早速、正金銀行をして、秘かに当面の貿易決済に必要な資金などを調査させたが、越えて明治三十七年〔1904〕二月六日には日露の国交がいよいよ断絶し、日露開戦となった。

かように松尾総裁の任務は、就任の当初から日露戦争の軍費を賄うことにあった。彼は高橋副総裁の協力を得てこの任務を無事に果し、日本は勝利を収めたが、それについては後にゆずり、その前に彼の経歴を紹介しておこう。

松尾臣善は播州姫路の郷士、松尾方信の長子として天保十四年（一八四三年）二月六日に生れた。幼時から学問を好み、特に数学が得意であったから、従って最も多く数学を学んだ。長じて伊予宇和島藩に仕え、士籍を得た。明治二年〔1869〕大阪に国庫事務が開かれた際、松尾は計数に明るい点を買われて事務取扱を命ぜられたが、計数に明るいのと事務に精励であったため、上役に認められて大阪府権大属となり、さらに外国局会計課長に抜擢された。

これが出世のはじまりで、その後、通商局権大佑、同大佑、戸籍大属を経て、国債大属、大蔵権少書記

となり、明治十九年〔1886〕には、第一次伊藤博文内閣の大蔵大臣松方正義の下に、出納局長にのし上った。彼のその後の栄達は、このとき松方蔵相の知遇を得たことによる。ついで明治二十四年〔1891〕には、松方首相兼蔵相の下に出納局長兼主計局長となり、二十五年〔1892〕八月には、第二次伊藤内閣の蔵相渡辺国武の下で同主計局長兼預金局長、二十九年〔1896〕三月には、黒田（清隆）内閣の渡辺蔵相（留任）の下で主計局長と、ひきつづき主計局長の地位にあり、この間名主計局長として各省に喧伝された。

翌三十年〔1897〕には主計局長を阪谷芳郎にゆずって理財局長となり、それ以後明治三十五年〔1902〕まで、井上馨、松田正久、松方正義、渡辺国武、曽禰荒助の各蔵相の下に、理財局長を勤め上げた。明治三十五年〔1902〕、理財局長を辞めて一時浪人したが、明治三十六年〔1903〕十月、前記のように日銀総裁に任命された。

松尾は温厚の君子であり、その経歴からも想像されるように典型的な大蔵官僚で、その日銀総裁在職中にも、それまでの総裁たちのように大蔵省を眼下に見下したり、場合によっては大蔵省と抗争するというような気風は、少しも見えなかった。戦時下の日銀総裁として大蔵省の方針を忠実に実行する上には、まことに適当な総裁であったと言い得る。

鮟鱇鍋で公債の相談

日露戦争が始まると、松尾総裁は大蔵省の指示に従って軍事公債の発行、大蔵省証券の発行、政府貸上などによる軍費の調達に努め、明治三十七年〔1904〕十月以後は、輸出為替の買収、軍用切符の発行、金利の引上、正貨払の節約などによって、正貨準備の維持に成功した。さらに副総裁の高橋は欧米に使して、戦費に当てるための外債募集に成功するなど、この間における日銀正副総裁の活動は、日露戦争遂行に大きな役割を演じた。

日露戦争は明治三十七年〔1904〕二月六日の仁川沖海戦に始まり、三十八年〔1905〕五月二十八日の対馬海峡における日本海海戦を経て、同年九月一日休戦条約の調印まで、約一年半つづいた。その経費は十四億五千二百万円に上ったが、そのうち十億四千二百万円は公債によって調達された。公債のうち内国債は明治三十七年〔1904〕三月から三十八年〔1905〕七月までに五回にわたって四億八千万円（額面）が発行され、外債は明治三十七年〔1904〕五月から三十八年〔1905〕七月までの間に四回、八億二千円（額面）の募集が行われた。これらの公債募集、特に外債の発行に失敗していたら、日露戦費の調達は大きな支障を受け、金融界にも大混乱が起ったであろうが、ときの政府と日銀はこの双方において成功した。

戦時ともなれば公債その他について政府は財界の協力を求めなければならぬが、いよいよ廟議は日露開戦と決まったので、明治三十七年〔1904〕一月十八日、曽禰蔵相は東京の主だった実業家を永田町の官邸に招き、秘密裡に公債募集について懇談した。主人側は曽禰蔵相をはじめ次官阪谷芳郎、主税局長目賀田種太郎、理財局長水町袈裟六、主計局長荒井賢太郎で、お客は日銀総裁松尾臣善、豊川良平（三菱）、早川千吉郎（三井）、園田孝吉（正金銀行頭取）、池田謙三（第百銀行頭取）、佐々木勇之助（第一銀行頭取）、馬越恭平らであった。渋沢栄一も招待されたが、病気のため欠席した。

曽禰はこれらの人を別々に書斎に呼び入れて、開戦の近いことを告げ、公債募集について内談した後、一同で戦勝前祝いの酒を飲んだが、その日のことは親子兄弟にも秘密を守ると誓った会合であったため、女気は一切ぬきにして、局長連中が酒の酌をした。折からの大雪で肌を刺すばかりの寒さであり、いよいよ開戦と聞いて、一同沈痛な気持になっていたが、曽禰が片瀬の別荘から持って来た鮟鱇の鍋が煮え、酒がまわり出すと主客とも景気がついて来て、豊川良平などは大気焔をあげ、ついには立ち上って踊り出すという騒ぎになった。

主客の意気大いにあがり、はては踊り出すまでになったというのには、日露戦争に勝てるという気持があったからだろうが、それだけではなかった。そもそも日清戦争のときには、三菱財閥から川田小一郎が日銀総裁に入っていたと言っても、彼は傲然として財界を見下し、公債募集なども日銀が一手に切りまわして、財界は日銀の命のままに利付御用金の募集に応じたに過ぎなかった。ところが、それから十年経った日露戦争になると、開戦の前に大蔵大臣が有力財界人を招き、国家最高の秘密を打明けて、その協力を求めた。しかも、かつては自分らより一段も二段も上にいた日銀総裁が、今や同列のお客として列席しているのだから、財界人たちの気持も悪いはずはなかった。

これは、日清戦争以後の十年間に日本の経済力が大いに伸び、市中銀行の力も強くなったことを反映するものだが、当夜の会合で大いに感激した主客はその後「鮟鱇会」を組織して、日露戦中戦後の公債募集に協力した。そのお蔭もあって、明治三十七年〔1904〕三月以来の五回に亘る戦時公債は、つねに募集額が発行額の三倍から五倍に上るという好成績を収めた。こういう点、曽禰蔵相は財政金融にはしろうとであったけれども、なかなかの政治力を持っていたと言える。

高橋是清の外債募集

内国債の募集とならんで、いやそれよりも重要だったことは、外債募集の成功である。明治三十六年〔

〔1903〕末の日銀の正貨準備は一億一千七百万円あったが、日露開戦後四ヶ月ばかり経った明治三十七年〔1904〕五月には六千八百万円に減り、この間の正貨の流出は四千九百万円に上った。兌換券発行高に対する正貨準備の割合も、三分の一を割ろうとするようになったから、そのときにもし外債が募集されていなかったら、正貨は一層流出し、正貨準備はますます減って、金本位制を停止するか、さもなければ、通貨を極端に収縮させるか、そのいずれかを選ぶほかなかった。そのときに、明治三十七年〔1904〕五月、高橋副総裁の手で、第一回外債一千万ポンド（九千七百六十三万円）がロンドンとニューヨークで成立し、金融的危機は未然に防がれた。

日露戦争の当初から政府では外債募集の必要を考えていたが、しかしそれまでは、日本には人を外国に派遣して外債を募集するという経験がなかった。前に、日清戦争以後日本に外資が入るようになったと述べたが、それは東亜に進出していたヨーロッパの出先銀行に内国債を買ってもらうとか、あるいは、やはりこれらの出先銀行に頼んで、外債を発行するというのに過ぎなかった。高橋是清はこういう時代に、特に命令をうけて最初にアメリカ、ついでヨーロッパに渡り、一旦帰朝し、再度渡欧して十分にその職責を果してきたのである（このとき、後の十三代総裁深井英五が秘書役として高橋に同道した）。高橋は欧米の銀行家、仲買人あるいは政治家に会って、彼らに日本の事情を判らせることや、借入条件を決定することなどに非常な苦心を払ったのであるが、その結果、戦時中に額面八千二百万ポンド（当時の邦貨換算約八億二千万円）の外債を成立させた。

彼はまた日露戦後にも、戦時外債の借換と戦後経営の費用調達のため、外債募集に渡欧し、そのときには額面四千八百万ポンド（当時の邦貨換算四億八千万円）の募債に成功した。この双方を合計すれば、額面一億三千万ポンドとなり、その邦貨換算は約十三億円に達する。これを今日の相場、一ポンド一千円で換算すると実に一千三百億円となるが、これを見ても当時の外債が如何に巨額であったかが判るだろう。しかしこの募債を機縁に、その後は、日本がロンドン市場で外債を募ることが容易になった。こういう点で、高橋の功績はなかなか大きかったのである。

なお、日銀がロンドンとニューヨークに代理店監督役というものを置くようになったのは、高橋が外債を募集したとき以来のことで、外債受入金の処理の必要から、代理店監督役が設けられるようになったのである。

外債担保と明治天皇

高橋の外債募集についてはいろいろ面白い話があるが、そのうち一つだけを紹介しておくと、それは外債の担保の問題である。日露戦争中に発行した外債には、第一回（一千万ポンド）、第二回（一千二百万ポンド）に対して関税収入が、第三回（三千万ポンド）、第四回（三千万ポンド）に対して煙草専売益金が、それぞれ担保に入っている。もし日本政府で外債の元利払ができなくなったときには、関税収入とか煙草の専売益金を外国から差押えられるというわけである。

第一回外債を契約する際に（明治三十七年〔1904〕四月ごろ）、イギリスの銀行家は関税を抵当とすることについて、「これを抵当とする以上、イギリスから日本に人を派遣して税関を管理させなければならぬ」と強硬に主張した。中国政府の場合にはそういう工合になっていたから、日本もそうせよと言うのである。これに対して高橋は、「日本政府では従来外債についても、また内国債についても、まだ一度も元利を期限に支払わなかったことはない。日本政府と中国政府を同一視されては困る」と突っぱねて、税関をイギリスに管理させることを断り、関税収入を名儀だけの抵当とすることにした。

そこへアメリカの金融業者であるクーン・ロエブ商会のシッフも、この外債発行に加わることになったが、細目を決める前に、シッフは後事をイギリスの金融業者、ベアリング商会のレベルストックに托してロンドンを去り、アメリカへ帰った。シッフとレベルストックは電報で連絡をとっていたが、抵当の問題についてシッフは疑問を抱き、レベルストックに向って「日本に税関管理人を置かず、名儀だけ抵当に入れることにした場合、万一その抵当権を実行しなければならなくなったときには、どうするのか」と尋ねて来た。問題はこれに対するレベルストックの返電で、これにはただ一語「warship!」（軍艦！）とだけ書かれていたのである。

この一語だけで意味は通じた。万一の場合には、軍艦を日本に派遣して税関を押えるということでシッフは納得したのであるが、当時高橋は、そういう内論話のあることをもちろん知らなかった。彼は後日になって、その話をレベルストックから聞いたのである。

この抵当の話は、しかしそれだけで終ったのではない。高橋は第一回目の外債に成功し、ついで第二回の外債（明治三十七年〔1904〕十一月発行）にも成功して、中間報告のために翌三十八年〔1905〕一月帰朝した。そのとき高橋は明治天皇に拝謁を賜ったが、その際明治天皇は高橋に向って、

「高橋、外国から借金をする場合、抵当なしで金を借入れる工夫はつかぬか。やむを得ざるときは僅少の抵当で」

と質問した。高橋自身の言葉通り引用すると、「あの時ほど恐懼驚き入ったことはない」ということであ

る。すでに高橋としては名儀だけの抵当にしたことを、成功だと思っていた。しかし、関税収入を抵当に入れたことは事実だし、その上に、第三回以後の外債については煙草専売益金から鉄道収益までも、抵当に入れることを政府は決めていた。だから、明治天皇から「抵当なしで外国から借金する工夫はつかないか」と言われて、当時の臣下として「恐懼驚き入った」ことは、無理もなかった。

そこで高橋は、首相の桂太郎をはじめ伊藤博文、山県有朋、松方正義、井上馨などの要路の大官や元老に、明治天皇の言葉を伝え、「なぜこのような御下問があったか」について調べてもらったところが、かつてアメリカのグラント将軍がその訪日の際、外資の警戒すべきことについて明治天皇に進言したということが判った（その話については、松方正義の紙幣整理のところで述べた）。明治天皇は、十五年以前のグラント将軍の言葉を、記憶していたわけである。

男を上げた安田善次郎

松尾総裁の事蹟を述べるところで、高橋副総裁の外債募集に多くの紙面を割き、わき道へそれた観があるが、しかし総裁列伝であると同時に日本財界の側面史である本稿としては、当時の外債問題を逃すことができないので、それについてかなり詳しく記した次第である。

が、ここで当時の日銀の活動に話を戻すと、前述の軍費の調達のほかに、日銀は明治三十七年〔1904〕六月から七月にかけて、第百三十銀行の救済に大いに活躍した。

第百三十銀行は当時の関西における大銀行の一つで、関西、九州に十四ヶ所の支店を持ち、明治三十六年〔1903〕末には一千百四十五万円の預金を持っていた。その頭取の松本重太郎は「関西の渋沢栄一」と言われたほどの有力者であったが、この銀行が明治三十七年〔1904〕六月十七日、日露戦争がはじまって四ヶ月ばかり経ったときに、預金の取付に堪えかねて休業してしまった。その原因は、松本重太郎の別の事業である貿易会社が、倒産したことにある。これより先、すでにその年の四月ごろから、第百三十銀行が危いというので、日銀ではこれに救済の手をさし伸べていた。それは、当時第二回国庫債券と、第一回外債の募集を進めようとしていたときであったので、その際、金融界に波瀾を起したくなかったからである。それで政府の保証によって、日銀は横浜正金銀行を通じて百万円を限度として第百三十銀行に融通したが、それでも追いつかず、とうとう休業してしまった。

しかし、国家存亡の大戦争をやっている際に、こういう大銀行を破産させたのでは戦争遂行にまでも悪影響を及ぼすというので、第百三十銀行の救済が、政府と財界の大問題になった。大阪財界の重鎮藤田伝三郎、土居通夫などが上京して桂首相に運動する、大阪府知事の高橋親章が動く、元老で財界世話役の井上馨も奔走するということで、曽禰蔵相、松尾日銀総裁らが首相官邸に集って、藤田伝三郎などと対策を協議することになった。その結果、日銀が直接手を下して第百三十銀行を救済するわけには行かないが、誰か財界の有力者が日銀と第百三十銀行との間に立つならば、日銀はその人を保証人として資金を融通し、その人に第百三十銀行の立直しをやらせよう——ということになった。

そしてそういう人物を物色したところ、結局彼以外にはないと決まって選ばれたのは、安田善次郎であった。善次郎は「守銭奴」だとか「東洋のジュー」だとか言われて世間の評判の悪かった男であったし、安田の一族も「そういうボロ銀行を背負い込んだのでは、安田がつぶれる」と言って善次郎を引きとめたが、桂首相や曽禰蔵相に「国家のために」と口説かれた結果、善次郎は第百三十銀行の整理を、敢然として引受けた。

その際安田善次郎は、諫止する一族の者に対して、

「安田の財産はおれ一代で作ったものだから、潰そうとどうしようと、お前たちの知ったことではない。しかも安田の財産は、おれの力だけではなく、国家のお蔭を蒙って出来たものだから、この国家有事の際、安田の財力をあげて国家に御奉公をし、国恩に酬いなければならない。今は一家の存亡など考えている時でない」

と言ったという。この話を聞いて曽禰蔵相は大いに感激したということだが、政府では臨時応急支出として六百万円の金《かね》を日銀に出し、日銀はこの金を、安田善次郎を保証人として第百三十銀行に貸した。条件は利率年二分、五ヶ年据置き、五ヶ年賦償還ということであった。

その後、日露戦争は大勝利に終り、戦後の財界は一大好況に恵まれたので、第百三十銀行も立直り、「一家の存亡など考えずに」この銀行の整理に当った安田は、かえって大いに儲かった。が、それはさておき、第百三十銀行の救済は、松尾総裁にとっての大仕事の一つであった。

日露戦後の好況と反動

日露戦争の勝利の後、産業は急激に勃興し、明治三十八年〔1905〕下半期から三十九年〔1906〕春にかけて景気はすこぶる好くなり、同年六月の勅令で創立された南満洲鉄道の株式が公募されたときには、企業熱は最高潮に達した。同社株の一般募集は九万九千株であったが、応募は一千七十八倍の一億六百三万余株に達し、大倉喜八郎などは一人で全部の九万九千株を申込んだが、たった九十一株しか割当てがなかった、

という有様であった。そして、この会社の五円払込の権利株には一時三十七円のプレミアムがつき、世人を驚かした。

しかし、明治四十年〔1907〕一月にはその反動でまず株式が暴落し、ついで金融恐慌が起った。もっともこのときの金融恐慌は、日清戦争後の恐慌とちがって、小銀行だけにとどまった。すでに大銀行の基礎は、相当強固になっていたのである。

日銀は例によって救済資金を放出したが、その際の特色は、有力銀行家が「鰻会《うなぎかい》」という名前の団体を作り、自ら救済に当ると共に、「鰻会」の圧力で時の大臣を動かし、救済に当らせたことである。この時代になると普通銀行の預金はすでに十億円を超えて明治二十七年〔1894〕の十倍に達し、貸出高も十一億円となって、明治二十七年〔1894〕ごろの七倍に達していた。こうして普通銀行は、もはや確乎たる地位を築き上げていたのである。

さて、松尾総裁は、明治四十一年〔1908〕十月で任期満了したが、重任して明治四十四年〔1911〕六月一日まで、総裁の地位にあった、その間に内閣は桂、西園寺（公望）、桂第二次と変り、松尾は曽禰、阪谷芳郎、松田正久、桂太郎（首相兼摂）の四代の蔵相につかえた。

前述したように、松尾は頭がよく、計数的に長じており、財政金融問題については、しばしば自ら筆をとった。彼が集収した財政金融に関する資料は「松尾家文書」として大蔵省文庫に保存されており、「日本銀行沿革史第一輯」（それは日銀にある）の編纂を発意したのも彼であった。

松尾は在任七年半、七十歳で総裁を高橋是清にゆずったのち、貴族院の勅選議員として余生を送り、大正五年〔1916〕四月七日、七十四歳で葉山において病歿した。

七代総裁・高橋是清〔1854-1936〕

数奇の半生

高橋是清は、明治四十四年〔1911〕六月一日、七代目の日銀総裁に就任した。彼は山本、松尾両総裁の下に副総裁を十二年三ヶ月も勤め、前述のように、その間に日露戦争のときには外債募集という大きな仕事をした。しかし総裁としては、大正二年〔1913〕二月二十日まで一年半ほど在任しただけで、任期も短く、その間に、あまり大した仕事はしなかった。

高橋是清がいちばん最初に日銀に入ったのは、前にも述べたように、明治二十五年〔1892〕五月ごろのことであるが、それまでの高橋の経歴は、波瀾万丈をきわめた。こういう経歴を持つ人は、日銀総裁のなかでは彼以外にないが、日本人としても、ほとんど類がないであろう。

彼は安政元年（一八五四年）閏七月二十七日、徳川幕府の御同朋頭支配絵師として専ら江戸城本丸の御屏風のつとめをしていた河村庄右衛門の庶子（女中に生ませた子）として生れ、生後直ちに旧仙台藩士高橋是忠の養子となってその姓をついだ。

幼少のころ、江戸大崎猿町の仙台藩菩提所寿昌寺に小姓として取立てられ、読書算数を学んだが、その縁で同藩の先覚者の一人である大童信太夫の勧めを受け、洋学修業のため横浜に行き、専ら英語を学んだ。時に元治元年（一八六四年）数え年十二歳の時で、これが彼の生涯の端緒となった。

その後横浜にある外国銀行のボーイとなり、慶応三年（一八六七年）仙台藩のアメリカ留学生の一人に選ばれたが、渡米後事情不案内と学費の途が絶えたため、種々の艱難をなめ、奴隷に売られる憂目にさえ遭った。ようやく救い出されて、日本に帰ったが、その後も彼の経歴は波瀾を極め、有為転変を止めなかった。すなわち一度は森有礼の書生となり、明治二年〔1969〕開成学校（東大の前身）に入学して、三等手伝に採用され、大学少教授に任ぜられたが、この後放蕩に身を持ちくずして芸者の家に厄介になったり、田舎の洋学校の先生になるかと思えば大蔵省の役人から、乳牛事業、翻訳稼業、私立学校の経営、相場師というふうに、転々と職業を変えた。

明治四年〔1971〕唐津藩の学校・耐恒寮の英語教師になり（この時の生徒に辰野金吾、天野為之などがいた）、一年余り勤めた後、明治六年〔1873〕文部省十等出仕を命ぜられ、ついで大阪英語学校に転じ、ようやく放浪時代を終って、明治十四年〔1881〕十二月には農商務省奏任御用掛を命ぜられ、調査課長から、商標登録所長、権少書記官を経て特許局長官（当時の官名は専売特許所長）にまで昇進した。この時期には彼は特許事務取調べのため欧米を遍歴し、既にその名は大臣にも知られているようになっていた。彼は、このとき日本の特許制度の確立に大きな功績をあげたのであるが、その後またまた失敗した。

それは南米ペルーの銀山に手を出したことで、彼は、友人や知人と共同して、ペルーのアンデス山中にある銀山を開発するため特許局長官を辞めてペルーに行った。だが、調べて見るとこの銀山は全くの廃坑で、詐欺にかかったことが判った。出資はまる損になり、あげくは裁判ざたにまでなるという始末でさんざんの目に遭ったが、その後も上州の鉱山に手を出して失敗した。

彼が第三代の日銀総裁川田小一郎に拾われたのはちょうどそのころで、前に述べたように日銀建築事務所に雇われ、川田の知遇を得てやがて正式行員になり、西部支店長（馬関支店、後の門司支店）から明治二十八年〔1895〕横浜正金銀行支配人、二十九年〔1896〕同行取締役、三十年〔1897〕同行副頭取を経て、明治三十二年〔1899〕三月、日銀副総裁になった。明治三十九年〔1906〕には日銀副総裁のまま横浜正金銀行の頭取を兼ね、四十四年〔1911〕に日銀総裁になった。そのころの副総裁は、大蔵省出身の水町袈裟六で、理事は山口宗義、吉井友兄、木村清四郎の三人であった。

景気沈滞期の日銀

高橋が日銀総裁になったころ、金融界における日銀の地位は、以前のように重要でなくなっていた。市中銀行が強力になって、すでに三井銀行の如きは、日銀に金《かね》を借りることをやめ、銀行仲間からコール（短期資金）を借りるという方法をとり、ただ月末資金だけを日銀からの借入に仰ぐようになっていた。しかも世の中は不景気で、明治四十年〔1907〕の恐慌以後、商工業は沈滞し、輸出は振わず、従って巨額の入超が続き、正貨は目に見えて減少を続けるという有様であった。

しかも、民間実業家の勢力がすでに大きくなっていたから、豊川良平などが先頭に立って政府の財政政策を攻撃したり、財政整理、税制改革、公債整理などを叫んで、西園寺内閣を倒すというようなこともあった（明治四十五年〔1912〕＝大正元年十二月）。空前絶後の四分利公債が発行されたり（明治四十一年〔1908〕）、勤倹奨励の「戊申詔書」が下されたのも（明治四十二年〔1909〕）この沈滞期のころであり、さらに、輸入超過が続くので、外債を次々と募集し、外債の利払のために、また外債を募集するというようなことが行われたのも、この時代のことである。

財界がこういう状態だから、そのころは日銀総裁もあまりぱっとした存在であり得なかったし、毎日のマル・テーブル（重役会）も、大して重要な問題はなく、しごくのんびりしたものであったらしい。当時日銀の行員であった人の思い出によると、その情景が次のように書かれている。

「高橋氏はひとり総裁室に端坐せられたが、重役会が開かれると、副総裁以下が総裁室に集合して、丸テーブルを囲んで雑談がはじまるのである。回議回覧の書類は、係の秘書室員の手によって卓上の手箱に収められてあるが、毎日重要な問題があるわけでもないから、雑談中にぼつぼつ捺印するという有様で、午後三時ごろから話題に花が咲き、五時ごろまで続くのが普通であった。総裁はニックネームを達磨といわれただけに、福徳円満な相があり、ニコニコしながら魁偉な体軀をユッタリと椅子にもたせかけて、葉巻をくゆらす態度は見上げたものであった。」

高橋総裁時代の事柄として記録すべきことは、明治四十五年〔1912〕十月九日をもって、日銀の営業期限が満期になったことである。明治十五年〔1882〕の「日本銀行条令」によると、日銀の営業許可年限は三十年となっていたから、その期限が到来した。そこで日銀では、これに先立つ明治四十三年〔1910〕二月に臨時株主総会を開き、営業期限をもう三十年延長することを決議し（同時に資本金を倍額の六千万円に増加）、政府に許可を申請していたが、これは許可された。

当時市中銀行の一部には、「各国の例によると、中央銀行が保証準備発行の特権を拡張したり、また営業年限を延長する際には、多大の対価を払ってこれを獲得するのが普通である」と言って、日銀の営業期限の延長と増資によって、日銀株主が特別の利益を得ることに不満を持った者もあった。しかし、表立った非難の声があがらないうちに、日銀の営業期限は満三十ヶ年を延長された。

恬澹な総裁ぶり

高橋総裁は、信じたことはどこまでも通すという強いところを示し、明治四十四年〔1911〕の総裁就任直後には、政府（第二次西園寺内閣、蔵相はかつて日銀総裁であった山本達雄）に対し、「政府財政が民間経済を圧迫するの弊を絶滅すること」を主張して、譲らなかった。また、通貨の増発が物価の騰貴を促すのではなく、物価の騰貴が通貨の増発の原因なのだという当時のドイツの学者の新説に共鳴して、明治四十五年〔1912〕二月、東京銀行集会所で開かれた貴衆両院議員や銀行家の懇談会の席上、通貨数量説否認の演説をやり、この説を頑として主張しつづけた。

しかし、日銀内部の細かな問題にはいっこう無頓着で、派閥などには拘泥しなかった代りに、行員の給与などにも格別心をつかわなかったので、行内の受けは余り良くなかったようである。

高橋は第二次西園寺、第三次桂（蔵相若槻礼次郎）の二代の内閣に仕えたのち、大正二年〔1913〕二月、山本権兵衛内閣が成立すると、日銀総裁を辞めて大蔵大臣に入った。このコースを辿ったものは、後の井上準之助と高橋だけであるが、彼は入閣と同時に政友会に入党し、ついで原敬内閣の蔵相（大正七年〔1918〕九月）、高橋内閣の首相（大正十年〔1921〕十一月）、政友会総裁、護憲三派内閣（首相加藤高明）の農林大臣（大正十三年〔1924〕六月）、田中義一内閣（昭和二年〔1927〕四月）、犬養毅内閣（昭和六年〔1931〕十二月）、斎藤実内閣（昭和七年〔1932〕五月）、岡田啓介内閣（昭和九年〔1934〕七月）の各大蔵大臣を歴任し、松方正義以来の大財政家と謳われた。彼の蔵相としての際立った功績は、昭和二年〔1927〕の恐慌の善後措置と昭和六年〔1931〕の金輸出再禁止であり、晩年は軍部の過大な予算の要求と闘ったが、昭和十一年〔1936〕二月二十六日、二・二六事件で青年将校の凶刃に倒れた。享年八十三歳。高橋には『高橋是清自伝』、『随想録』、『高橋是清経済論』、『国策運用の書』（いずれも口述筆記を含む）の著書がある。

八代総裁・三島弥太郎〔1867-1919〕

世界大戦に恵まる

三島弥太郎は第八代の日銀総裁として、大正二年〔1913〕二月二十八日から大正八年〔1919〕三月七日まで、六年余り在任したが、この間に第一次世界大戦が起り（大正三年〔1914〕七月―大正七年〔1918〕―一月）、日本財界は好況に恵まれて、産業は飛躍的に発展した。そういう点で、三島弥太郎は好運な総裁であった。

彼は鹿児島県出身の子爵・三島通庸《みちつね》の長男として、慶応三年（一八六七年）四月一日、鹿児島に生れた。父の通庸は明治四年〔1871〕、西郷隆盛、大久保利通などの推薦で官に就き、東京府権参事から兵部権大丞となり、山形、福島、栃木の県令を経て警視総監となったが、その行動が果敢なため「暴県令」の異名を得た人である。明治二十年〔1887〕十二月、ときの伊藤（博文）内閣は保安条令を制定して、内務大臣山県有朋は、尾崎行雄など政府に反対する自由民権論者二百九十四人を東京から追放したが、このときの警視総監は、この三島通庸であった。

弥太郎は、明治十四年〔1881〕、父通庸の任地であった山形の師範学校を十五歳で卒業し、翌十五年〔1882〕東京に上り、帝国大学教授コックスについて英語を修め、十六年〔1883〕駒場農学校に入学、成績優良のため、特待官費生に選ばれた。明治十七年〔1884〕九月、十八歳の時、農政研究の目的でアメリカに留学し、二十一年〔1888〕アムハースト農学校を首席で卒業、さらにハーヴァード大学の得業証書を受けて、九月七日帰朝したが、同月二十三日父通庸が死んで、彼は家督を相続すると共に子爵をついだ。間もなく同郷の先輩の勧めによって、北海道庁技師試補となったが、明治二十二年〔1889〕再びアメリカに渡り、コーネル大学の大学院で害虫学を勉強した。翌年五月、学術優等というので学士会員に選抜され、六月マスター・オブ・サイエンスの学位を受けたが、神経痛のため勉学に耐えなくなって帰朝した。

明治二十五年〔1892〕七月から三十年〔1897〕まで、嘱託として農商務省農政局と逓信省官房に勤めたが、明治三十年〔1897〕、薩摩出身の家柄とアメリカで勉強した新知識を買われて貴族院議員に選ばれ、それ以後、子爵議員の団体である研究会の最高幹部として政界に活躍した。彼は薩派だが長州閥とも良かったので、明治三十九年〔1906〕六月、井上馨の推薦で横浜正金銀行に入り、調査課嘱託になったが、間もなく取締役になり、さらに明治四十四年〔1911〕六月、頭取に就任した。

大正二年〔1913〕二月、山本権兵衛内閣が組織されるとき、三島は蔵相として入閣の交渉を受けたが拒わり、その代りに高橋是清が日銀総裁から蔵相になったので、松方正義の推薦で高橋のあとを受けて三島は日本銀行の総裁になった。そして大正八年〔1919〕三月に脳溢血で倒れるまで在任した（享年五十三歳）。その間、副総裁に水町袈裟六、理事に木村清四郎、土方久徴、深井英五などの俊秀がいて、金融事情に余り明るくない三島総裁を助けた。

三島の夫人（先妻）は大山巌元帥の長女信子で、三島の名は、徳富蘆花の小説『不如帰』の主人公川島武雄のモデルとして有名であったが、彼は、日本人離れのした秀麗かつ魁偉な容貌を持っていた。

日銀、国際舞台に活躍

前に高橋総裁のところで述べたように、大正三年〔1914〕までの日本の財政経済はほとんどいつも、危機に直面していた。輸出貿易は振わず、正貨は流出するばかりで、その正貨流出を防ぐために外債をしきりに募集し、これに成功して、外貨の流入があれば景気は上向き、流入がなくなれば景気はまた沈衰してしまう。最後には外債の利払のために、また外債を募集するという状態で、外債の高は大正三年〔1914〕には十九億円に上り、いわば、破産の一歩手前という状況を呈していた。

こうした時に、ヨーロッパで第一次世界大戦が起ったことは、当時の日本財界にとって正に救いの神であった。ヨーロッパの交戦国は軍需生産に忙しく、やがてその外国輸出が杜絶したので、日本商品の輸出が激増し、且つ従来輸入に仰いでいた商品を自給せねばならなくなったため、産業界は活況を迎え、また新規の事業が引続いて起った。

大正四年〔1915〕から大正七年〔1918〕まで四ヶ年の日本の貿易は、輸出五十四億円、輸入四十億円で、差引十四億円という大きな輸出超過になった。また貿易のほかに、海運賃の収入が巨額に上り、海上保険会社の活動によって外国からの保険料収入も少なからぬ額に達した上に、政府が外国に売った兵器弾薬の代金もあったので、この三つの合計がまた十四億円の受取勘定になった。以上を合せた二十八億円が、日本経済未曽有の好況の原動力となったのである。

こうして貿易の伸張につれて国内の企業熱は旺盛をきわめ、資金の需要も盛んになった。そのころになると市中銀行の資力は充実して、その預金も大正三年〔1914〕の十億円から大正八年〔1519〕には四十五億円にふえ、これに対して日銀の貸出は一億円前後に過ぎなくなった。しかし、大戦中の資金需要は預金だけで賄い切れず、日銀の貸出を求める者が多かったので、日銀では見返品の範囲の拡大などによって産業資金の供給を緩和した。

また日銀は、貿易金融にも積極的に活動した。前述のように、大正四年〔1915〕から七年〔1918〕までの受取超過は二十八億円に上ったが、しかしそのうち正貨の流入したのは三億円に止った。というのは、大正六年〔1917〕九月にアメリカが金《きん》の輸出を禁止し、それにつづいて各国も金の輸出禁止を行ったので、残りの二十五億円は海外に溜って行った（日本も大正六年〔1917〕九月、アメリカに追随して、金の輸出を禁止し、また法律では決めなかったが、それ以後金の兌換もやめてしまった）。そのため、貿易銀行では貿易金融につまった。なぜならば、為替銀行は輸出商に輸出代金の立替払いをし、正貨が入ったときにこれを日銀へ売って代金を回収するのであるが、これができなくなった。二十五億円もの金《かね》を立替えるほどの資力は、為替銀行になかったからである。そこで日銀では、為替銀行に外国為替買入資金を貸付けるという制度を活用し、この種の資金として、大正八年〔1919〕中に八億円の資金を貸付けた。

こうして貿易金融は円滑に行くようになったが、このとき問題になったのは、在外資金の取扱い方である。日銀の在外資金（金《きん》）はふえる一方だが、これは前述のように、日本へ持って来ることができない。しかも他方では兌換券の需要がふえ、兌換券を増発しなければならないので、日銀では、在外資金の一部を正貨準備に繰入れ（これを在外正貨という）、それを見返りにして兌換券を増発したのである。

これに対して、在外正貨を正貨準備に加えることは間違っているという議論があり、特に東京商科大学（大正九年〔1920〕三月までは東京高等商業）の教授福田徳三博士が、これに痛烈な論難を加えた。福田博士は我国経済学の育ての親であり、一代の碩学で、その上論争ぶりの烈しさは有名であったが、同博士は、「在外正貨を準備に兌換券を発行するなどは、『にんべん』(東京日本橋の有名な鰹節の老舗)が、土佐沖に泳いでいる鰹を引当にして商品切手を出すに等しい」と毒舌をふるった。

この論争の勝敗のつかないまま、大正七年〔1918〕秋にドイツの全面的降伏となったが、とにかく第一次大戦の戦中戦後において、日銀が国際的に華やかな活動を行ったのも、この在外正貨のお蔭であった。その国際的活動とは、日銀がニューヨーク準備銀行と預金取引を開始したこと、ドイツのライヒスバンクとのコルレスポンデンス契約締結、ドイツ金割引銀行の設立援助、ベルギーやイタリア等の中央銀行に対してクレディットを与えたことなどである。

なお銀行引受手形、スタンプ手形を日銀が再割引するようになったのもそのころ(大正八年〔1919〕八月)で、この制度によって、事業資金や貿易資金の融通が、円滑にされた。

預金協定を斡旋

市中銀行の預金協定が行われるようになったのも三島総裁の時代で、日銀はその成立を斡旋した。預金協定というのは、今日は独占禁止法で廃止されているが、銀行の預金の利率を協定して、不当の競争をしないという協定である。当時銀行間の預金獲得の競争は烈しかった。得意先に対しては人によって特別の利子をつけたり、そうでない場合にも盆暮のお遣い物を使って預金者を繋ぐというのが普通であった。最初に預金協定を言い出したのは、第百銀行の池田謙三であったが、それは第百銀行が、大銀行とも小銀行とも競争しなければならぬという、困難な立場にあったからである。池田謙三の提唱に対して三井銀行の池田成彬は賛成したが、第一銀行の佐々木勇之助や三菱銀行の串田万蔵などの有力者が反対するので、両池田が相談して、日銀の力を借りることになり、水町副総裁に斡旋を頼んだ。そこで日銀が仲に立って協定させることになったが、大銀行と小銀行では利息を同じにせず、甲種と乙種とに分けて別々の利率を協定することになり、乙種（小銀行）の方はその筆頭であった豊国銀行頭取生田定吉が大いに尽力し、また大阪方面は日銀の深井理事や、大阪支店の結城豊太郎が努力して、結局協定が成立することになった。

九代総裁・井上準之助〔1869-1932〕

帝大総裁第一号

井上準之助は三島弥太郎のあとを受けて、大正八年〔1919〕三月十三日に九代目の日銀総裁になった。ときの政府は原敬内閣、大蔵大臣は高橋是清であった。高橋はその日銀時代以来、井上に一方ならず眼をかけていたから、これを正金銀行頭取から抜いて、日銀総裁に据えたのである。

井上は、東京帝国大学出身の日銀総裁第一号であり、同時に、日銀行員出身総裁の第一号でもあった。明治の中期から大正に至る時代には、官界、政界の登竜門として、赤門と日比谷の二つがあった。赤門とは東京帝国大学、日比谷とは当時そこにあった国会議事堂のことである。明治の中期になると「国家の須要に応ずる学術技芸を教授し、及びその蘊奥を攷究する」学校、国家の必要とする人物、つまり官吏を養成する機関としての帝国大学の学制が整って、そこを出た秀才たちが続々と官界に入った。今日でも帝大、なかでも東京帝大の出身者が官界、政界で最も幅を利かしているのは、そのころからの伝統があるからだが、日銀もまた一種の官庁として、井上たちが日銀へ入った前後から、帝大閥が根づよく植えつけられて行った。

ついでに、東京帝国大学の出身者でいちばん最初に大臣になったのは、明治三十三年〔1900〕十月十九日、第一次伊藤（博文）内閣の外務大臣加藤高明で（第一期生で、明治十四年〔1881〕法学部を卒業）、それについでは、明治三十九年〔1906〕一月七日、第一次西園寺内閣の大蔵大臣になった阪谷芳郎である（明治十七年〔1884〕に文学部政治経済学科を首席で卒業）。前者は岩崎弥太郎の、後者は渋沢栄一の、それぞれ婿であるという背景を持っていたが、それだけではなくて、やはり東京帝大出身の秀才であったから、そこまで出世したのである。そのころになると、明治の元勲たちが老いぼれて行く一方、正規の学問をした帝大出身者の勢力が、政界、官界に次第に伸びて来た。

日銀の場合もこれと同様で、それまでは、正規の学校教育を受けなかったとか、幕末から明治の初めにかけて外国で勉強したとかいう人が総裁になったが、井上準之助以後になると、ほとんど全部の総裁が東京帝大出身者によって占められるようになった。井上の次の十代目市来乙彦、十一代目にもう一度総裁になった井上、十二代目の土方久徴、十五代目の結城豊太郎、十六代目の渋沢敬三、十七代目の新木栄吉、十八代目の一万田尚登、これらはいずれも東大の出身者である。例外は、十三代目の深井英五（同志社大学）と十四代目の池田成彬（慶應大学、アメリカのハーヴァード大学）だけであるが、この二人も、帝大ではないけれども、日本の正規の学校を出ている。政界、官界では、明治三十三年〔1900〕の加藤外相以来帝大出身の大臣が出はじめたが、明治十五年〔1882〕創立の日銀では、それよりも少しおくれて、大正八年〔1919〕以後、帝大出身総裁時代が出現したわけである。

日銀行員出身総裁時代もまた、井上準之助からはじまった。その前にも、行内から出た総裁に山本達雄があり、一度日銀に席を置いた高橋是清が再び日銀に戻って副総裁となり、総裁になった例はあるが、平行員として世渡りの第一歩を日銀から踏み出した者が総裁になったのは、井上が始めてである。ついでもう一度井上、それから土方、結城、新木、一万田がいずれもそうであり、最後の新木、一万田の二人は、日銀総裁になるまで、全然他所の月給をもらった経験がなかった。時代が新しくなるにつれて、東京帝大出身、かつ日銀出身の総裁（ばかりでなく副総裁、理事なども同様）が多くなって来るが、このことは、それだけ日銀の歴史が古くなったことを反映している。

さらにまた、井上は明治生れの日銀総裁第一号でもあった。それまでの総裁はみな幕末に生れているが、井上以後の総裁は、池田成彬だけを例外として、すべて明治維新以後に生れた人々である。これまた、日銀がそれだけ古くなって来たことを示すものである。

井上準之助は、明治二年〔1969〕三月二十五日、大分県日田郡大鶴村に井上清の五男として生れた。家は代々酒屋を業とし、庄屋を勤めていたが、没落し、準之助は明治十一年〔1878〕、井上簡一の養子となった。

準之助は幼少のころから学問が好きで、小学校を終えると教英中学校に入ったが、同校が閉鎖されたので、明治十八年〔1885〕、十七歳（数え年）で上京し、東京成立学舎に学んだのち、仙台の第二高等学校に入学した。明治の文豪高山樗牛は、二高時代からの、無二の親友であった。続いて東京帝国大学法科大学英法科に進み、明治二十九年〔1896〕、優等で卒業して、すぐに日本銀行に入り、大阪支店勤務となった。川田総裁が、有為の人物を日銀に集めていたころのことである。彼の俊才であることは上下に認められ、大阪支店長の鶴原定吉に抜擢されて、翌年土方久徴と共に海外留学を命ぜられ、イギリスに渡ってパース・バンクで銀行の実務を研究し、またモルガン商会の大番頭ラモントと親しく交りを結んだ。明治三十二年〔1899〕ドイツ、ベルギーを経て帰朝し、それ以来本店検査役、大阪支店調査役を経て明治三十六年〔1903〕京都出張所長、翌年大阪支店長に昇進した。日露戦争後には本店営業局長に進んだが、明治四十一年〔1908〕ニューヨーク代理店監督役となってアメリカに渡った。在米三年で明治四十四年〔1911〕帰朝し、同年三月横浜正金銀行取締役に、同年六月にはさらに副頭取となり、大正二年〔1913〕頭取に進んだ。正金頭取時代に第一次世界大戦に遭い、貿易金融に大いに力を尽した。そして前記のように、大正八年〔1919〕、数え年五十一歳で正金頭取から総裁となって、元の古巣日銀に帰った。

井上を引立てた高橋

井上の才幹は日銀幹部の間に広く認められていたが、特にこれを買って引立てたのは、高橋是清である。井上は営業局長時代、副総裁をしていた高橋と懇意になったが、高橋は井上と土方という二人の秀才を盛り立ててやろうというので、二人にもっと海外の金融事情を勉強させるため、山本総裁に進言して井上をニューヨークに、土方をロンドンに出してやった。ついで高橋が日銀総裁になると、ニューヨークにいた井上を電報で呼び返して正金銀行の取締役から副頭取にし、さらに高橋が原内閣の大蔵大臣になると、今度は井上を日銀総裁にする、という工合であった。

その後も高橋は、昭和二年〔1927〕田中（義一）内閣の蔵相になると、井上にもう一度日銀総裁をやらせて金融恐慌のあと始末をさせ、高橋が蔵相をやめると、井上も日銀総裁を辞めて、高橋、井上ともに財界の世話役になるというように、高橋、井上は親分、乾分《こぶん》の関係にあった。

大恐慌の襲来

井上が日銀総裁になると間もなく、第一次世界大戦後の大反動が襲来し、日銀はその救済に乗出さねばならなくなる。次の市来総裁の時代には昭和二年〔1927〕の金融恐慌が起り、もう一度井上が日銀総裁となってその始末をつけ、これに続く土方総裁の時代には、昭和五、六年〔1930, 31〕の恐慌が起るという有様で、井上総裁から土方総裁の時代の前半までは、恐慌が連続して、日銀は財界救済機関と化した。そのため、財界における日銀の勢力は再び盛り返すのである。井上を日銀初期の総裁・川田小一郎や岩崎弥之助と並べて「大総裁」と呼ぶ人があるが、仮に井上を大総裁と呼ぶとしても、それは井上の人物が川田や岩崎に匹敵するというのではなく、井上総裁時代の日銀の発言権が大きかったという意味で、「大総裁」と言うべきであろう。

井上は前から、反動恐慌の襲来を予見していた。彼は大正九年〔1920〕一月、恐慌の二ヶ月前に銀行集会所の新年宴会で、日本には遠からず反動が来るだろうと演説して、並みいる銀行家を驚かした。またそれより以前、休戦が成立した当時、総裁三島弥太郎、副総裁水町袈裟六らはこの事を話合っており、大正八年〔1919〕秋には井上総裁と副総裁木村清四郎も同意見を持っていた。そして正式の決定があった訳ではないが、日銀全体の空気は恐慌近しということに一致していたという。だが、恐慌は一日銀だけの力で阻止できるものではなく、ついに大正九年〔1920〕三月、これが勃発した。

そのころの景気の上下運動を、後に大正十四年〔1925〕二月、東京商科大学で行った特別講演のなかで、井上はつぎのように譬えている。

「日本の経済界の景気は、大正三年〔1914〕から大正七年〔1918〕のヨーロッパ大戦争の休まるまでは、ずっと昂上する一方でありました。それからヨーロッパの大戦の熄んだ、大正七年〔1918〕になりまして、非常に降りました。それからまた大正八年〔1919〕に一躍して、非常に昇りまして、そうして大正九年〔1920〕に非常な速力で落ちたのです。私はこれを、こう譬えたら一番よいと思います。ヨーロッパの戦争が始まったときには、ちょうど箱根の湯本におりました。そうして大正七年〔1918〕には乙女峠に登った。すなわち大正三年〔1914〕に湯本からだんだん箱根を上って、五ヶ年後の大正七年〔1918〕に乙女峠に登ったのが、ヨーロッパの戦争が済みますと、それがどんと御殿場まで落ちてしまいました。落ちたかと思うと、大正八年〔1919〕にわずか十ヶ月の間に、富士の山の頂まで馳せ登ってしまいまして、十ヶ月目の大正九年〔1920〕三月には、富士の山の頂上から非常な速力で墜落して、富士川の川底どころではない、恐らくは琵琶湖の湖底まで落ちたような事実であります。」

この井上の講演の通り、大正七年〔1918〕十一月第一次世界大戦が終了すると、物価はたちまち崩落を始め、輸出超過も輸入超過に変った。そこで景気の前途に不安をいだく者もあったが、しかし他方には反対に、戦後の復興のためにヨーロッパで物資資材を多量に使用するだろうという楽観論があり、そこへたまたま米国の好景気で生糸需要が多くなったので、大正八年〔1919〕五月を底として猛烈な空景気が出現した。

当時如何に目茶な投機が行われていたかということは、一年分の需要量に当るガニバッグ（インド産の麻袋）が一日で取引されたことや、五年分の輸出量に相当する薄荷《ハッカ》を、一人の商人で持っていたということにも現われている。

その反動が来て、大正九年〔1920〕三月十五日に株式はついに大暴落をはじめ、四月六日には有名な増田ビルブローカー銀行の破綻が暴露した。しかしこの時は、大阪の大銀行が寄ってたかって増田ビルブローカーを救済したので、ようやく危機を脱した。しかし、商店、会社の破綻は続出し、四月には四十五軒、五月には百六軒、七月には百二十七軒と、破産者はふえて行った。また銀行では、増田ビルブローカー銀行の破綻だけは喰いとめたが、五月には七十四銀行が潰れ、それを動機として多数の銀行が預金の取付に遭った。株式、商品の取引所は全部閉鎖し、綿糸、生糸、機業も全部休業して、数十日はただ下を俯いて嘆くばかりという状態で、日本全国が一時にまっ暗になった。

禍根を残した特別融通

この恐慌に際して、当然政府は救済に乗り出し、日銀もこれに協力した。恐慌の場合に政府、日銀が何度か救済に乗り出したことは前に述べたが、大正九年〔1920〕の恐慌以来、救済の仕方が前とは変って来た。それ以前には、大阪の第百三十銀行の救済を除いては、特定の機関を救済することはなかったのであるが、大正九年〔1920〕の恐慌には、三億数千万円の資金を、直接個々の企業、個々の組織に貸付けた。例えば朝鮮銀行、台湾銀行、正金銀行などの特殊銀行に対し、市中のコールを吸収させない代償として五千万円、株式市場に六千万円、綿糸に約一億円、蚕糸救済のため帝国蚕糸株式会社に五千万円、砂糖シンジケートに三千二百万円、羊毛原料に二千七百万円、七十四銀行の整理に千六百万円、鉄に一千万円、地方農工銀行に蚕糸救済資金として一千万円、鋼に六百万円という工合である。このうち大部分は、日銀が政府の命を受けて自ら実行したが、以上凡そ三億五、六千万円のうち、二億四千万円が日銀の「特別融通」であった。

しかも第一次大戦後の恐慌は、この一回だけで済まなかった。翌々大正十一年〔1922〕二月、大阪の相場師石井定七の破綻から、大阪や名古屋の銀行が警戒されるようになり、十月十九日には、京都の日本商工銀行の取付が起り、それが二十八行に波及したが、取付はさらに全国的にひろがる恐れがあった。そこで十二月十四日、蔵相市来乙彦（加藤友三郎内閣）や井上日銀総裁らが集って銀行救済の方針を決め、日銀は大いに資金をバラ撒いた。その額は二億二千万円に上ったと推算される。

このように、第一次世界大戦後、日銀は財界救済機関となり、そのお蔭で、茂木商店や七十四銀行を除いては、有力銀行商社は大部分破綻をまぬかれた。しかし、この救済によって、当然大手術を受けるべき事業や銀行が整理されず、一時押さえの膏薬張りで済ましたために、その病根はあとあとまで残った。そこへ大正十二年〔1923〕九月一日には関東大震災が起って関東地方の産業界、金融界は大打撃を受けたが、これも救済で一時を凌いだ。そのため病根はますます根深くなり、ついに昭和二年〔1927〕春、日本始まって以来の大金融恐慌が爆発するのであるが、それについては後述する。

総裁自ら火事場の奮闘

関東大震災では、日銀には直接大した被害はなかった。前に述べたように、堅牢をきわめた建物であるため、日銀本店はビクともしなかった。しかし、周囲の火事で、本館に火が入り、一時は危かったが、このときの井上総裁の奮闘ぶりは目ざましいものがあった。

九月二日の払暁叩き起された井上は、陸軍省に車を飛ばして、工兵の派遣方を頼んだ後、日銀へ馳けつけた。工兵を頼んだのは、重要な個所を守るために、建物の一部を壊す必要があるかも知れぬという井上の思い付きで、こういう危急の場合にもさすがに頭の冴えを見せたが、結局破壊せずに済み、消防手の奮闘で、やっと午後になって、防火衣なしで廊下に入れるようになった。

そこで消防手が、どの室が大切なのかを責任者に指示してほしいと言って来たが、そのとき井上は「俺が入る」と言って、斜に渡した板を伝って、まっ先に中へ入った。あとには理事の深井英五と、若い行員一人がつづいた。入ってみると、廊下こそ燃えていないが、部屋の中の火気で焼けるように熱く、上階に注いだ水が熱湯のしずくとなって落ちてくる。そのなかで、井上総裁が消防手に、あれこれと指図をしたわけである。

こうして火はようやく消え、日銀は翌三日の月曜日には無事定刻に開店して、財界の中枢機関としての責を果した。が、その騒ぎの最中に、井上は日銀総裁でなくなりつつあった。というのは、その日成立した山本権兵衛内閣に、蔵相として入ることになり、その夜、宮中の芝生の上で行われた親任式に臨んだからである。右の日銀火事場での一コマは、総裁としての掉尾の大奮闘だったわけだが、加藤前内閣の市来蔵相が、井上と入れ替りに日銀総裁に就任した。

十代総裁・市来乙彦〔1872-1954〕

最後の天下り総裁

大正十二年〔1923〕九月五日、関東大震災直後の混乱のさなかに、市来乙彦《いちきおとひこ》が日銀総裁に就任した。市来は、その前任者井上準之助と同じく東京帝大の出身で、しかも井上と同期であったが、しかし井上が日銀行員の出であったのに対し、市来は大蔵官僚上りで、大蔵大臣をやった後、井上と入れ代りに日銀に入った。が、大蔵省からの日銀総裁天下りは市来をもって最後とする。その後も副総裁や理事には大蔵省から来た者がいるけれども、市来を最後として、総裁は日銀出身者か、池田成彬や渋沢敬三のような市中銀行出身者（財閥）がなるという慣習が、確立されたようである。

市来乙彦は鹿児島藩士市来兵太の三男、明治五年〔1872〕四月生れである。長じて東京に出、苦学力行して、明治二十九年〔1896〕東京帝国大学法科大学政治学科を優秀な成績で卒業した。先輩の田尻稲次郎博士のすすめで大蔵省に入り、主に税務畑を歩いたが、予算決算課長時代には名予算課長の名を謳われ、明治四十四年〔1911〕八月、第二次西園寺内閣の蔵相山本達雄の下で主計局長に昇進し、大正五年〔1916〕十二月、寺内（正毅）内閣のとき、蔵相勝田主計《しょうだかずえ》の下で大蔵次官をやった。そのころは第一次世界戦争の最中で、アメリカの金輸出禁止に追随して日本が金の輸出を禁止したのは、この勝田蔵相のとき（大正六年〔1917〕九月九日）である。

大正七年〔1918〕九月、寺内内閣の瓦解と同時に市来も野に下ったが、貴族院議員に勅選され、また、日露実業会社の社長になった。日露実業というのは寺内内閣時代、海外発展の機運に乗って出来た会社であったが、ロシア帝国が潰れた後は気息奄々たるボロ会社になった。大正十一年〔1922〕六月、市来はそこから一躍して、加藤友三郎内閣の大蔵大臣になった。ときに数え年五十歳である。

市来の大蔵大臣時代は大正十一年〔1922〕から十二年〔1923〕（九月）にかけてで、戦後の反動期にあたり、財政緊縮、軍備縮小の時代であった。ワシントン海軍軍縮会議が開かれ、また陸軍の縮小が行われたのも、この時である。大蔵大臣としての市来は、可もなし不可もなし、という程度の出来栄えであったが、前記のようにして、大蔵大臣から日銀総裁に転じた（数え年五十二歳）。

震災手形の功罪

市来総裁の在職期間は三年九ヶ月余りだが、それはちょうど関東大震災から昭和二年〔1927〕の金融恐慌までの時期であったから、彼の仕事の大半は財界の救済であった。が、彼は大蔵省の出身で主税、主計の方面には明るかったけれども、金融には大して通じていないので、副総裁の木村清四郎（のち土方久徴）や理事たちに助けられて、総裁の職責を果した。当時の理事深井英五によると、「市来総裁は四ヶ年に近き在職中、ほとんど自己の所見を発揮したることなく、重役会の評議の成行に任せて来た人」であったという。ただ後に述べるように、昭和二年〔1927〕の台湾銀行救済問題の結末のときだけは、「始めて重要なる裁断を下し、総裁としての存在を明らかにした」。深井はそのことをもって「無為の総裁たりしという世間の盲評は当らない」と市来を弁護しているが、しかしそれだからと言って、市来を有為の総裁であったと褒めることもできない。

市来が総裁就任早々直面したのは、大震災の善後措置であった。この地震で損害を蒙った地方は東京、神奈川、千葉、埼玉、静岡、山梨、茨城の七府県で、罹災人口三百四十万、損害総額は五十億円に上った。人心は動揺し、放っておけば金融恐慌が起るので、政府（蔵相井上準之助）は、九月七日緊急勅令をもって支払猶予令（モラトリアム）を布いた。これは（一）国や府県その他の公共団体の債務の支払、（二）給料と労銀の支払、（三）給料と労銀を支払うための預金の引出、（四）それ以外の預金の引出で一日百円以下、この四つだけを除いて、震災地域における九月一日以前の債務の支払を一ヶ月間停止する――というものであった。それと同時に、日銀では資金融通を緩めるという声明を発表した。

このモラトリアムによって、各銀行は頂金の取付に遭うことを免れた。日本銀行は九月三日の月曜日から平常通り開店していたが、ついでモラトリアム公布の翌日から正金、興銀、台銀、勧銀、住友、三菱などが開店した。震災で焼けたり、潰れたため開店できない銀行も多数にあり、また開店はしても、モラトリアムで許された範囲の預金の引出にさえ、応じかねる銀行も多かった。が、九月の末ごろになると、震災地の銀行は全部開店できるようになった。

しかし、次にはモラトリアムの期限が満了した後の対策を講じなくてはならない。震災地の商工業は大打撃を蒙り、震災前に振出した手形を、満期が来ても支払えない商工業者が、無数にあったからである。巨額の手形が満期日に落ちなかったら、割引いた市中銀行は破綻する。この問題を解決しなければならぬので、市中銀行が震災前に割引いた手形を「震災手形」として、日本銀行がこれを再割引することにした。が、こういうことをすれば日銀が損をすることは明らかだから、井上蔵相は一億円を限度として政府が日銀の損失を肩代りすることにし、九月二十七日、「勅令第四二四号手形割引損失補償令」を公布施行した。それと同時に日銀では、「震災手形」を再割引するほか、資金の寛大な融通を計るという第二次声明を発表した。その結果、日銀が割引いた手形だけでも、翌年の大正十三年〔1924〕三月末日までに四億三千万円に達した（日銀ではこれを一般の手形割引と区別して、別口割引手形と呼んだ）。

これで市中銀行は日銀から豊富な資金の融通を受け、営業をつづけることができたが、この震災手形はまた、後の金融恐慌の原因をも作ることになった。というのは、市中銀行のなかに、この際とばかり日銀から金《かね》を借り、古傷を糊塗したものがあったからである。しかも、第一次大戦以来焦げつきになっている不良貸を、震災手形として日銀に割引いてもらった銀行がある。そのため、当然整理されるべき事業や銀行の命脈が、震災手形のお蔭で延ばされることになった。その代表的なものが鈴木商店と台湾銀行で、この両者は後で昭和二年〔1927〕の金融恐慌の際に、その内情を暴露するに至るのである。

高田商会の没落と日銀

しかし、昭和二年〔1927〕の金融恐慌以前においても、財界は決して、平穏無事だったわけではない。すでに大正十四年〔1925〕には、有力な商社高田商会が倒産している。

高田商会は第一次世界大戦後の反動で左前になっていたが、清浦内閣（大正十三年〔1914〕一月成立）の蔵相勝田主計は、これに預金部資金五百万円を融通することを約束していた。海軍の御用に立つ或る鉱山を掘るための資金だという名目で、勝田蔵相が大臣の印を捺した認可書を高田商会に渡してあったのである。ところが、間もなく清浦内閣が瓦解し（同年六月）、護憲三派内閣（首相加藤高明）が成立して浜口雄幸が大蔵大臣になったが、彼は預金部資金の融通を拒絶した。浜口としては、「伏魔殿」と呼ばれ、政治的に利用されると言って世間の非難を浴びていた預金部の改革を企てていたので、そこの金を使いたくなかったし、勝田前蔵相の放漫政策を改めなければならぬと考えていたので、こういう態度に出たのである。

だが、高田商会の大口債権者であった三井銀行や正金銀行などは、それでは困る。すでに限度いっぱい貸し込んでいるし、高田商会は金融的危機にあったので、預金部資金の融通を破約されたのでは、高田商会の破綻は必至である。そうなれば、もちろん債権銀行は迷惑する。そこで、シンジケート銀行団の幹事をしていた三井銀行の池田成彬は、浜口に談判し、「大蔵大臣の判コのついてある証文を反古にするようでは、政府の信用が維持できないのではないか」と食い下ったが、浜口は「出せません」の一点張りで応じない。が、「それでは高田商会を潰すほかない。これを潰せば相当の波瀾が起るが、それでもよいか」、「それは困る」、「それなら出しなさい」という押し問答の末、浜口は「日銀に出させるから明日まで待ってくれ」と言って、話を日銀に持って行った。

日銀では、最初高田商会とは何の関係もないのだから、これに金融する筋合はないという考えであった。しかし、大蔵大臣のお声がかりではあり、前総裁で当時財界世話業をやっていた井上準之助も熱心に斡旋するので、ついに半額の二百五十万円だけ日銀から融通し、残りの二百五十万円は債権銀行から出させようということに、態度を決めた。

そこで、このことを副総裁の木村清四郎から池田成彬に伝え、さらに蔵相浜口、大蔵次官田昌《でんあきら》、池田成彬、串田万蔵（三菱銀行）の会談となったが、債権銀行側では五百万円をまるまる日銀に出させろと主張して譲らず、談判は決裂してしまった。そのため、高田商会への融資は立消えとなり、ついに高田商会は大正十四年〔1925〕二月に破綻した。

高田商会では前蔵相の証文を持っているし、井上準之助などの有力な斡旋役もいることなので、最後まで何とかなると安心していた。それで、社長の高田鎌吉に引導を渡す役にまわった池田は、高田に卒倒でもされてはというので、葡萄酒を傍に用意して、「金《かね》はついに駄目になった」と言い渡したという。この問題では、日銀は世間から格別とやかく言われなかったが、斡旋者たちからは腰がないと言って非難された。

ついでに問題の預金部資金は、それまで大蔵大臣の自由裁量で動かすことができたのを、浜口蔵相によって、預金部運用委員会の諮問を経なければ動かせないように改められた。

金融恐慌の勃発

昭和二年〔1927〕の金融恐慌は、同年三月十五日、東京渡辺銀行とその子銀行あかぢ貯蓄銀行が休業したことに端を発し、ついで中井、八十四、中沢、村井、左右田といった相当の銀行が、相ついで休業した。ときの政府は若槻（礼次郎）内閣、蔵相は、護憲三派内閣で商相をつとめあげた片岡直温であった。若槻内閣では震災手形の整理をつけるための二つの法律案（震災手形補償公債法案、震災手形善後処理法案）を議会に提出し、これを審議していたのであるが、その最中に金融恐慌が勃発したのである。

前に述べたように、関東大震災の打撃から商工業と銀行とを救済するため、日銀が震災手形を割引き、そのために予想される日銀の損失を、一億円まで政府が補償することになっていた。これによって延期された震災手形代金取立の期限は二ヶ年で、大正十四年〔1925〕九月末までに震災手形を整理することになっていたが、その期間内に整理がつかず、ずるずる延長して昭和二年〔1927〕の九月まで期限をのばした。しかし、昭和二年〔1927〕初めごろになっても、まだ日銀の震災手形貸出は二億七百万円に上っていた。市中銀行が商工業者から手形代金を取立て、その金《かね》を日銀に返せばそれだけ日銀の震災手形貸出が減るのだが、まだ取立てられずに残っている手形が二億円以上もあったわけである。

この震災手形の取立の期限はいよいよ同年九月末に迫ったが、その期日以後、取立不能になった手形の書替を日銀が許さないとしたら、その手形は無価値になり、銀行は莫大な損をする。中には破綻するものが出る。そこで政府は、（一）日銀には一億円の損失が出るものとして、損失補償金を日銀に交付する。（二）残りの一億七百万円に対しては、震災手形を持っている銀行に、それだけの資金を貸付ける。銀行はこれを十ヶ年賦で政府に返せばよい——という措置をとることにした。これらのことを決めたのが前記の二つの法案で、こうして、震災手形の跡始末をつけてしまおうとしたのである。

これらの法案に対し、野党、特に政友会は猛烈に反対した。あるいは、「震災手形（つまり焦げ付き債権）を持っている銀行の名前とその金額を公表せよ」と政府に迫り、あるいは「さきに高田商会を見殺しにした当の憲政会内閣が、他の者の救済のためならば、資金を出してやろうというのは、一体どういうわけか」と論難した。野党の攻撃は、これらの法案の狙いが結局は台湾銀行と鈴木商店の救済にあると見て、若槻内閣が台銀、鈴木のために特に力を貸すことを攻撃したのである。

こういう空気のなかで、三月十四日の午後、衆議院追加予算総会で答弁に立った片岡蔵相は、「救済をしようとしても、その衝に当る者がいなければ、救済はできない。現に本日正午ごろ、東京渡辺銀行がとうとう破綻をいたしました」とシャべった。ところが実際は、片岡が答弁しているころ、渡辺銀行は平常通り営業していたのである。しかし、大蔵大臣が議会で破綻を発表してしまったものだから、翌日からはついに休業の破目に陥り、これが金融恐慌の口火になった。

このことは、片岡蔵相の失言問題として喧しく攻撃された。しかし、片岡の発言が慎重を欠いていたことは確かだが、無根のことをシャべったわけではない。その日の正午ごろ、渡辺銀行の代表者が大蔵省に馳けつけて、「いろいろ御心配をおかけしましたが、ついに本日の交換尻を決済することができず、ただ今支払を停止するに至りました」と田次官に報告し、田がこれを片岡に報告した。渡辺銀行では大蔵省に支払停止を報告した後、どうやら工面がついて交換尻を決済し、営業をつづけていたのだが、もう一度その報告に来ることを怠った。だから、休業したものと思い込んでいた片岡が、その報告の通りをシャべったまでのことである。

それに、この「失言」がなかったとしても、おそかれ早かれ渡辺銀行は破綻すべき運命にあったし、それにつづく数行の休業もまた、深井英五が書いているように、「戦後（第一次大戦後）反動期における不妥当の運営に淵源し、中間弥縫の曲折を経て、来るべきものがついに来《きた》った」に過ぎないのである。

未曽有の大恐慌

しかし、いくら「来るべきものがついに来たのだ」とは言っても、大蔵省や日本銀行が、この金融恐慌を黙って見ているわけには行かない。形勢いよいよ重大となった三月二十二日夕刻、片岡蔵相は声明書を発表して、「政府は今後財界安定のためには、責任をもって十分努力する決心であり、日銀もまた政府と同じ決心である」と言い、市来総裁も「日本銀行はこの際最善の措置をとり、平時においてはなさざることも行いて、資金融通の便宜を図らんことを期す」という態度を表明した。一方日銀は、どしどし資金を貸出し、各銀行は日銀から借りた札束を窓口に積んで預金の取付に応じたので、人気は平静に帰り、それ以後四月上旬までは、大体小康を得ることができた。同時に問題の二つの法案も、三月二十七日に議会を通過し、震災手形の始末も眼鼻がつくことになった。

ところが、問題はそれから後で、四月十八日になると、台銀東京支店をはじめその内地支店、出張所が全部店を閉め、同じ日に大阪の近江銀行が休業し、ついで二十一日には当時の五大銀行の一つ、十五銀行も休業するに至り、預金の取付騒ぎは全国に、且つ大銀行にまで波及した。そこで四月二十二、三の両日、全国の銀行は一斉に休業し、日銀までが扉をおろすという大恐慌になった。この第三段の、本格的かつ猛烈な恐慌の直接の原因は、若槻内閣の出した台湾銀行救済のための勅令案が、四月十七日、枢密院で否決されたことである。

これより先、震災手形関係の二法案が衆議院を通過し、ついで貴族院をも通過したのを見ると、台湾銀行はいきなり、鈴木商店への金融を止めてしまった。台銀の鈴木への貸出は三億五千万円に上り、そのため台銀は大正十一年〔1922〕に日銀から、正規外の臨機融資を受けるほどであったが、台銀の貸出の大半は焦げついていた。しかも鈴木は台銀から借りるだけで足りなくて、手形ブローカーを通じて単名手形を売り、手形が売れないときはさらに台銀に融通を求める。すると台銀は市中銀行からコールをとり、その返済のために日銀から借りるという工合で、台銀と鈴木の間は、抜きさしならぬ深みに入っており、これに日銀が絡まっていた。その場合、台銀が金融を止めれば、鈴木は潰れ、鈴木が潰れれば台銀も破綻する。

そうなれば日銀も大いに困るというので、日銀も弱っていたのである。

鈴木の窮状は昭和元年〔1926〕暮あたりからますます激しくなり、昭和二年〔1927〕三月中旬以後になると、鈴木、台銀ともに金繰りはほとんど行詰りの状態にあった。このとき台銀がついに鈴木を見限って金融を止めたのだが、どうしてこういう手段に出たか。それは震災手形関係法案が通ったため、対鈴木貸付のうち七千万円ほどがこれによって生きる。その他に担保もとってあることだから、ここで鈴木を潰しても貸倒れは四、五千万円程度で済み、その程度の損失なら、何とかしてやって行ける――というのが台銀の肚であった。そして、台銀は片岡蔵相の諒解を得て、鈴木商店に絶縁を通告した。

ところが、これは台銀の見当違いで、鈴木ばかりでなく、台銀自身が窮地に陥ることになった。「鈴木が危い、つれては台銀も危い」というので、各銀行がこぞって台銀からコールを引上げはじめた。まっ先にやったのは三井銀行で、これは台銀、鈴木絶縁の三月二十七日よりも以前に、三千万円のコールを台銀から引上げた。ついで第一、安田、及び片岡蔵相の懇請を入れた三井の三行を除き、期日になるとすべての銀行が遠慮なくコールを引上げた。これを見て片岡は、日銀に向って台銀に無担保貸付を要請し、井上準之助なども斡旋に乗り出した。このとき日銀が台銀及び政府に対してとった態度は、つぎの通りである。

その当時の日銀重役陣は、総裁市来、副総裁は土方久徴（彼は大正十五年〔1926〕十一月、木村清四郎に代った）、理事浜岡五雄、深井英五、川田敬三、麻生二郎で、これらの人々はマル・テーブルを囲んで相談したところ、台銀に対しては極力援助するが、しかし政府が日銀の損失を補償し、且つそのために、法規上の根拠ある具体的方法を定めてもらわなければならぬ――というのが重役多数の意見であった。これに対し、「政府は日銀の損失について責任をもって考慮すると言明しているのだから、それでよいではないか」という意見も出たが、これは少数意見であった。

前述したように、市来が「始めて重要なる裁断を下し、総裁としての存在を明らかにした」のはこのときで、彼は「しばらく結論を保留して、自分に任せてくれ」と言ってその日の会議を打切り、数日後に再び会議を開いて、総裁としての裁断を下した。それは、「今後台銀に資金を融通する条件として、正式損失補償を政府に要求する」というもので、他の重役たちの意見も完全にこれに一致した。そして四月の上旬、これを政府に申入れ、市来総裁と土方副総裁が政府との交渉に当って、強硬にこの主張を通してしまった。

ところが、そのときはすでに議会が閉会した後だったので、若槻内閣はこれを緊急勅令によって行おうとし、緊急勅令案の諮詢を枢密院に仰いだが、四月十七日、枢密院はこれを憲法違反であるとして否決した。その急先鋒に立ったのは、政友会と良かった伊東巳代治である。若槻内閣は直ちに総辞職し、その翌日台湾銀行（内地支店出張所）は休業してしまった。それがキッカケとなって、大恐慌が起ったというわけである。

日銀ではこの緊急勅令案が通るものと安心していたものか、四月十六日の夜、正副総裁が芝公園の紅葉館の宴会に出席し、土方副総裁は中座してそこから柳橋の料亭へ行っているところを、枢密院の雲行き悪しというので急に呼びつけられ、あわてて首相官邸へ飛んで行ったというエピソードもあった。

急造された二百円札

若槻内閣総辞職の後、四月二十日午後六時に田中（義一）内閣が成立し、蔵相には高橋是清が就任したが、その翌日には金融恐慌が最高潮に達した。それは、親任式の終るのを待ち受けていた十五銀行の代表者が、高橋蔵相に会い、日銀をも訪ねて応急の援助を頼んだが、すでに手おくれで、翌二十一日午前二時、十五銀行はついに休業を発表し、これが全国的な取付に発展したからである。

そこで東京手形交換所及び東京銀行集会所加盟銀行の代表者が会議を開き、政府に対してモラトリアムの実行を陳情すると同時に、政府、日銀と打合せて二十二、二十三の両日、いっせいに休業することになった。その翌二十四日は日曜だから、その間にモラトリアムを布こうというわけであった。

田中内閣は二十二日に臨時枢密院会議を開いてもらい、モラトリアムについての緊急勅令案を可決してもらって、二十五日から二十一日間のモラトリアムを布いた。関東大震災についで二度目のモラトリアムであったが、銀行取付のためのモラトリアムは、これが世界最初であるという。

また全国の銀行が休業している間に、日銀では大急ぎで新しい二百円札を印刷し、休業明けと同時にどしどし非常貸出を行ったので、二十五日以後、各銀行は札束を積上げて預金の引出に応じた。が、この札については面白い話がある。

池田成彬の『財界回顧』によると、田中内閣が成立した四月二十日の深夜、すなわち十五銀行が危いというとき、池田は串田万蔵といっしょに日銀へ行って、市来、土方の正副総裁に「今日は大騒動になりそうだから、思い切り貸出してもらわねば困る」と言うと、土方が池田を別室に呼び入れ、「実は肝心の札が、出来ていないのだ」と声をひそめて言った。池田は「飛んでもないことだ。今日は三井だけでも、三千万円か五千万円借りなければならん。三菱も、第一も皆そうだ。いったい君は何をしているのだ」と怒ったが、池田は、何のかのと理窟をつけて日銀が貸出しを渋っているものと考えたのである。

ところが、本当に日銀には札がなかった。予備兌換券は不足し、これを短時日に刷り増すことは技術上ほとんど不可能であった。その時、これを救ったのは当時の文書局長清水賢一郎で、彼が簡単な様式の二百円札を作ったらよいと言い出し、これを一晩で急造して間に合わせたのである。

さらにまた、モラトリアム期間中の五月三日、田中内閣は臨時議会を召集し、モラトリアム緊急勅令の事後承認を求めるとともに、「日本銀行特別融通及損失補償法案」と「台湾の金融機関に対する資金融通に関する法律案」を提出し、これが議会を通過して、五月九日に公布施行された。この二つは、日銀が一般銀行に特別融通をして損失を蒙った場合、五億円まで政府が補償すること、日銀から台湾銀行に二億円の融通をさせ、それによる損失は全部政府が補償することを決めたものであった。これらの法律の内容は、さきに枢密院で否決された若槻内閣の緊急勅令案とほとんど同じもので、しかも政府の補償の限度は、それよりも多くなっていた。

このような救済策がとられたため、さしもの大恐慌もようやく沈静した。しかし、市来日銀総裁が恐慌に当って適宜の処置をとらず、恐慌を一層激化させたと言って、市来は財界から非難された。そして高橋蔵相は右の二つの救済法律を公布した翌日（五月十日）、市来総裁を辞めさせて、井上準之助を再び日銀総裁に据えた。

市来はその後東京市長になり（昭和三年〔1928〕一月）、昭和二十二年〔1947〕まで貴族院議員であったが、太平洋戦争後、参議院議員の第一回選挙に当選した。昭和二十五年〔1950〕にこれを辞めたが、現在なお健在で（年八十余歳）、千葉の稲毛に住んでいる。

十一代総裁・井上準之助〔1869-1932〕

二度の総裁勤め

日銀総裁の椅子は、大正十二年〔1923〕の九月に井上準之助から市来乙彦に廻ったが、昭和二年〔1927〕五月には市来からまた井上に逆もどりした。日銀総裁二度の勤めというのは、日銀七十年の歴史を通じて井上準之助ただ一人であるが、このときの井上は、成りたくて成ったわけではない。

田中内閣が成立すると、高橋蔵相はすぐに日銀総裁の更迭を考え、山本条太郎（当時の政友会幹事長）を使者として池田成彬に交渉させたが、池田はことわった。そのとき池田は「自分が三井銀行を出ると銀行が困るから」と言って拒絶したが、山本が「君は三井が大事か、日本が大事か」と言うのに対して、池田が「おれは三井が大事だ」と答えると、山本は「バカヤロー」とどなって、帰って行った。

そのあと井上が高橋蔵相から交渉を受け、井上はあまり進まなかったが、高橋の言うことだからいやと言うわけにも行かず、一年だけということにして渋々二度目の日銀総裁を引受けたのである。井上は総裁就任を承諾する前に池田成彬に相談し、池田が「二度でも三度でも必要なときには成っても構わないではないか」と言って勧めた関係から、一年経って辞めるときにも池田に挨拶に行ったという。井上の日銀総裁就任は昭和二年〔1927〕五月十日、辞任は翌三年〔1928〕六月十二日である。

井上は高橋との約束通り、一年と少ししか総裁の地位にいなかったが、前記の「日本銀行特別融通及損失補償法」と「台湾の金融機関に対する資金融通に関する法律」によって、台銀やその他の銀行にどしどし救済資金を貸したので、井上二度目の総裁時代に日銀は完全に救済機関化した。第一回目の井上総裁時代に日銀の救済機関化が始まり、第二回目にそれが完成（？）された。

右の法律によって、日銀は手形割引の方法で、昭和三年〔1928〕五月八日まで特別融通を行い得ることになっていたが、この期限までに日銀の行った特別融通は、八億七千万円に達した。その内訳は台銀への特別融通（第三別口割引手形）一億九千万円、その他の銀行への特別融通（第二別口割引手形）六億八千万円である。今日の貨幣価値に換算（三百五十倍）すると、三千億円という巨額になる。

これだけの巨額な救済融資をし、その融資も財界全般に対してでなく、個々の銀行に対して行うのであるから、日銀の一挙手、一投足が個々の銀行、ひいてはその取引先である事業会社に大きな影響を及ぼした。だから、そのころ日銀の権威は再び大いに高まった。そして昭和五年〔1930〕六月（土方総裁時代）になっても、まだ特別融通の割引手形の総額は五億九千三百万円あり、日銀の割引手形全体の九割を占めていた。

こういう状態は変態と言うべきもので、井上総裁自身も、昭和三年〔1928〕春の銀行業者新年会で次のように演説している。

「今日の日本銀行の貸出は、平常の貸出と大分ちがっておるということを、自白してよろしいのであります。すなわち、その貸した金を、これを補償法の法律によりまして取立ててしまって、始めて日本銀行は本態に帰るのである。その貸出の回収されつくさない中は、日本銀行は平常の日本銀行とよほど変っております。」

銀行家井上と政治家井上

高橋蔵相は金融恐慌の後始末をすると昭和二年〔1927〕六月、サッサと解めて三土《みつち》忠造がそのあと大蔵大臣になったが、井上はその下で日銀総裁として特別融通に携わり、その貸出を終ると昭和三年〔1928〕六月に辞任した。その後井上は、もとの財界世話業に帰ったが、翌四年〔1929〕に田中内閣が倒れ、同年七月二日浜口（雄幸）内閣が成立すると、民政党に入り、大蔵大臣として入閣した。井上は高橋是清の乾分《こぶん》であったが、それが高橋の属する政友会の反対党に入り、且つその蔵相になったので、世間では不思議に思った。しかも、それまでは金解禁の即時実施に反対と見られていた井上が、金輸出解禁を昭和五年〔1930〕一月に断行したので、世間はますます驚いたが、これは完全に失敗し、折からのアメリカを始めとする世界的恐慌の影響と相まって、日本は再び恐慌に見舞われた。

これを実行した年の八月ごろになると、すでにこれが失敗であったことは誰の目にも明らかになり、日本の恐慌は次第に深刻になって行ったが、井上はこれを変えようとせずに頑張った。浜口首相が兇漢にピストルで狙撃されたことが原因になって死ぬと、次の内閣は同じ民政党の若槻礼次郎によって組織されたが（昭和六年〔1931〕四月十六日、第二次若槻内閣）、井上は引つづき、蔵相となった。だんだん恐慌が激しくなるので、金輸出の再禁止を要求する声がすでに世論となっていたが、井上は頑としてこれに耳を傾けず、若槻首相も、単に面子だけの問題ならば、これにこだわらずに再禁止をしたらどうかと持ちかけたが、井上はそれにも応じなかった。そして昭和六年〔1931〕十二月に若槻内閣が瓦解するまで、蔵相として金本位維持に固執しつづけた。

池田成彬の井上評によると、日銀時代の井上は才人で頭は冴えていたが、むしろ小心翼々として、どちらかと言えば消極的で弱かった。それが大蔵大臣になると、性格が変ったように強引になり、「傲岸」と評されるようになった。また井上は、大正十四年〔1925〕二月に東京商科大学で行った特別講演のなかで、「為替相場を人為的に維持することは、これは絶対に不可能である」と言っているが、蔵相になると、「絶対に不可能」な為替の人為的維持を計った。昭和六年〔1931〕九月の英国の金本位停止は、日本にとっても金再禁止のチャンスであったが、そのときも再禁止をせず、財閥その他が円の価値下落を見越してドルを盛んに買ったときには、正金銀行にドルを売向わせて為替維持を計り、正金に大損をさせた。

当時井上は、死を覚悟していたということで、その意気は昔の松方蔵相が決死の覚悟で紙幣整理に当ったのと似ているが、なぜ井上はそれほどまでにして、金本位を守ろうとしたのか。現日銀総裁の一万田尚登は井上の崇拝者で、「少なくとも私が今日まで接し得た人のうちでは一番偉いと思う人である」とまで言っているが、この一万田の解釈によると、満洲事変が勃発し（昭和六年〔1931〕九月）、軍事費の要求が急激に増大する勢いにあったので、金本位制を放棄すれば通貨の増発が容易になり、インフレーションが起る。だから井上の頑張ったのは、「軍を抑えて戦争に赴くことを回避するためには、たとえ金の流出、減少を来《きた》すとも、金本位制を固く守り、軍費の増大を防がねばならぬとの堅い決心に基くものでなかったか」というのである。事実、若槻内閣のあとに、犬養（毅）内閣が出て、その蔵相高橋是清が金輸出再禁止を断行したのち、日本はインフレに進んで行った。けれども、あの当時再禁止をしていなかったら、日本経済は大破綻を生じなければならなかった。一万田の解釈するような理由があったとしても、井上財政で迷惑したのは財界であり、国民であった。

非業の最後

昭和六年〔1931〕十二月に第二次若槻内閣が瓦解した後、井上は民政党の筆頭総務となり、翌七年の総選挙には「選挙の神様」安達謙蔵に代って、民政党の選挙の総元締の地位を占め、事実上民政党の副総裁となると共に、次期総裁と目されるようになった。ところが、その選挙戦の最中に、同党公認候補駒井重次の政見発表演説会の応援に行こうとして、同年二月九日、本郷駒込小学校前の街路で、血盟団の青年小沼《おぬま》正《しょう》のためにピストルで撃たれ、非業の最後をとげた。享年六十四歳。

井上にはいろいろの逸話があるが、世間に知られていない話に次のようなことがある。井上が横浜正金銀行頭取をしていた時というから大正初年のことであるが、井上の出入りする日銀総裁室の前の廊下で、一人の少年給仕がいつも机に向って勉強している。夜学の下調べをしているのだが、或る日井上が背後から覗いてみると、英語の豆辞典をひいているので、「こんな字引を使ってはいけない。今度僕が持って来て上げるから」と言って、数日後、井上十吉著『大英和辞典』を持ってきて与えた。その給仕君は今では相当の年輩になっているが、引つづき日銀に勤めてかなりの地位に上っており、その辞典を家宝にしているという。日銀総裁としては、人使いが荒かった反面、この例に見るように、細いところに気の付く親切さがあり、また人材の養成にもつとめた。

井上準之助の二世、四男井上四郎と井上の二人の女婿がいま日銀にいるが、このことは、前に「名門は綺羅星の如く」のところで述べたから繰返さない。なお井上準之助には『我国際金融の現状及改善策』、『戦後に於ける我国の経済及び金融』、『金解禁』、『国策経済を語る』、『金再禁止と我財界の前途』の著書があり、特に最初の二つは名著とされている。

十二代総裁・土方久徴〔1870-1942〕

保守一方の日銀型

土方久徴《ひさあきら》は、昭和三年〔1928〕六月十二日に日銀副総裁から総裁になり、昭和十年〔1935〕六月四日まで、七年にわたって在任した。その間に経済界には金輸出の解禁、昭和五、六年〔1930, 31〕の恐慌、金輸出再禁止、それにつづく好況期という変化があり、国際問題や政治問題としては、満洲事変の勃発や軍人と右翼団体による流血事件が相ついだ。政治的に波瀾、変動の激しかった時代で、内閣は田中、浜口、第二次若槻、犬養、斎藤（実）、岡田（啓介）と頻りに交替し、土方は高橋、三土、井上、再度高橋、藤井（真澄）、三度高橋と、六人の蔵相に仕えた。

土方は井上準之助についで二度目の日銀子飼いの総裁で、任期も長く、在任七年を超える総裁としては、土方のほかに三代川田小一郎、六代松尾臣善の二人がいるだけである。しかし、彼の在任中、日銀の実権は深井副総裁に握られていた。土方は苦学しただけあって、初めは相当の意気を持っていたが、創立以来永らく理事を勤めていた三野村利助から前途を見込まれて、その娘を細君にもらい、多額の日本銀行株をゆずられてからは、消極守成の人になった。「日本銀行型」という、消極守成の日銀マンが出るようになったのは、土方総裁時代からだとされている。

土方は明治三年〔1870〕、旧伊勢菰野藩士の子に生れ、苦学して明治二十八年〔1895〕、東京帝大法科大学英法科を卒業した。在学中は成績甚だ優秀で、特待生であった。卒業と同時に日銀に入ったが、出世はすこぶる早く、翌二十九年〔1896〕には函館支店営業主任となり、三十年〔1897〕には井上準之助と共にロンドン在勤を命ぜられ、パース・バンクで銀行実務を習った。明治三十二年〔1899〕に日銀騒動が起ると、山本総裁から井上と共に呼び返され、帰朝後は検査局検査役、営業局調査役、秘書役を経て三十六年〔1903〕には出納局長心得となり、大学卒業後十一年目の明治三十九年〔1906〕には、国債局長になった。

土方は井上準之助よりも大学は一年先輩であったが、日銀での出世は途中から井上よりややおくれ、明治四十年〔1907〕、井上が営業局長からニューヨーク代理店監督役になったあと、土方が営業局長に進んだ。ついで明治四十四年〔1911〕にはロンドン代理店監督役となり、明治四十四年〔1911〕、井上が正金銀行へ入るためニューヨークから呼び返されたとき、その後任としてニューヨーク代理店監督役となった。土方は英国在任中理事となったが、大正二年〔1913〕帰朝し、大正七年〔1916〕一月には日本銀行を辞めて、日本興業銀行総裁となった。

その後、大正十五年〔1926〕十一月に再び日銀に復帰し、木村清四郎の後をうけて、大学は自分より一年後輩の市来総裁の下に副総裁となり、ついで井上準之助の副総裁を勤め、昭和三年〔1928〕六月に、井上の後をうけて、十二代目の総裁となった。井上が第一回目に日銀総裁になったのにおくれること、九年である。

軍需インフレへの第一歩

土方日銀総裁時代には、昭和六年〔1931〕の満洲事変を境として、前期に金解禁問題があり、後期には歳入補塡公債（赤字公債）発行という画期的変化が起った。

金解禁問題は、今日こそ忘れられているが、当時としては非常に重大な問題で、歴代内閣はむしろ功名争いのように金解禁をあせり、昭和二年〔1927〕に第一次若槻内閣が震災手形の整理を強行したのも、金解禁の準備という含みを持っていたのである。これを、前述したように、昭和五年〔1930〕一月井上蔵相が断行したが、その結果、海外送金を理由として、日銀に在外資金の払下を請求して来るものが殺到した。日銀は当初はこれに応じていたが、それでは通貨が収縮し、政府の緊縮政策と相まって不景気を一層甚しくするので、在外資金の払下をやめて、正貨兌換に応ずるという苦心の手段をとった。しかし、これもさほどの実効はなく、深井副総裁の如きは、昭和五年〔1930〕八月に、すでにその前途に不安を持ち始めていた。

井上蔵相の金解禁が失敗し、再禁止が行われたことは前に述べたが、その後為替相場が下落し、輸入品の価格は割高、輸出品の価格は割安となったので、輸入が減り輸出はふえ、物価は騰貴して景気は好転した。同時に満洲事変以後の軍事費の増大から、軍需産業が活況を呈した。そして、この二つの影響で、従来日本で発達しなかったアルミニウム、自動車、航空機などの諸工業、なかんずく軍需産業が飛躍的発展をとげるようになったが、その反面、軍事費の膨脹で、財政は赤字となり、昭和七年〔1932〕十一月から日銀引受の赤字公債（歳入補塡公債）が発行されるようになった。それ以後日銀は、赤字公債を毎年引つづき引受けることになり、通貨調節の機能を持つ中央銀行から、政府資金の無制限供給機関に変質して行った。

これより先、昭和七年〔1932〕六月には兌換銀行券条令が改正され、保証発行限度を従来の一億二千万円から一挙十億円に引上げ、さらに制限外発行に対する制約が大いに緩和されたが、この保証発行限度の大幅の引上は、正貨準備による発行高の制約を事実上とり除いたものであった。その結果、通貨の増発――従って政府資金の調達――は容易になり、管理通貨制度に向って一歩を踏み出した。

尤も、日銀引受けで赤字公債を発行することについては、深井副総裁がインフレーションになる恐れがあるとして、高橋蔵相に進言し、一旦日銀の引受けた公債を市中銀行に売却する方法を案出した。これを公開市場政策、またはオープン・マーケット・オペレーションと呼んだものである。しかも高橋蔵相は、日本銀行引受公債の制度を、あくまでも一時の便法と考え、昭和九、十年〔1934, 35〕には国債を漸減し、さらに昭和十年〔1935〕六月には昭和十一年〔1936〕の予算編成に当って、陸海軍提出の厖大な軍事費を著しく削減した。後に昭和十一年〔1936〕二月二十六日、二・二六事件で高橋蔵相が惨殺されたのは、彼が軍の予算要求を押えたことに深く関係している。

このようにして日銀が政府資金、特に軍事費の調達機関化しつつあるとき、土方久徴は日銀総裁を辞任し、貴族院議員に勅選されて、その後は貴族員議員として活動したが、昭和十七年〔1942〕八月二十五日、七十三歳で病歿した。

十三代総裁・深井英五〔1871-1945〕

日銀生活三十六年

昭和十年〔1935〕六月四日、土方総裁が辞任すると、副総裁の深井英五が総裁に昇格し、理事の清水賢一郎が副総裁となった。

深井英五は、ただ一人の同志社出身の総裁である。彼は明治四年〔1971〕高崎の士族の家に生れ、小学校の生徒の時から英語を学ぶために、高崎のキリスト教会の牧師星野光多の門に入り、その感化を受けてキリスト教信者となった。十六歳の折、新島襄が群馬県に帰省し、ブラウン夫人というアメリカ人から委託されている奨学資金をもって、同志社で勉強させる少年を物色していたが、深井はその選に入って京都の同志社に入学し、苦学してこれを卒業した。同志社在学中、新島嚢に大いに感化され、また同志社特有の英文の教科書、米人の教師による教育によって、英語に大いに熟達するに至った。後年深井が日銀切っての英語の権威者となったのは、この時のおかげである。

明治二十四年〔1891〕に同志社を卒業してから三十四年〔1901〕に日銀へ入るまでの十年間は、民友社及び国民新聞社に九年余を、松方正義の秘書官として三ヶ月を送った。国民新聞社に入ったのは、同志社時代の友人の紹介で徳富蘇峰に会い、彼に勧められたことによるもので、深井は国民新聞と『国民之友』に論説及び外国に関する記事を書き、日清戦争のときは、従軍記者となった。明治二十九年〔1896〕春から翌年夏まで、蘇峰に従って欧米を巡遊し、明治三十三年〔1900〕七月には、蘇峰の勧めで、第二次山県内閣の大蔵大臣松方正義の秘書官となり、同年十月、内閣の瓦解で大蔵省を辞めた。

その後は山県有朋に頼まれて、山県のために外国雑誌の論文の翻訳などをしていたが、明治三十四年〔1901〕十月、蘇峰の斡旋と松方の推薦で日本銀行へ入り、調査役になった。日銀へ入れたのは、例の日銀騒動で幹部がゴッソリ辞めた後だったので、日銀が人材を求めていたためでもあった。

その時の総裁は山本達雄、副総裁は高橋是清で、総裁からは主に調査をやれと言われ、副総裁からは、「あなたは学問が好きだそうで、結構だが、後には仕事がして見たくなるかも知れない」と意味深長なことを言われた。そのころ営業局長に木村清四郎、検査局長に小野英二郎（同志社の先輩）、秘書役に土方久徴らがいたが、「談論の相手として最も手応えのあった」人としては、文書局長伊藤欽亮、検査役井上準之助、調査役井上辰九郎、深井よりも三年ほど後に大蔵省から転じて来た調査役片山貞次郎、後に豊国銀行及び昭和銀行頭取となった生田定之などがいた。入行当初から、彼は学問と談論の好きなインテリ行員だったわけである。

その後、営業局調査役、秘書役、外事部主事、国債局長を経て、大正二年〔1913〕営業局長に、大正七年〔1918〕理事に進んだ。この間明治三十五年〔1902〕には松方の外遊に随行し、明治三十七年〔1904〕から四十年〔1907〕にわたっては、高橋副総裁の外債募集の出張に従って三度外国に渡った。昭和五年〔1930〕には土方久徴の後をうけて副総裁になったが、その間にも大正八年〔1919〕ヴェルサイユ平和会議、大正十年〔1921〕ワシントン会議、大正十一年〔1922〕ジェノヴァ国際経済会議に、それぞれ全権随員として出席し、昭和八年〔1933〕にはロンドン世界経済会議に全権委員として出席している。彼ほど外遊した日銀総裁はほかにない。

土方久徴総裁の下で深井は七年間副総裁を勤めたが、この間行務の実権を握っていたのは深井で、昭和十年〔1935〕六月、土方が辞めると総裁に進んだ。ときの首相は岡田啓介、蔵相は高橋是清であった。昭和十一年〔1936〕の二・二六事件は、深井にとって、誰にも増して、痛惜に堪えないものであった。深井が外債募集のための高橋是清の欧米旅行に随行したのは、高橋が「誰でもよいから英語の出来る者を」ということで、選ばれたにすぎなかった。しかし、高橋は深井と行を共にしているうちに、深井の実力を高く評価するようになり、深井も高橋の偉さを知るようになった。そして、深井はその副総裁時代及び総裁時代に、高橋大蔵大臣の財政政策に誠心誠意協力し、また高橋が単に一時の手段として日銀引受による公債発行をやっているのだということも、深く信じていた。

だから二・二六事件で高橋蔵相が兇刃に倒れると、三月十日、新蔵相馬場鍈一(首相広田弘毅)を訪ねて辞意を表明したのであるが、馬場に声涙共に下る翻意の勧めを受け、それ以後約十一ヶ月総裁をつづけた。しかし、岡田内閣の瓦解と同時に辞表を出し、林(銑十郎)内閣の蔵相結城豊太郎がこれを容れて、昭和十二年〔1937〕二月九日、日銀総裁を辞任した。総裁たることは一年八ヶ月だが、日銀に在職することは実に三十六年余に及んだ。

マルクスを読破する読書人

二・二六事件以後の彼の任期中、日銀はいよいよ政府資金無制限供給機関の色彩を強めた。昭和十一年

〔1936〕上期から昭和十二年〔1937〕上期までの一年半の間に、日銀の引受けた公債の八六％は市場に消化されたが、昭和十一年〔1936〕下期と十二年〔1937〕上期の一年間だけをとってみると、わずかに五一％しか市場に売れていない。残りの四九％は日銀の背負込みとなり、それだけ兌換券発行高がふえたわけである。こうしてインフレは進み、物価は漸騰して、昭和十二年〔1937〕五月には、ついに臨時物価対策委員会の設置をみるようになった。こういう情勢のときに日銀総裁を辞めたことは、理論に忠実で良心的な深井にとって、満足すべきものであったに違いない。

深井が英語の達人であったことは前にも記したが、外国語はフランス語、ドイツ語にも通じ、昼休みに深井の室を訪れる者は、古ぼけたドイツ語の辞書を引きながらドイツ語の本を読んでいる深井の姿を、しばしば見かけた。殊にドイツ語は、五十歳を超えてから勉強を始めたものであるが、カール・マルクスの『資本論』などを、彼は原書で読みこなしていた。

深井には『通貨調節論』『金本位制離脱後の通貨政策』の二著がある。前者は、営業局長時代から重役時代にわたって業務上体験したところ、通貨について学んだところを、理論的に整理し、中央銀行の主な職能と言うべき通貨の調節、通貨政策実行上の心構えを、合理的に根拠づけようとするのが第一の目的で、そのために、重要な貨幣理論及び金融理論を検討している。後者は『通貨調節論』の続篇とも言うべきものので、純然たる政策論として、通貨政策に関係ある重要な事実と、その背景たる政治上及び社会上の状勢を詳述している。いずれも日本的名著であり、この二つの書物によって、金融というものに興味をそそられた者の数は少なくないだろう。

そのほかにも、深井には『通貨問題としての金解禁』、『人物と思想』、『回顧七十年』があり、いずれも良書である。

深井は、少年時代から和歌を綴ることを覚え、晩年にはその作歌に推敲を加えて『似類集』として一本にまとめ、知人に配った。その人柄を示すものとして、左にその中の数首を挙げてみよう。

束の間の生を享けたる人の子よ何を煩ひ何を驕ぶる

大空にかゝるのみかは滝つ瀬のしぶきに映る虹もありけり

世の業に心残らず生ける間のその日その時あだしからずこそ

一筋に我が心行き守り来て安らかに老いぬ幸とぞ思ふ

道伴れのあれば尚よし無きもよしわが行く道は我れのみぞ知る

深井は日銀退職後、貴族院議員となり、次いで枢密顧問官となった。梱密顧問官時代には、枢密院の会議で問題が通貨、経済等に関係してくると、深井の独り舞台となった。彼はまた、歴代の大蔵大臣が、太平洋戦争遂行のための巨額の戦費調達を日銀引受の国債発行、通貨増発に求め、無節制の目先主義に流れて、国家の大計を考えないことを慨嘆していた。

昭和二十年〔1945〕五月、その一ヶ月ほど前から病床にあった深井は、空襲に遭い、辛うじて人に背負われて退避したが、やがて終戦後間もなく、昭和二十年〔1945〕十月二十一日に、七十五歳を以て病歿した。

十四代総裁・池田成彬〔1867-1950〕

在任わずか六ヶ月

昭和十二年〔1937〕二月九日、深井英五に代って池田成彬《しげあき》〔日銀ウェブサイトではせいひん〕が日銀総裁に就任した。池田は林（銑十郎）内閣の蔵相結城豊太郎の切なる懇望により、七十一歳の老軀をひっさげ、持病（胆石病）に悩む病軀に鞭うって日銀総裁になったが、林内閣はわずか四ヶ月で瓦解し、結城蔵相も同年五月三十一日に辞職した。池田はその後もしばらく日銀総裁をつづけたが、同年七月七日に日華事変が勃発すると病軀その任に堪えずとして、間もなく政府に辞表を出してしまった。辞職したのは同年七月二十七日で、ときの首相は近衛文麿（第一次近衛内閣）、蔵相は大蔵官僚から上った賀屋興宣であった。

そして池田と入れ替りに、池田を懇望した前蔵相結城が日銀総裁になるのだが、この間わずかに六ヶ月足らずであった。こんなに在任期間の短い総裁は今までに池田一人で、彼は最短期総裁の記録を作った。池田以前の総裁で在任期間の短かったのは、松方蔵相と喧嘩して辞めた二代総裁の富田鉄之助と、池田の前任者深井英五の二人であるが、それでもこの二人は、それぞれ一年半は勤めている。

かように池田総裁の在任は短かったが、しかし、彼が日銀総裁になったということは、当時大きな意味を持っていた。第一にこれは、軍部の専横に対する財界の反撥、ないしは軍部と財界の「抱き合い」の現われであり、第二に、池田の日銀総裁就任によって、いくらかなりとも民間の空気が、日銀に吹き込まれたからである。

昭和七年〔1937〕二月、元日銀総裁、元蔵相の井上準之助が血盟団員に暗殺され、つづいて同年三月、三井の大番頭団琢磨が、同じく血盟団員のピストルに倒れ、その五月には五・一五事件が起るという工合で、ファッショの嵐が吹き荒れ、財界、財閥はその前に首をすくめた。財閥はいわゆる「方向転換」を行ってファッショの嵐から身を避けようとしたのだが、昭和十一年〔1936〕の二・二六事件を過ぎ、昭和十二年〔1937〕の一月に宇垣（一成）内閣が流産に終って林内閣が組閣されるころになると、何とかして軍を押えようとする財界の空気が強くなる一方、軍の方でも、従来の反財閥、反財界一本槍という態度をいくらか改めるようになり、準戦時体制に協力させるべく、むしろこれを抱き込み、これと抱き合って行こうという傾きを示すようになった。

その現われとして、軍の支持によって組閣の大命を受けることのできた林大将は、池田成彬、津田信吾（鐘紡社長）、鮎川義介（日産社長）、各務《かがみ》鎌吉（東京海上社長）などの財界の巨頭を閣員候補として挙げ、池田と津田には正式交渉までした。池田は林大将からの手紙を持った使者の来訪を受け、「大蔵大臣と日銀総裁の両方を兼ねてほしい」という交渉を受けた。津田は商工大臣としての入閣を求められた。しかし、池田は、病気を理由にし、且つ大蔵大臣と日銀総裁を兼ねることは官制上不可能であると言って拒絶し、結城豊太郎を蔵相に推薦した。津田も、鐘紡を去ることができないと言って拒絶した。

その結果、結城が林内閣の蔵相として入閣し、その結城から、池田は日銀総裁となることを懇望されたというわけである。池田はやはり病気を理由に断ったが、結城が「川田総裁のように一年のうち何回かしか出勤しない総裁もあったのだから、病気なら何日休んでも差支えない」とネバるので、(一)自分のかねてからの持論によって日本銀行条令を改正すること、(二)日銀のこと、金融のことには、大蔵大臣は余り口を出さないことを条件として、池田は日銀総裁を引受けた。

右のような当時の政治情勢と、池田の日銀総裁就任の事情を考えると、その在任期間はわずか半年にも満たなかったけれども、池田が日銀総裁に就任したということ自体が、当時の政界、財界において大きな意味を持っていたことが判るであろう。

後でその経歴を述べるように、池田は三井財閥の忠臣であり、柱石であった。こういう財閥出身者が、山本達雄以来三十数年ぶりで日銀総裁になったのであるが、しかし川田小一郎、岩崎弥之助、山本達雄などの財閥総裁とは、その任務と役割が全く違っていた。それは、時代の変化と日本銀行の受持つ役割の変化とが、しからしめたのである。

三井マンとしての足跡

池田成彬は慶応三年(一八六七年)に山形上杉藩士の池田成章の長男に生れた。年齢から行くと八代目の総裁三島弥太郎と同年で、九代目以後の総裁は、全部池田より年下であった。明治二十一年〔1888〕に慶應義塾の別科を卒業し、さらにその大学でしばらく学んだ後、アメリカに渡ってハーヴァード大学に入り、銀行とか金融問題を五年間勉強して、明治二十八年〔1895〕に帰朝した。

帰朝後はほんのしばらくの間、福沢諭吉の主宰する時事新報の論説記者を勤めたが、新聞社の月給では生活できないと言って辞め、明治二十八年〔1895〕十二月、三井銀行に入った。辞令は「手代四等」というのであった。明治二十九年〔1896〕八月に大阪支店勤務、三十年〔1897〕十二月に足利支店支配人となり、明治三十一年〔1898〕八月から翌年十一月まで欧米に派遣されて、海外の銀行業務の実地を勉強した。

明治三十三年〔1900〕六月に本店営業部次長になり、当時三井銀行の実権を握り、三井財閥の重臣であった中上川彦次郎（福沢諭吉の甥）に見込まれて、その女婿となった。明治三十六年〔1903〕十月に営業部長心得、翌年十二月に営業部長と、ずっと営業の第一線を歩き、明治四十二年〔1909〕十月に常務取締役になった。

大正十二年〔1923〕十二月に東京手形交換所理事長となり、昭和二年〔1927〕十月には、東京手形交換所加盟銀行を動かし、手形交換所の名で「金解禁を即時断行すべし」という決議を発表して、当時の土方日銀総裁を、途方もない大胆なことをやったと驚かせた。このとき、金解禁後は金利が上るというので、株式相場は暴落したが、世間はこれを池田相場と称した。後年になって池田は、昭和五年〔1930〕一月の金解禁を失敗だと言っているが、当時は金解禁即時断行論の急先鋒であった。産業の立場からでなく、もっぱら銀行業者の立場から物事を考えていたからである。

彼は徹底したバンカー（銀行業者）で、昭和二年〔1927〕の金融恐慌の時には、台湾銀行からコールを遠慮会釈なく回収し、ときの片岡蔵相が某高官談として「三井銀行は怪しからん。そのために台銀が行詰った」という談話を『朝日新聞』に発表したのに対しては、「コールとは呼べば帰ってくる資金という意味である。これを回収するのは正当な商取引である」という反駁を同新聞に寄せた。

また同じく台湾銀行救済問題について、ときの枢密院副議長の平沼騏一郎から、「台銀を潰せば大変なことになるだろうか」という相談を受けたときには、「台銀や鈴木商店の一つや二つ潰れても、日本にはどうという影響もない」と答えた。そのあと台銀救済のための緊急勅令案を枢密院が否決し、大恐慌が起ったことは、市来総裁のところで記した通りである。

さらに金解禁が行われた後、昭和六年〔1931〕九月にイギリスが金本位を停止すると、前にも述べたように「ドル買」が起った。政府が金本位維持に必死の努力を払っているときに、三井始め財閥の銀行や商社が円を売りドルを買うことは、売国的行為である――と右翼団体や新聞が騒ぎ、その先鋒が三井銀行であるというので、そのころから三井に対する風当りがひどくなった。このドル買は、後年の池田の説明によれば、イギリスの金本位停止、ポンド貨の下落で三井銀行は巨額の損失を蒙ったから、これを補塡しただけで、自衛手段に過ぎないと言っているが、とにかくこのような徹底したバンカー振りは、池田の本領であったと同時に、三井財閥への風当りを強くした一つの原因でもあった。

このほか、昭和初年から昭和六、七年〔1931, 32〕ごろにかけての五大電力会社の紛争（いわゆる電力合戦）の調停などにも、債権者としての立場から大いに腕を振るい、金融界、産業界に一大勢力を張っていたが、昭和七年〔1932〕二月の団琢磨の死後は、三井合名の理事をも兼ねるようになった。しかし、昭和八年〔1933〕九月には三井合名常務理事となり、三井銀行の足を洗って、三井一族とその財力をファッショの嵐から如何に守るかという仕事、いわゆる「方向転換」に専念し、多大の功績をあげた。これより先、池田は昭和四年〔1929〕の一月から十一月まで、欧米諸国を旅行して、各国の金融事情を調査するとともに欧米の財閥、富豪が特に労働問題にどう対処しているかを研究して来たが、この研究が、のちに三井財閥の方向転換を実行する上に、少なからず役立ったのである。

池田はこの仕事が一段落ついた後、信頼のできる番頭たちに後事を托して、昭和十一年〔1936〕四月、三井合名を去り、ついで翌五月、三井関係その他の一切の公務からも退いて病を養っていたが、前記のような事情で日銀総裁に引っぱり出されたのである。

池田の見た保守日銀

池田総裁は在任五ヶ月余り、そのうちでも病気で休むことが多かったから、総裁として出勤したのは三ヶ月ばかりでしかなかった。それに、彼の在任中には国債の発行も一度もなかったから、総裁としては、池田は余り大した仕事をしていない。

が、その主な仕事としては、先ず第一に副総裁を取替えたことで、深井総裁時代の清水賢一郎を辞めさせ、大蔵次官をしていた津島寿一を副総裁に据えた。これは池田の言葉によると、津島に「頼んでなってもらった」のである。津島は次の結城総裁の下でも、引つづき副総裁を勤めていた。第二の仕事は、市中銀行の希望を容れて、市中銀行から日銀に差入れる担保の範囲を拡げたこと、第三はそれまでの参与の制度を廃して、参与理事制度を設けたことである。池田は就任の際、日本銀行条令の改正を考えていたが、それを行う暇がなかった。しかし、参与理事の制度は、法律を改正しなくてもやれるので、これをまず実行したわけである。

参与と参与理事の違いは、前者が単なる総裁の諮問機関であるのに対し、後者が或る範囲の事柄について審議権を持つという点にあった（詳しいことは前の「飾り物の参与」の項〔八五頁〕参照）。池田がこういう制度を作ったのは、つぎのような当時の世論と池田の考えとに、基くものであった。

「日銀が大蔵省の命令一本で動くことはいけない。イングランド銀行のように、政府から独立したものでなければならぬ。しかし、日銀総裁は内閣が任命することになっており、従って大蔵大臣の言うことを聴かなければならぬようになっている。そこで参与理事というものを作り、参与理事の説がまとまらないということを口実にして、大蔵省に対抗させる。」

が、こういう意図をもった参与理事を作って見たところ、大した力にもならず、やがて昭和十七年〔1942〕の日本銀行法の制定で、元の参与の制度に逆戻りさせられてしまった。

こういう塩梅で、日銀総裁としての池田には、特別の失敗もない代りに功績もなかった。ただ民間から入った総裁として、池田が日銀の超保守的な空気に驚いていることは面白い。池田が感じたところを紹介すると次の通りだが、その大部分は、今日の日銀批判としても通用するのではあるまいか。

池田が参与理事を作ると言ったとき、理事の一人が、「どうも秘密が外部に洩れて困りますから」と言って反対した。池田は、「外から人が入れば秘密が洩れると言うが、外から入る理事ばかりが洩らし、内部から出ている理事は洩らさないという理窟はない」と反駁したが、とにかく日銀では、外から人の入って来ることを嫌う。

また、昭和十二年〔1937〕七月に日華事変が起ったが、それまで日銀では、中国や満洲に全然駐在員を置いていなかった。ロンドン、ニューヨーク、パリ、ベルリンには駐在員を出しているのに、なぜ上海辺りには出していないのかと聞くと、そういうことは度々議に上ったが、きまらなかったのだと言う。そこで池田総裁は即座に派遣のことを決めたが、それまでは一人の海外派遣員を出すことさえも、すらすらとは決まらなかったのである。

かくして池田によると、「中央銀行というものは、保守的なものでなければならんという空気の強いのは当然ですが、日本銀行は余りにも保守的です。今でも店を閉めるときなんか、拍子木を叩いている。実に不思議な感じがする」ということであったが、それ以来十五年余り経った今日でも、日銀では相変らず、拍子木の音で明け暮れている。

池田は日銀総裁を辞したのち、大磯の別邸に引籠っていたが、昭和十三年〔1938〕五月、第一次近衛内閣の改造が行われた際、賀屋興宣（蔵相）と吉野信次（商相）に代って、大蔵大臣兼商工大臣となった。そして、太平洋戦争準備のための生産力拡充計画をできるだけ抑えようとかかったが、近衛内閣の瓦解で翌十四年〔1939〕一月辞職し、内閣参議となり、さらに同十六年〔1941〕十月枢密顧問官となった。終戦後追放になった後もなお隠然たる勢力を持っていたが、昭和二十五年〔1950〕十月九日、八十四歳の高齢をもって死去した。

池田にはその談話筆記をまとめた『財界回顧』、『古人今人』、『私の人生観』の著書がある。

十五代総裁・結城豊太郎〔1877-1951〕

戦時下の日銀総裁

昭和十二年〔1937〕七月二十七日、池田成彬に代って結城豊《とよ》太郎が日銀総裁に就任した。結城は池田とはちがって、昭和十九年〔1944〕三月十八日まで、約六年七ヶ月の長い間、日銀総裁を勤めた。任期の長かった総裁には六代目の松尾臣善（七年八ヶ月）、三代目の川田小一郎（七年二ヶ月）、十二代目の土方久徴（七年弱）がいるが、結城はこの三人についで長かった。

その在任の時期は日華事変勃発直後から太平洋戦争末期までで、その間内閣は、第一次近衛（首相近衛文麿、蔵相賀屋興宣、池田成彬）、平沼（首相平沼騏一郎、蔵相石渡《いしわた》荘太郎）、阿部（首相阿部信行、蔵相青木一男）、米内・小磯（首相米内光政、蔵相桜内幸雄）、第二次近衛（蔵相河田烈）、第三次近衛（蔵相小倉正恒）、東条（首相東条英機、蔵相賀屋興宣、石渡荘太郎）と目まぐるしく交替したが、結城はこれら七代の内閣を通じて日銀総裁を勤め、軍事費と軍需産業資金の調達に当った。

さきに結城が大蔵大臣として林内閣に入ったとき（池田成彬が日銀総裁を引受けたのもこのときであったが）、財界は結城蔵相を大いに歓迎した。それは、前に池田の日銀入りのところで書いたような理由からである。例えば、当時、安田保善社の理事であり、安田銀行の副頭取であった森広蔵は、次のように述べて、結城の入閣に期待をかけた。

「財界として特に結城氏に期待したいのは、従来疏隔の傾向のあった軍部と財界の間に立って、両者の意見をよく疏通するように斡旋することで、これによって軍部、財界相互の認識が深められ、誤解の生ずる余地をなくしてもらいたいものだと思う。」

林内閣はわずか四ヶ月で潰れ、従って結城の蔵相としての活動期間もきわめて短かったが、この結城が、今度は日銀総裁になった。そして「軍部、財界の間に立って、両者の意見をよく疏通する」ように斡旋するという役割を、今度は日銀総裁として負わなければならなかった。というよりも、当初の結城は、池田蔵相との名コンビをもって、何とか軍部を押えようとしていた。しかし、戦局が苛烈さを加えるとともに、日銀もまた戦時一色に塗りつぶされ、やがては軍の要求のままに資金を調達するという役目を負うようになってしまったが、その話に入る前に、結城の経歴を簡単に述べておくと、彼はもともと日銀で育った男で、井上準之助、土方久徴について三人目の日銀出身総裁であった。彼は明治十年〔1877〕山形県赤湯町に生まれ、明治三十六年〔1903〕十月東京帝大政治科を卒業し、書記として日銀に入った（検査局勤務）。井上に遅れること七年、土方に遅れること八年である。明治三十九年〔1906〕にはニューヨーク代理店監督役付を命ぜられ、帰朝後、明治四十二年〔1909〕大阪支店調査役となり、その後、京都出張所長、京都支店長、秘書役などを経て、大正四年〔1915〕に名古屋支店長となり、大正七年〔1918〕に大阪支店長、翌八年には理事に昇進した。

彼が世間に名声を馳せるようになったのは、大正九年〔1920〕の恐慌の時で、彼は大阪の増田ビルブローカー銀行の救済や綿布商の整理に手腕をふるい、一躍して有名になった。

しかし彼は、そのままズッと日銀にいる廻り合せにならず、大正十年〔1921〕十一月に、ときの蔵相高橋是清と日銀総裁井上準之助の世話で安田財閥に入り、安田保善社の専務理事と安田銀行の副頭取を兼ねた。安田善次郎（かつて日銀理事をしたことは前述）横死のあと、安田財閥を背負って立つことになったのだが、封建色濃厚な安田財閥を近代化しようとする彼の方針が、安田一族、殊に善次郎の二男善五郎に嫌われ、昭和三年〔1928〕外遊に追出されて、翌年帰朝すると安田を退かされてしまった。

その後一年余り浪人したが、昭和五年〔1930〕再び井上準之助（当時蔵相）の推薦で、日本興業銀行総裁となった。その後約七年に亘る興銀総裁時代は、彼の最も華やかな時代であり、また彼が財界に大きな勢力を扶植した時代でもあった。そのころはちょうど満洲事変後の産業勃興期に当り、長期事業金融の中核としての興銀が、盛んに活動した時代だったからである。結城はこの興銀総裁を経て蔵相となり、さらに前述の如く日銀総裁となった。ときに数え年六十一歳。

日銀の政府機関化

結城の総裁時代に、日銀は完全な軍費調達機関になってしまった。日華事変勃発後支出されるようになった臨時軍事費は、昭和十六年〔1941〕の太平洋戦争勃発までに、累計二百二十三億円に上り、この間、新規に発行された国債は二百六十三億円に達したが、このうち七七％にあたる二百四億円は、日銀によって引受けられた。

このため通貨がふえて、兌換銀行券の制限外発行は常態化したので、昭和十三年〔1938〕三月、「兌換銀行券の保証発行限度の臨時拡張に関する法律」が制定され、保証限度は十億円から一挙十七億円に引上げられた。翌十四年〔1939〕三月には更に二十二億円に引上げられたが、最後に昭和十六年〔1941〕三月には、「兌換銀行券条例の臨時特例に関する法律」によって、正貨準備発行と保証準備発行との区別を撤廃し、最高発行額制限法がとられるようになり、日本の通貨制度は、実質的には完全に管理通貨制度に移行した。

日華事変後、日銀に起ったもう一つの変化は、産業金融の調節が日銀の任務となったことである。すなわち、昭和十二年〔1937〕九月の「臨時資金調整法」の施行によって、日銀は金融機関の設備資金の貸出、事業会社の設立、増資、合併、目的の変更、第二回以後の払込、社債の募集のそれぞれについて、許可事務を取扱うこととなった。これはその後次第に強化されたが、これに伴って日銀の資金調整事務は、質量ともに大きくなって行った。

また、現行の日本銀行法が制定されたのも結城総裁の時代で、昭和十七年〔1942〕に日銀の二度目の営業期限（三十年）が切れるのを機会に、もとの日本銀行条令が廃止され、新たに日本銀行法が制定されて、もとの日本銀行はこの法律に基いて、新しい日本銀行となった（だから現在の日本銀行の第一回事業年度は、昭和十七年〔1942〕一月一日からその六月三十日までとなっており、昭和二十七年〔1952〕四月一日から九月三十日に終る期間は、第二十二回営業年度となっている）。

この日本銀行法は、日華事変から太平洋戦争にかけての日銀の戦時的性格を、そのまま条文化し、日本銀行が政府の機関の一部（大蔵省の出店）に化したことを如実に現わしたものであり、且つナチス張りの全体主義思想をもって貫かれているが、その内容については、前に随所で触れておいたから、ここには繰返さない。ただ、こういう法律が今日なおそのままに行われている所に、日銀の大きな問題があるということだけを、もう一度繰返して指摘しておきたい。

このように、日銀は完全に戦時機関化してしまい、結城の個人的声望をもってしても、この勢いに抗することはできなかった。結城はその大蔵大臣時代に、当時不遇の地位にあった賀屋興宣や石渡荘太郎など、大蔵省の主流官僚を重用した関係で大蔵省に対する睨みは相当利いたが、それくらいのことでは、どうにもならなかった。

ただ彼の総裁時代に、「野に遺賢なからしめる」という結城の方針で、官立大学出身者でない者を引上げようとしたことは、日銀内部における一つの功績と言うべきであろう。

結城は昭和十九年〔1944〕三月、東条内閣の末期に日銀総裁を辞め、終戦後昭和二十六年〔1951〕八月一日、東京麻布永坂町の自宅で病歿した。享年七十五歳。なお、現日本商工会議所会頭、大日本製糖及び日東化学社長の藤山愛一郎夫人久子は、結城の三女である。

十六代総裁・渋沢敬三〔1896-1963〕

小なりといえども財閥の嫡流

第十六代目の総裁渋沢敬三は、小なりといえども渋沢財閥の嫡流である。その点、四代目総裁岩崎弥之助が、三菱財閥の人であったのとやや似ている。しかし、後に述べるように、総裁としての重みも、その果した役割も、岩崎弥之助の場合とはまるでちがっていた。

渋沢敬三は、栄一の孫として明治二十九年〔1896〕、東京に生れた。子爵・渋沢栄一は明治、大正、昭和の三代にかけて日本財界に大きな足跡を残した人物だが（昭和六年〔1931〕、九十二歳で歿す）、彼に篤二、武之助、正雄、秀雄の四人の息子と、宇多（穂積陳重博士夫人）、照 （大川平三郎夫人）、琴（男爵阪谷芳郎夫人）、愛（明石照男夫人）の四人の娘があり、篤二の長男に生れたのが敬三である。だから彼は、栄一の嫡孫である。

こういう名門に生れた敬三は、大正十年〔1921〕に東京帝国大学経済学部を卒業し、渋沢財閥の後継者となるための修業に、横浜正金銀行へ見習に入った。そして、東京支店やロンドン支店で四年ほど銀行業務を勉強したのち、大正十四年〔1925〕に正金を辞めて第一銀行の取締役、調査部長になった。第一銀行は、のち昭和十八年〔1943〕に三井銀行と合併して帝国銀行となったが、当時の五大銀行の一つで、渋沢財閥の牙城であった。この第一銀行で渋沢敬三は常務取締役、業務部長にまで進んだが、昭和十七年〔1942〕三月十四日、副総裁山内静吾が病気で辞めたあと、結城総裁の下へ副総裁として日銀に入った。

結城総裁の下には、その前の池田総裁時代から津島寿一が引つづいて副総裁をしていたが、津島は昭和十六年〔1941〕十一月、北支那開発株式会社総裁になるため、副総裁を辞任した（津島はのち小磯国昭内閣の蔵相になり、戦後は東久邇稔彦内閣の蔵相、さらにフィリピンへの賠償使節や、外債処理の特使になった）。

津島副総裁のあと、山内静吾が理事から副総裁となったが、在任わずか数ヶ月にして病気で辞め、そのあとへ渋沢敬三が入ったわけである。そのとき、敬三はまだ四十六歳であったから、普通の人では、その若さで日銀副総裁という要職に就くことはできない。渋沢栄一の嫡孫であることと、有力な民間銀行たる第一銀行の代表者という背景が、ものを言ったのである。ついで副総裁就任二年後の昭和十九年〔1944〕三月十八日、総裁結城豊太郎辞任のあとをうけて、総裁に就任した。

戦争末期の日銀

渋沢敬三が日銀総裁になった昭和十九年〔1944〕三月といえば、すでに太平洋戦局は敗戦の色蔽い難いものであるときで、さすがの「大本営発表」ですら、クェゼリン、ルオットの守備隊の「全員壮烈な戦死」を発表していたころであった。それ以来、終戦直後の昭和二十年〔1945〕十月九日まで、渋沢は日銀総裁の地位にあったのだが、そのころの日銀の姿は、戦争末期の日本の姿そのままの哀れなものであった。

すでに昭和十七年〔1942〕の新日本銀行法の改正によって、日銀は大蔵省の出店に化していた。その上に、末期病状を呈した軍部の圧力が加わっていた。そういう日銀のやることと言えば、軍部と大蔵省の命ずるままに軍費を調達するほかにはなかったのである。このことは、渋沢が総裁に就任した昭和十九年〔1944〕の三月から終戦直前の翌二十年〔1945〕七月までの間に、日銀券の発行高が百十億円から二百八十五億円に激増した一事からもわかる。

この日銀券増発の原因は、まず第一に巨額の、そして無統制な軍事費の支出にあった。第二は、これまた軍の命令による軍需産業資金の放出にあった。その他にも、工場や住宅の疎開に伴う資金の地方への流出、空爆による被災軍需工場の復旧資金の放出、空爆による日銀券の焼失というような悪条件も加わっていたが、しかし、根本の原因は軍事費の無茶な使い方にあり、日銀はこれを阻止することができなかった。日銀ばかりではない。大蔵大臣ですらそうであった。渋沢が日銀総裁に就任した当時は東条内閣の末期で、蔵相は石渡荘太郎であったが、昭和十九年〔1944〕七月二十二日に小磯（国昭）内閣に変り、蔵相には同じ石渡荘太郎が就任した。が、昭和二十年〔1945〕二月には津島寿一が代って蔵相となり、同年四月七日には「終戦内閣」と呼ばれる鈴木（貫太郎）内閣が成立して、広瀬豊作が蔵相に就任した。終戦までに、渋沢は三代の内閣、四代の蔵相に仕えたわけであるが、歴代内閣、歴代蔵相ともに、軍事予算の乱暴な使い方を抑制できなかった。

例えば右の広瀬蔵相は、当時やかましかったインフレ抑制の問題について新聞記者に談話を発表したが（昭和二十年〔1945〕七月二十一日の各新聞紙所載）、その談話のなかで彼はこんなことを言っている。「臨時軍事費の使い方については、これは軍に信頼し、軍全体の自粛自戒に依るほかかない」と。

だから日銀としては、日銀券を膨脹するにまかせざるを得なかったし、市中銀行もまた、大蔵省、日銀のインフレ政策に追随するとともに、他方では、これまた大蔵省、日銀の政策にそって、不急不要の資金の抑制という金融統制に服さなければならなかった。渋沢が最有力な民間銀行の一つ、第一銀行を出て日銀副総裁になり、さらに総裁になったのは、こういう軍官の政策に、民間銀行が自発的に協力するという形をとるためであった。つまり渋沢の役割は、軍部と民間銀行をむすぶ鎖であったのである。同じ財閥出身の総裁と言っても、四代目の岩崎総裁と十六代目の渋沢総裁では、まるでちがうと前に言ったのは、そのことである。

渋沢総裁当時の日銀がすでに大蔵省の出店化していたことは、彼の総裁就任と同時に、大蔵次官谷口恒二が副総裁に天下ってきたことにも、はっきり現われている。当時の理事には島居庄蔵《しますえ》、岡田才一、荒川昌二、新木栄吉、柳田誠二郎といった人々がいたが、副総裁はこれらの人々からは選ばれずに、大蔵省から谷口が来た。その谷口副総裁は空襲で死んだが（昭和二十年〔1945〕八月四日、その戦災死を確認）、現職の日銀副総裁が空襲で爆死するというようなこともまた、当時の日銀の姿を象徴するものであったとは言えないだろうか。谷口のあと新木栄吉が副総裁になったが、新木についてはあとで述べる。

終戦直後の日銀券膨脹

渋沢総裁は終戦後も昭和二十年〔1945〕十月九日まで在任したが、終戦から渋沢総裁の去るまでの二ヶ月の間に、日銀券はさらに膨脹した。同年七月末の日銀券発行高は二百八十五億円であったが、二ヶ月後の九月末には四百十四億円となり、わずかの間に五割近く激増した。この日銀券の増発の原因の六割は国庫金関係の放出、四割は民間の資金需要によるものであったが、とにかく終戦のどさくさで日銀券は急に大増発されたのである。

国庫金関係の放出というのは、こういうものであった。まず陸海軍や兵器総局などでは、軍需会社に対して未払いになっていた金《かね》を、終戦を機としてドッといっぺんに支払った。また、陸海軍人に対して巨額の復員手当金を支払った。民間は民間で、まず銀行が預金の払出に応じるため、日銀からの借入金で多額の資金を手当した。第二に、預金の引出や戦争保険金の支払で相当大きな資金の移動があった。第三に、軍需会社では終戦と同時に、従業員の解雇や債務の整理をするため、金融機関から多額の借入をした。

こういう原因から始まった日銀券の増発は、終戦後時を経るとともにますます激しくなって行ったが、戦争中、とくに戦争末期と終戦直後の日銀券の増発が、それにつづくインフレーションの素地をつくったことは否定できない。渋沢は、その日銀券を増発した日銀の総裁であったが、もちろんその責任は、日銀総裁一人の負うべきものではない。敗戦日本の経済力が、日銀券増発という形をとったまでに過ぎないが、とにかく、こういうインフレの素地をあとにして、渋沢は日銀を去り、幣原（喜重郎）内閣が成立すると、その大蔵大臣に就任した。

米軍、日銀に乗込む

渋沢が大蔵大臣として行った政策については、後で触れる機会があるが（新木総裁の項参照）、その前に、渋沢総裁末期に武装した米軍が日銀に乗込んだ話は、ここに記録しておく値打ちがあろう。それは渋沢総裁論としてよりも、当時の占領軍の日銀に対する態度、あるいは占領下の日銀の姿を知る上に参考になるからである。

昭和二十年〔1945〕九月三十日（日曜日）の午後四時ごろ、約四十人の米軍が装甲自動車と行軍用自動車に分乗して突如日銀にあらわれ、それぞれの入口に歩哨を配置するとともに、三井別館に面した文書局受付の入口から、七、八人が小銃に着剣して進入し、守衛長室に入るとピストルを突きつけて、守衛長をして宿直全員五十四人を、玄関内の広場に集合させた。そして各自の服装検査をしたのち、着剣装弾した小銃を水平に構えて、全員の退去、帰宅を命じた。ものものしい限りであったが、こうして日銀は、米軍によって占領された。

一方、同じ時刻に、渋沢総裁のもとに大蔵省からの知らせで、「同夜八時ごろ連合軍総司令部の経済科学局長クレーマー大佐が日銀の査察にゆくから、総裁以下重役に日銀へ集まるよう指図があった」というので、渋沢総裁たちが行ってみると、右のような始末。着剣した米軍の番兵がいて、一歩も日銀内へ入れさせない。

そこへクレーマー大佐が数人の部下をひきつれてやって来た。そして、渋沢総裁以下の人々をつれて行内へ入ろうとしたが、鍵がなくて部屋へ入ることができない。それは、日銀では各室みな鍵がちがうのだが、夜分はその多数の鍵を一括して守衛室の鉄庫に収めることになっており、その鉄庫を開く鍵を持っていた宿直員が、前記のような次第で米軍によって追い出され、自宅へ帰ってしまったからである。渋沢によると、「かなりの長い時間、わずかに照らす街頭の光の下で、まっ赤になって、怒って演説している路上のクレーマー大佐を見守っているのは、なかなか難儀なことであった」そうだが、鍵がなくては入れないのだから、いかんとも仕方なく、その夜は、米軍に張り番させたまま、クレーマー大佐たちは引き揚げて行った。

日銀空前の「臨時休業」

だが、騒ぎはそれで終ったわけではない。翌十月一日、月曜日の朝ともなれば総裁以下全職員が出勤してくるが、入口に装甲車が置かれ、番兵が一歩もなかに入れさせない。午前九時ごろになると、渋沢総裁以下行員、女子事務員、雇員合せて約二千人が、歩道に四列縦隊に整列させられた。その人々は日銀本館に沿って左折し、銀行集会所（手形交換所）の前あたりまで、蜿蜒として長蛇の列を作ったが、そのうちから渋沢、新木の正副総裁、文書局庶務係長、守衛長、各局の金庫、鉄庫、倉庫の鍵の担当者それぞれ一名、ついで考査局長の二見貴知雄（現副総裁）と若干の行員が入ることを許されただけで、あとのものは全部午後四時半ごろまで街頭に閉め出されたままであった。

中へ入った渋沢総裁も、総裁室へ入ってゆくと入口の両側に二人の番兵が鉄兜ツケ剣で立ち、便所へ行くときもそのうちの一人が、後から銃を肩にしてついて行くという厳戒ぶりであった。こうしてクレーマー大佐の一行は行内を隈なく点検したが、資金統合銀行の検査は特に厳重で、その関係帳簿書類一切から、机のなかの私物に至るまで、すべて木箱に収めた上、三階の応接室の一つに運び込んで、その室の扉に鍵をかけ、封印してしまった。

結局、この検査の目的は、日銀の実態を調べるほか、とくに資金統合銀行を閉鎖することにあった。資金統合銀行は、終戦直前の昭和二十年〔1945〕五月、資本金五千万円（半額払込）で設立された銀行で、各種の金融機関の資金をここに統合し、これを軍需方面へ共同運用することを目的とした銀行の銀行というべきものであり、日銀の別動隊であった。

これが「ユーナイテッド・ファンド・バンク」と英訳されていたこともあって、米軍ではこれを日銀内に置かれた一大組織をもつ大銀行と考え、あるいは金塊なども別にかくし持っているのではないかと睨んで、抜打ち的にこれを襲って検査したというわけである。

蓋をあけてみれば、たわいもないことであったが、わざわざ日曜日の夜を選んで検査し、平常の業務に支障を来《きた》さないようにしようという米軍側の配慮は、鍵がないために水泡に帰し、翌月曜日は、こんな騒ぎで日銀本店は「本日臨時休業」のうちに暮れた。支店は各地とも、そんなことは知らないからその日も平常通り営業していたが、日銀本店だけが、大蔵省の許しも受けず、何の予告もなしに営業を休んだことは、日銀七十年の歴史上空前の出来事であった。(この出来事の詳細は、渋沢敬三自身が『文藝春秋』臨時増刊＝昭和二十七年〔1952〕六月発行＝に詳しく書いている。)

十七代総裁・新木栄吉〔1891-1959〕

日銀出世コースの典型

渋沢敬三が幣原内閣の蔵相として日銀を去ったのち、昭和二十年〔1945〕十月九日、副総裁の新木《あらき》栄吉が総裁の椅子についた。新木は日銀の平行員（書記）からずっと日銀で育ち、日銀以外のメシを食ったことがなくて総裁になった最初の人である。

学校を卒業するとすぐに日銀に入り、のち日銀総裁になった人には、井上準之助、土方久徴、結城豊太郎の三人がいるけれども、日銀一本で終始して総裁になったのは新木が始めてである。新木の後には、やはり日銀生えぬきで総裁になった一万田尚登がいるが、しかし一万田は理事からいきなり総裁になったのだから、書記から上って理事―副総裁―総裁という段階を正確に踏んできた総裁としては、今までのところ新木ただ一人ということになる。

新木栄吉は明治二十四年〔1891〕石川県の小松町に生れ、大正五年〔1916〕に東京帝国大学法科大学政治科を卒業して、ただちに書記として日銀に入り、国庫局勤務となった。それ以来、秘書室、大阪支店、福島支店勤務を経て、大正十一年〔1922〕にニューヨーク代理店監督役付として渡米した。前に「裏から覗いた日銀」の「出世コース」の項で、入行後十年くらいで海外へ派遣されるかどうかが、出世の分れ道であると書いた。ところが新木の場合、普通十年で海外へ行くところを、入行後六年で行っているから、この時すでに出世が早かったわけである。

ニューヨークに三年ばかりいて、大正十四年〔1925〕に帰朝し、営業局勤務となり、昭和二年〔1927〕に福島支店調査役となり、神戸支店調査役を転《ママ》て昭和六年〔1931〕考査部主事となった（なお当時の「主事」は現在の主事とは位がちがうようである）。ついで昭和十年〔1935〕にはニューヨーク代理店監督役として、再びアメリカへ渡り、昭和十二年〔1937〕に帰朝して新設の外国為替局長となったが、彼がこのニューヨーク代理店監督役時代に書いた「ニューヨーク準備銀行調査報告」は、きわめて綿密な調査で、今日でも「行務の指針となる点が少なくない」と行内で言われている。

その後も昭和十四年〔1939〕営業局長、昭和十七年〔1942〕（五月一日）理事と出世コースを歩いた。これはちょうど新しい日本銀行法が制定され、旧日本銀行が新しい日本銀行に改組されたときであったが、のちに新木総裁の下に副総裁となった柳田誠二郎が、新木とともに理事に任命された。当時の総裁は結城豊太郎、副総裁は渋沢敬三で、先任の理事には島居庄蔵《しますえ》、岡田才一、荒川昌二がいた。日銀に入ってから理事になるまでに、二十六年かかっている。

その後、一時、国民政府顧問として理事の現職のまま中国へ行ったりしたが、昭和二十年〔1945〕八月八日、谷口副総裁の戦災死のあとをうけて、副総裁に就任した。当時総裁は結城から渋沢に代り、副総裁は渋沢から谷口に代って、新木よりも先任の島居、岡田、荒川の理事たちはすでに日銀を去っていたので、新木は筆頭理事になっていた。順序として、副総裁の地位が彼にまわって来たわけである。

副総裁就任後間もなく終戦を迎え、その後二ヶ月足らずで渋沢総裁は辞めたので、新木はそのあとをついだが、理事から副総裁、総裁と、その間はとんとん拍子に進んだ。それでも総裁になったのは五十四歳で、日銀に入ってから総裁になるまで二十九年かかっている。

新木は総裁に就任すると、その第一声において、日本銀行法を改正する必要があるという意見を発表した。その要点は、

(一) 日銀の運営には不偏公平の立場を持し、政治的理由のために金融の実情が無視されることを避ける

(二) 日銀は現在通り特殊法人でよいが、出資総額のうち五割五分を政府出資が占めるという点は、改める必要がある。その一案として、政府出資の一部を、民間銀行に肩替りすることが考えられる

(三) 発券制度は、現在の管理通貨方式でよいが、最高発行制度は再検討して合理化する

というのであった。昭和十七年〔1942〕に制定された日本銀行法や、それによって日銀が大蔵省の出店化されたことについては前に述べたが、この日本銀行法は戦時中に、ナチス的精神を盛り込んで作られたものであったために、総裁や役員の任免に対し極端なまでに政府が干渉することになっていた。そういう現行の日本銀行法に対し、終戦とともにこれを改正する必要のあることを、新木総裁は就任早々、説いたのである。

しかし、日銀法の根本的改正というようなことは、一朝一夕では行われない。終戦後七年余を経た今日でもまだ、これは議論の域を脱していないという有様だから、新木総裁在任中にはもちろん解決されなかった。だが、この問題が終戦後はじめての日銀総裁新木によって提出されたことは、記録に止めるに値す

るだろう。

新旧円の切替

新木総裁は在任わずか九ヶ月で、翌昭和二十一年〔1946〕六月一日、公職追放令によって日銀総裁を追われてしまった。しかもその在任中に、戦後インフレーションは決定的なものになった。その点で彼は不幸な総裁と言えるが、しかしこのインフレは、もとより日銀総裁だけで防ぎきれるものではなかった。

新木総裁の短い在任中における最も大きな事件は、昭和二十一年〔1946〕二月十七日に実施された、金融緊急措置令と日本銀行券預入令であった。これは、新木の前任者である渋沢蔵相の手で実施されたが、その要領はつぎのようなもので、これによって新旧円の切替えと預金の封鎖が断行された。

(一) 預貯金の支払をいっせいに停止し、これを封鎖する
(二) 流通中の日銀券は三月二日限り強制通用力を失う
(三) 新円を発行し、二月二十五日から三月二日までに、旧円と等価で交換する
(四) その際個人については一人百円を限って旧円を新円と交換し、それ以上の旧円は預金として封鎖する
(五) 封鎖預金からの現金支払は一ヶ月につき世帯主三百円、世帯員一人につき百円とする。事業者については、給料の支払は一人につき月額五百円まで新円払い、それ以上は封鎖払いとし、交通費、通信費など、業務遂行に必要なもののみ新円払いが許される
(六) 臨時財産調査令によって、三月三日午前零時現在で財産調査を行い、財産税算定の基礎とする

この緊急措置は、世間ではインフレ抑制の手段として行われたと一般に考えられていたが、実際はそれよりも、金融恐慌の勃発を未然に防ぐことにあった。当時、日銀券の発行高は日を追うて増加し、終戦直前の昭和二十年〔1945〕七月末の二百八十五億円から同年九月末には四百十四億円となり、さらに翌二十一年〔1946〕一月末には五百八十六億円に増加した。六ヶ月ばかりのうちに日銀券の発行高は二倍以上にふえたが、それは前に渋沢総裁のところで述べたような原因に基くものであった。

だが、そういう原因に加えて、昭和二十年〔1945〕の秋ごろから、一般の預金の引出しが次第に激しくなり、銀行は預金の取付を受けるようになった。それは敗戦に伴う不安と生活費調達のために、一般預金者が預金を引出しはじめたからである。敗戦の混乱と虚脱状態によって政府の統制力は弱まり、闇物資が街頭に氾濫し出すと、戦時中押えられていた購買欲がそそられるという次第で、預金の引出しもますますひどくなった。

これに対して、銀行は貸出を回収することができず、かえって貸出は増加して行った。産業界や商業界もまた物価、とくに闇物価の値上りで従来以上の資金を必要としていたので、銀行が貸出を回収したり、あるいは引き緊めたりした場合には、支払を停止しなければならず、そうなれば銀行もとも倒れになる、という状況にあったからである。

そこで銀行は日銀に貸出を仰いで預金の引出に応じた。そのため日銀の貸出額は、昭和二十年〔1945〕七月末の二百三十五億円から、二十一年〔1946〕一月末には四百十億円に増加した。しかもそのまま放っておけば、預金の引出はますます激しくなり、市中銀行はますます多くの融通を日銀に求めなければならぬ勢いになっていたが、市中銀行では日銀に担保に入れる質草がようやく涸渇しはじめた。そこでそのまま行けば、金融恐慌が起るという事態になったのである。

この急場を凌ごうというのが前記の新旧円切替と預金封鎖であって、これにより、日銀券の発行高は最高の六百十八億円（二月十八日）から一挙に減少して、最低百五十二億円（三月十二日）にまで下った。これで、銀行は一方において預金の払戻が減り、他方において預金が手許に集ったので、ホッと一息ついたわけである。

新円交換と侠客道

新旧円の切替と預金封鎖は、大蔵省や日銀当局の間で極秘裡に協議され、準備されたはずであるが、しかしよほど以前から、世間ではそれを問題にしていた。

そこへ昭和二十年〔1945〕の十一月ごろ、日本政府では新円発行の計画があると外電が報道し（その材料は連合軍総司令部か日本政府のどちらかが出したのであろう）、さらに大蔵次官が、財産税をとるには新円を発行する必要がある、という談話を新聞記者に発表したから、新円発行の噂は、ますます高くなって行った。

当時の街の噂では、旧円十円と新円一円とが交換されるのだとか（いわゆる平価切下げ）、五円札以下はそのままにされるのだとか、あるいは一円以下は新旧円交換が行われないのだとか等々で、一円以下の小額紙幣や銀貨、銅貨を集める人もかなりあった。この新旧円切替には多くの悲喜劇があったが、これに絡む一つのエピソードを紹介しておくと、それは、東京新宿のテキ屋の親分尾津喜之助がこういう街の噂を子分から聞き、憤慨して渋沢蔵相のところへ乗込んだという話である。尾津に言わせると、一円札以上を新旧円交換し、五円札以下は旧円のままとするならば、こういう情報を早耳で得て、五円札を集めた者は得をするが、何も知らない正直者はバカをみる。そういう不公平な政治が行われることを、侠客としてだまって見ているわけには行かない——というのであった。

当時相当広く伝わっていたそういう噂を、渋沢蔵相が全く知らなかったとは考えられないし、十円と五円の間にそういう差別をつけることの不合理は、常識でも判断がつく。従って、実行された新旧円交換で五円札までが交換のワクに入ったことは、尾津親分の申入れのためだとも思えないが、こういう話があったほど、当時の世人は、この問題に神経をとがらせていたのである。

インフレ決定的となる

この新旧円切替と預金封鎖は、金融恐慌回避の手段としては一応の効果を納めたが、しかしインフレーション抑制策としては、むしろ逆効果を生んだ。日銀券の発行高は一時百五十億円台まで減ったが、それ以後の増加の速度はかえって以前よりも早くなり、半年後の昭和二十一年〔1946〕九月二十日には、新旧円切替直前の最高を突破して、六百二十四億円となった。

また新旧円切替を経験した国民は、その後の急テンポな日銀券増発を見て、日銀と大蔵省がさらに封鎖預金の引出制限を強化するか、あるいはその全面的凍結を行うのではないかという不安をいだき、その風説がとんで、あらゆる方法を講じて封鎖預金を引出すようになった。このことがまた、日銀券の増発に拍車をかけたのである。

だから、新旧円切替からわずか二ヶ月あまりしかたたない五月七日、日銀券の三百億円突破の事実を前にして、新木総裁は金融記者団との会見で、次のように言わなければならなかった。

「通貨が三百億円になったからといって、心配する必要は少しもない。今日の物価から勘案した国民経済の通貨所要量からすると、まだ低目である。金融緊急措置の強化によって、東京組合銀行の現金払出額は、三月に較べて四月は四割三分に低下しているので、今後は通貨の増加も緩漫化するものと思う。……最近街に平価切下げのデマが出ているが、何度も繰返すように、外国為替も再開されていない今日、正しい意味の平価切下げなどはあり得ないし、またどんな方法にもせよ、そのような措置は全然考えていない。」

こういう日銀総裁の談話や、大蔵当局の声明はその後も何度か繰返されたが、それ以来数年にわたって、何回となく、国民の間には「平価切下げ」とか、「新々円の発行」という噂が飛び、通貨に対する不安の念は去らなかった。それには、通貨に対する国民の認識の不足ということもあろうが、現実に新旧円の切替や預金封鎖を経験し、さらに新円経済と旧円経済の矛盾と不便を味わった結果、一層通貨措置に関心をもつようになったためだと思われる。

新木総裁はまた右の談話のなかで、

「工業生産は順調に振興しており、東京の闇物価も二月を最高として漸次下落している。今後、綿花の輸入、綿製品の国内出廻り、これによる国内物資の交流、財産税の徴収などを考えると、わが国の悪性インフレの前途については何ら悲観する必要はないと思う」

と述べ、さらにまた通貨量については、

「通貨の最高発行制度を確立したいと思い、研究中であって、識者の間には三百五十億円、あるいは四百億円といわれているが、当局としてはまだ結論に到達していない」と言っていた。しかし、新木総裁が辞任する直前の五月下旬には、日銀券発行高は早くも、「識者の間に」いわれていた三百五十億円を突破し、解任直後の六月中旬には四百億円をも突破した。そして、新木総裁の「何ら悲観する必要はない」というインフレーションは、その後ますます急テンポで昂進して行ったのである。

追放後の再転、三転

新木栄吉は、前述のように追放令で日銀を追われ、昭和二十五年〔1950〕十月に追放解除になるまでは、日蔭の暮らしをしていた。しかし、昭和二十六年〔1951〕九月一日、電力事業の再編成で新たな電力会社が発足すると、迎えられて東京電力の会長になり、さらに講和条約が発効すると、昭和二十七年〔1952〕六月、終戦後の初代駐米大使に任命された。

新木が東京電力の会長に選ばれたのは、例の小坂順造と松永安左ヱ門の抗争で電力人事が揉めぬいた結果、無色な新木が上置きとして乗っかるというだけのことで、電気事業経営者としての新木の手腕には多くの期待は持たれていなかった。そして、東京電力会長としての期間も短かったし、事実、大して手腕を発揮したとも思えない。

駐米大使は、白洲次郎がアメリカに嫌われてアグレマン（承認）を得られなかったのち、今後の日米外交は経済関係を重視せねばならぬという吉田内閣の方針で、新木が選ばれたようである。新木は日銀時代二度アメリカに駐在しているから、多少あちらに知己もあり、金融には明るいから「外資導入」に期待する向きもあるが、果してどれだけの手腕を発揮するか。

日銀時代の新木には「富士山」という渾名があったそうで、そのわけは遠目には立派だが、近くへ寄るとそれほどでないということらしい。しかし、戦後のひどい食糧難のときにも、配給物以外はほとんど買わなかったという良心的な人物であり、温厚誠実の君子であることは定評のあるところである。駐米大使としての彼の身上も、その辺にあろう。

十八代総裁・一万田尚登〔1893-1984〕

占領下の日銀総裁

歴代の日銀総裁のうち、一万田尚登《いちまだひさと》ほど、世間から悪口を言われて来た総裁は少ないだろう。今後も彼が総裁でいる限り、悪口もまた、つづくものと思われる。その反面、一万田総裁を褒める人もむろんあるが、悪口の方を要約すると、こういうことである。

「独断的。自信が強い。自我が強すぎる。ポーズがうまい。目先は見えるが、しょっ中意見が変る。その場、その場でウマイことを言う。すぐあとで、前と逆のことを言っても、どちらも感心するほどウマイ。神経が細かい。人の好き嫌いが激しい。人にアキやすい。」

これに対して褒める方は、

「頭の鋭い人。カンがいい。ヒラメキがある。情勢判断が巧みで、書類を見て要領をつかむのが早い。一寸のスキもない。いつも真剣勝負で相手に立向うので、大ていの財界人は、その迫力に圧倒されてしまう。」

というのであるが、結局一万田には、ここに言われているような両面があるのだと思えば、間違いないだろう。アラだけを探せば、始めの悪口のような男になるし、良いところだけを拾い上げれば、後のように褒めざるを得なくなる――というわけである。

しかし、一万田尚登という人物が、これほどに世間の問題になるというのは、ひとえに彼が敗戦日本の中央銀行総裁であるためである。前に「財界に君臨する日銀」のところで述べたように、敗戦後の日本では、産業界も金融界も、日銀に頼らなければ成立って行かない。日銀は、文字通り財界に君臨している。日銀が法王庁と呼ばれ、一万田総裁が法王と渾名されるのもそのためだが、それだけに、こういう大きな権力を握っている者には風も強く当るし、その反面、阿諛追従する者も多数出て来るというわけである。

その上に、彼は言わば敗戦好運児である。昭和二十一年〔1946〕六月一日、連合軍の命じた追放令によって、総裁新木栄吉、副総裁柳田誠二郎、理事小林正一郎、相田岩夫、吉川知慧丸、岡本初雄、田中守三の七人が、いちどきに日銀を追われてしまった。あとに残ったのは、一万田尚登と北代誠弥の両理事だけだったから、一万田は一躍総裁になり、北代は副総裁になった（北代は後、復興金融金庫理事長に転出した）。こういう彼の「出世」が、成り上り者というような蔭口を叩かせる原因になっている。のみならず、彼は第一次吉田内閣（蔵相・石橋湛山）、片山内閣（蔵相・矢野庄太郎、栗栖赳夫）、芦田内閣（蔵相・北村徳太郎）、第二次吉田内閣（蔵相・泉山三六、大屋晋三）、第三次吉田内閣（蔵相・池田勇人）、第四次吉田内閣（蔵相・向井忠晴）の六代の内閣に仕え、それぞれの内閣、蔵相の財政金融政策に調子を合せて来た。

が、それだけではない。彼はまた、連合軍の占領政策に、忠実に協力して来た。日銀券の発行高の増減（というよりも増加の程度の大小）が、その成績の点数になるのだと言われた占領軍当局の命に従って、日銀券発行高を押えることに努力し、昭和二十四年〔1949〕二月、ドッジが日本に来て、いわゆるドッジ・ラインを設定すると、一万田は池田蔵相とともに、これを忠実に実行した。その結果、産業界や中小商工業は極度の金づまりに陥って、怨嗟の声がみなぎったが、表向き占領軍当局を非難し得ないこれらの人々は、一万田と池田に攻撃を集中した。

さらにまた、昭和二十六年〔1951〕九月のサンフランシスコ会議には、講和全権の一人として、一万田はこれに出席した。そうでなくても、世間は一万田が政治的に動きすぎると非難していたから、銀行家が何のために、講和全権になるのかという声が、日銀の内外から起った。

これが、日銀総裁としての一万田の置かれた環境と、その中での彼の行動の概略である。

こういう一万田の行動に対する是非の判断は、それぞれの見る人に任せるが、占領下に日銀のとって来た金融政策は、結局するところ占領軍のそれであったし、またすでに述べたように、彼が就任する以前に日本のインフレはもはや決定的になっていたのだから、彼の総裁就任後インフレがますます激化する一方、これを押えようとしてかえって金づまりを激化したということも、彼一人の罪にするわけには行かない。ドッジ・ライン以後の金づまりもそうである。さらに、昭和二十六年〔1951〕夏の朝鮮動乱勃発後、日銀が特需関係の手形を優遇したことや、皮革、ゴム、油脂などの原料輸入を急がせるために、二千八百億円という巨額の外国為替貸付を行って、その後の反動による貿易商社の損害や破綻を大きくしたことも、一万田一人の功罪に帰することはできない。

点数を争った学生時代

とは言っても、仮に新木栄吉が追放されないで、そのまま日銀総裁の地位に止っていたとしたら、果して一万田のように激しい風当りを受けただろうかと考えると、必ずしもそうではないような感じがする。「富士山」と渾名された新木であったならば、たとえ一万田と同じようなことをやったとしても、「法王」にまではならなかったのではあるまいか。これは単に著者の想像に過ぎないのだが、しかし、一万田の人柄を考えると、こういう想像が全く当らないとは言えないような気がする。

一万田の書いた物を見ると、彼の処世態度は、彼自身言うように、「いかにも立身出世主義で、功利的と考えられるおそれがある」行き方で一貫している。が、そのことを述べる前に、彼の経歴を簡単に紹介しておこう。

一万田尚登は明治二十六年〔1893〕八月十二日、大分県大分郡野津村に、一万田義興の三男として生れた。彼は尋常小学校の四年までをその村で済ませ、あとの二年間は、二里以上も離れた村の高等小学校へ、毎日朝五時に起きて通学した。往復の道は藁草履をはくのだが、彼はそれをなるべくはかずに、はだしで通った。「作男《さくおとこ》が朝から晩まで野良で働いて、夜、ランプの暗い灯のもとで編んでくれる草履だから、なかなかおろそかに履けない」のであった。一万田によると、「見かけは弱いようでも、どこかシンの強い体力をもつようになったのは、そのためだ」ということである。

小学校を終えると、大分県立中学を経て、熊本の第五高等学校に進み、大正四年〔1915〕に東京帝国大学へ入った。彼はその高等学校、大学の生活について、自らつぎのように言っているが、これは人間一万田を知る上の参考になろう。

「私は高等学校時代に運動をやるとか、学芸部のいろんなことをやるとか、あるいは応援団をやるとかいうことは、一向に面白く思わなかった。学生時代に学業以外の道草をくっていると、頭が散漫になると思い、まじめに学校の課程をやったから、成績も悪くはなく、たいてい級の四、五番のなかに入っていた。東京の帝大でも、とかく勉強がはげしくて、点数を争い、ほかのことにはあまり関心を持たなかった。」（傍点は引用者がつけた）

そして彼に言わせると、「高等学校の学生時代に弁論部の部員とか、あるいは雑誌の委員とか、華やかにやるような人は、世の中に出て、必ずしも大きく伸びていないような感じがする」そうである。

一万田は、大学二年のときに高等文官試験を受けてパスしたが、「大していい成績でもなかったし」、まだ大学の課程も残っていたので、役人にはならずに、実業界へ行くことにし、大正七年〔1918〕に東京帝国大学法科大学政治学科を卒業して、日銀へ入った。「日銀へ入るについては別に深い思慮もなかった」が、「井上準之助さんの影響もあって」入ったということである。井上準之助は大分県人としても、東大の卒業生としても一万田の先輩であり、当時は横浜正金銀行の頭取であった。

日銀では型の如く書記が振出しで、調査局勤務、京都支店、秘書室、審査部勤務を経て、大正十二年〔1923〕二月に、ロンドン代理店監督役付としてドイツ駐在を命ぜられた。この間、日銀八代目総裁の三島弥太郎が死んで、大正八年〔1919〕三月に井上準之助が正金頭取から日銀総裁になり、一万田は大正九年〔1920〕に井上の秘書になった。井上の秘書時代に、一万田は、「一体総裁というのはどういうことをされるものか、物のさばき方とか、動き方をどうされるか、いい機会だから勉強しようと思った。」

それからやがて海外派遣となったのだが、「日本銀行から外国行を命ぜられるのは、普通は入行後十年かかるのだが、幸い私は五年目でドイツ駐在になり、ロンドン代理店監督役付としてベルリンに行き、大戦後のインフレのまっただ中に三年間駐在した」のだから、ここまでの一万田の出世は異数だったわけである。

大正十五年〔1926〕六月帰朝し、営業局勤務を経て、昭和三年〔1928〕、特別融通整理部調査役となり、営業局調査役を経て昭和十二年〔1937〕に京都支店長になったが、ここでちょっと出世のスピードが鈍って、昭和十三年〔1938〕検査役になった。その後、昭和十四年〔1939〕に考査部長となり、昭和十七年〔1942〕に日銀の改組があって考査局長になった。昭和十九年〔1944〕には理事に進み、名古屋支店長、大阪支店長を経て、昭和二十一年〔1946〕、前記のように一足とびに総裁になった。

一万田の処世観

右に述べた経歴のなかからも、一万田の人柄の一端を窺うことができるが、彼は大学卒業まぎわに聴いた新渡戸稲造博士の講義から、非常な教訓を得て、これが彼の一生の処世方針を作った。新渡戸の話というのは、こうである。

新渡戸が台湾の農政局長をしていたとき、総理大臣の桂太郎が後藤新平（当時台湾の民政長官）を評して、「あれは実は大風呂敷を拡げていろいろな案を出すが、しかしそのうちには、なかなかいい案がある」と言うのを聞いた。新渡戸が、そのとき講義のなかで話したのは、後藤新平についての、こういうエピソードである。

この話を聞いて、一万田は非常なヒントを得た。そしてそれ以来一貫して、彼はつぎのような処世の方針をとるようになった。

「名案というものは、一生かかっても必ずしも出ないかも知れない。しかし、それほど名案と思わんような案なら、いくつ出るかもしれん。その案がいいか悪いかは、その案を用いる人の方から見て、初めてきまる。……私が愚案と思っておることも、たまたま向うの重大な関心事にぶつかるかもしれん。よし、これあるかなというわけで、銀行に入って、ドンドン案をつくろう。何も自分は裏から行くわけではない。表玄関から行くわけだから、そういうふうにして、皆が切磋琢磨するところに、進歩がある。一週間でしてこいと言われれば三日で仕上げよう。三日で仕上げろと言われれば、一日で仕上げようというようなことで、まだ自分の意見を書くことはできないから、（日銀へ）入ったころは外国の雑誌をなるべく読んで、向うの人の意見を翻訳しては、上の人に述べた。それは新渡戸先生のヒントから得た。そういう考え方はいかにも立身出世主義で、功利的と考えられるおそれがあるのだけれども、皆がその気持になってやることによって、そこに進歩がある。ちっとも恥ずかしくない。これが私のずっと一貫しているいき方だ。」

（傍点は引用者による）

一万田はまた、「歴史上の人物では太閤さん、豊臣秀吉が一番好きだ。どうして好きかというと、この人はどんなことがあっても決してくよくよせず、なに事にも常に積極的で、いつも物事を明るく見て屈託しない。草履取になれば草履取になったで、その世界の第一等の人になろうとする。馬のくつわを取ればくつわを取ったで、第一等のくつわ取になろうとする。どんなにつまらん仕事でも、与えられた仕事をどうしたら最も立派に果すことが出来るかに、全力を尽す。またどんなに不利な、悪い状況に陥ってもちっとも屈託しないで、ゆうゆうとそこを切抜けていく。そして常に第一等の人物になろうと努力する。これは実にみごとな態度だと思う」からである。

一万田は、右のような処世観と処世態度をもって、草履取ならぬ平行員から、太閤秀吉ならぬ「法主」にまで出世した。秀吉に切り従えられた諸大名が秀吉を眼の敵にしたように、一万田尚登がジャーナリズムや財界からあれこれ言われるのも、ゆえなしとはしないだろう。

一万田自身の書いたもの、あるいは語ったものから、もっと詳しく一万田という人物を知りたい人は、その著書『人間と経済』（河出書房）や、『私の修業時代』（実業之日本社）のなかの一万田尚登の項を読まれるがよい。

付録　財界太平記　抄

この付録は同著者の『財界太平記』（一九五二年、鱒書房刊行）から、近代日本金融経済の混乱期（明治維新、昭和恐慌、敗戦期）を論じた章のみを抄録したものである。抄録のため参照指示先が本書には収められていないところもある。

商社、銀行のスタート

文明開化期の財界

洋行帰りの先覚者たち

黒船渡来は徳川三百年の泰平の夢をさましたものであった。安政の開港を余儀なくされてからは、天下の物情騒然となり、封建経済は崩壊に向った。こちらは経済知識は幼稚で、資力が貧弱と来ているのに、外商は近代的な会社組織で資力は豊かであり、銀行などという機関を持っていたのだから、とうてい太刀打ちできない。向こうの思うままに引っぱり廻され、利益は全く彼等に壟断されてしまった。そこでこれら外商に対抗するためには、どうしても彼等のように会社をつくり、銀行を持たねばならぬと、当時の先覚者の眼に映じたものらしい。幕末に海外に渡航した小栗上野介、福沢諭吉、五代友厚、渋沢栄一等は異口同音に商社設立の急務を説いたものである。かくて財界の夜明けは先ずカンパニーとバンクの設立にはじまる。

尤も徳川時代にも共同企業がなかったわけではない。代表的なものとして、三井組、島田組、小野組などという為替組（商売と金融業務を兼ねていた）があったが、これらは家族的な結社でその組織は甚だ幼稚なものであった。その他組合、或いは仲間というものもあったが、多くは同業者の親睦機関程度を出なかったようである。

幕府の勘定奉行小栗上野介が、万延元年〔1860〕の遣米使節の一行に加わって渡米した際、外国で商業の盛んなのは会社企業によることを知り、帰国後西洋のカンパニーにならって商社を設立すべきことを主張した。ついで西洋文明の紹介、輸入に大いにつとめた福沢諭吉も、会社組織の熱心な提唱者であった。慶応二年〔1866〕に出版した彼の著書『西洋事情』の中で、商社の仕組みを解説し、西洋の商船、飛脚船、為替問屋、鉄路、ガス灯など、皆この商社のなす所なりというている。

なお今日の「丸善」の創立者たる早矢仕有的《はやしゆうてき》が明治二年〔1869〕の「丸屋」に会社組織を採用したのは、福沢諭吉の講義をきいたことによるといわれている。即ち、福沢がウェーランドの経済学を講じている中に、ジョイント・ストック・カンパニーという語が出てきた際の説明に、「日本の商家が永続しないのは子孫が店を継承するためであって、もしその商売に不適当な子孫が出た場合にはたちまち産を破り、店を潰すようなことになるが、会社組織によれば適材適所で事業を進めて行くことが出来、その商業は永続すべし」といったので、早矢仕は会社組織を採用することに決心したのである。

そのほか幕末の名士、栗本鋤雲、横井小楠、五代友厚なども熱心な商社組織の唱道者であった。特に五代は渡欧中会得した知識を大いに活用して、明治二年〔1869〕会計司の判事となったとき、後にのべる通商・為替会社設立に貢献した。なお会社制度を紹介した書物としては、右の福沢の『西洋事情』のほか、神田孝平の『経済小学』（慶応三年〔1867〕）、『泰西商会法則』（明治二年〔1869〕）、加藤祐一の『交易心得草』（明治元年〔1868〕）がある。神田の商会法則はオランダ会社法の翻訳であるが、合名会社を「家名仲間」、合資会社を「金主仲間」、株式会社を「業名仲間」と訳しているのは面白い。

外商にリードさる

幕末の開港は、外国商社の跳梁と経済の混乱をもたらした。当時はわが国の経済知識も資力も乏しかったので、外商はあたかも赤子の手をねじるようなことをしたらしい。たとえば前記『交易心得草』の中に次のようなことが記されている。「外国人は交易にかしこければ、引出し買といふことをする也。たとへば生糸百斤八百両ほどの品にても、最初は千両にも千五百両にも買ふ也。我国の商人是を聞きて盛に交易場に生糸を持出し、その品やゝ十分にみちたるをはかりて俄にすこしも買はず。我国の商人はるばるの旅路を持越たるもの、或いは無理なる金子融通などして持出したる品すこしも売れぬ時は国許へ帰ることもならず、金子融通にさしつかへよんどころなく損毛をして捨売りに売払ふをまちて安く買ふ也。最初高く買ひしは餌にて魚の寄りたるを見て大網にかくる也。」これは外商があながち悪徳商人であったというに非ず、向こうは会社組織で、資力が備わっていたのに、こちらは微々たる個人商が多かったから、大人と子供の角力のような結果になったのである。

また金融の面でも、三井、島田、小野等の為替組はあったが、これとて同族組織で幕府や各藩への用達を主とし、一般の人々に金を貸付けたり、預金を吸収したりするものではなかった。そこへ外国バンクが進出し、わが国の金銀比価が欧米諸国と大きな差があったので、銀貨が流入して金貨がおびただしく流出した。こんなわけで幕末から明治維新にかけての財界は、全くてんやわんやの有様であった。

そこで明治新政府は、何より経済の混乱を救済しようと考え、明治元年〔1868〕閏四月二十五日商法司なるものを京都に設置した。これは勧商と収税を狙ったもので、東京、大阪に支署を、各地に商法会所を設けた。商法会所は富豪を集めて元締とし、手代を商法司判事に任命した。そして何をするかといえば、商業資金を融通し、商業を発展させようとしたものである。同時に、新政府が発行した太政官札の流通促進をも狙ったもので、商品担保のほか政府への御用金の調達証書を引当に札を貸付けた。

罷り出た渋沢栄一

幕臣としてフランスに遊学した渋沢栄一は、幕府顚覆の報をきき、急遽明治元年〔1868〕十一月に帰国した。そして徳川慶喜公が身をよせていた静岡藩に出仕したが、慶喜公より勘定組頭に任命されたのを断って、わざわざ商法会所の頭取を買って出たのである。渋沢のいうには、静岡藩は元来経済力の貧弱な土地柄であるから、今後郡県制度になると定めし困るであろう。幸い新政府から貸付けられる五十万両の石高拝借金があるから、それに商人の資金を併せて元本として、「共力合本法」によって商会を設立し、売買、貸借のことを取扱わせたら、地方の商況は盛んとなり、大いに進歩するであろうし、また他の地方もこれに倣うであろうと。この渋沢の言が容れられて静岡の紺屋町に「商法会所」という商会が店開きをし、渋沢自身は頭取となり、重だった商人十二名を用達とした。

渋沢のことについては後に詳しくのべるが、彼も幕末から明治にかけての新知識で、その殖産興業の考えを先ず静岡商法会所に具体化したものといえる。同会所は商品抵当の貸付、定期、当座預金、或いは農業奨励のため京阪その他で米穀、肥料等を買入れて静岡で売却し、また地方の村々に貸与する等の事業を行った。原資金はすべて新政府の太政官札であったが、新政府の信用が薄い上に一般の民心が紙幣に慣れぬため、価値は大いに低落し、物価は上った。そこで渋沢は、早く紙幣を物にかえるに如かずと考え、東京では肥料を、大阪では米穀を盛んに買って大いに利益を得た。かくて所期の目的を果したわけだが、明治三年〔1870〕五月、新政府から藩の資本で商業をするのはいかぬから、事実はともかく商法会所の名を改めよ、とのお達しがあったので、「常平倉」と命名したとある。

カンパニーとバンク

三井八郎右衛門登場す

渋沢の商法会所のごときは例外で、たいていは商業資金が本来の用途以外、たとえば各藩の政費に使いこまれたりして、うまく行かなかった。いわんや太政官札は前記のように正常に流通しなかったのだから、商法司は結局不成績に終った。そこで商法司は明治二年〔1869〕三月に廃止され、かわって通商司が登場した。

通商司は伊藤俊輔（のちの伊藤博文）、井上聞多（のちの井上馨）、山口範造、五代友厚の主唱によったもので、特に外国貿易の振興を狙い、通商及び為替会社を建てることを重要な任務とした。通商会社はいうまでもなく内外商業の振興を、為替会社はそれに金融的援助を与えることを目的とした半官半民の会社であって、明治二年〔1869〕東京、京都、大阪、神戸、横浜、新潟、大津、敦賀等の要地に設立された。

東京通商会社は、明治二年〔1869〕二月三井八郎右衛門を総頭取とし、十人の頭取を揃えて発足した。三井組はかねて新政府に忠勤をはげみ、あたかも蔣介石政権に対する浙江財閥的役割を果していたものであるから、新設された東京商社の首班に当時の総本家主人の八郎右衛門が選ばれたのは当然であった。その他の十人の頭取は加太八兵衛、榎本六兵衛、西村右衛門、松沢孫八、高崎長右衛門、奥三郎兵衛、吉村甚兵衛、上野四郎左衛門、荒尾亀次郎、田中治郎左衛門である。尤もこれらの富豪も当時合資組織の何たるかを十分に理解しなかったので、なかなかこの商社に参加しようとしなかった。そこで通商司の官吏であった杉浦武三郎は、再三再四彼等を役所へ呼出して参加方を説き、はては不参加の向きを蝦夷地へ移住させると脅迫して、やっと結社が出来た始末であった。

事務所を築地南小田原におき「商社の親会社」のような仕事をした。出資金は総頭取は五千両、頭取は一千両より八百両、肝煎は五百両から三百両であり、利益の二分は積立て、二分は雑用費に向け、残り六分は出資者に分配する仕組みであった。事務所はのちに兜町旧牧野邸内にうつされ、名称も三年〔1870〕七月「東京開商会社」と改められ、同年十二月さらに「東京商社」と改称した。しかしわずか数年にして損失を招き、解散の憂目にあったのだが、その営業の一部は東京米穀取引所がこれを継承した。

為替会社は外国の「バンク」にならって設立されたもので、通商会社と両々相俟って商業と金融の発達に資した。東京為替会社ははじめ兜町の旧牧野邸内に設けられたが、のち蠣殻町旧銀座役所の跡で開業し、総頭取はやはり三井八郎右衛門、同三郎助、同治郎右衛門、同元之助、島田八郎右衛門、小野善助等の富豪であった。組織は大体通商会社に準じ、政府貸下金、預金、銀行券の発行、貸付を業とした。

政府は巨額の太政官札を貸下げて資金の融通をはからせ、また預金には、月一分の割合で利息を支払ったらしい。銀行券は金券と称する兌換券であった。なお当時銅銭が姿を消し、小額貨幣が不足したので、東京為替会社より銀券、大阪、西京（京都）為替会社より銭券を発行した。かように為替会社は今日の普通銀行業務と発券業務を兼営したもので、後の国立銀行の濫觴をなしたものである。

右の通商、為替会社は、今日見るごとき株式会社ではないが、それに近い形態と内容を備えていたものである。

インテリ商人早矢仕有的

なお民間に生れた最初の商社として、早矢仕有的の「丸屋商社」を挙げておかねばならぬ。前にも記したように早矢仕は福沢諭吉の弟子で、その教えにしたがって株式会社制度を採用したのである。明治二年〔1869〕に東京と横浜に丸屋を開業し、東京では洋書、横浜では主として薬品、医療器械を取扱った。後に大阪、京都等に支店を設け、今日の「丸善」の前身をなしたのである。

美濃の人早矢仕有的ははじめ医学を修めたが、江戸に出て福沢に師事するに至って商業に志した。そして丸屋商社は、福沢の持論の実現でもあったので、明治二年〔1869〕正月に書かれた『丸屋商社の記』のうちに、その高き理想が掲げられている。

「我等は不羈自由我が欲する所をなすべき日本人であり、日本人である限りは、日本全体の繁栄を謀り、日本国民の幸福を助成すべき責務がある。日本人は我国を実際以上に誇大に自負し、その実力を過信する弊があるが、今こそその実情を直視し、外国に対抗すべき国力を充実すべき方策を立てるべき時である。そのためには武備を修め、文学を研《みが》き、技術を学ぶべきこと勿論必要であるが、更にそれより一層緊要なのは貿易の振興である。外国人がわが国に来る最大の目的は貿易の利益を獲得せんがためであり、わが国の商業が外国の支配下におかれることは大きな損失である。日本国の商法をして独立の地位を得せしめんがため、我々は率先して貿易に従事せんと決意するものである。而して商売の種類として洋書及び薬品、医用器械を選ぶのは、一つは最も進歩の遅れている教育及び医学の進歩を図るためであり、二つには同志の中に英書の表題を解し、或いは薬品の名称を知るものがあるからである。終局の目標は、商業によって一時の盛況を望むのではなく、むしろこの商社をして商業人養成のための学校、或いは道場たらしめんとするものである。従来の個人商店の欠陥は独裁的なところにあるから、同志数人を以て会社組織とし、元金を出資する元金社中と、その身を丸屋に入れて実務に服する働社中によって構成する。働社中の心得三項として、アメリカ貨幣の銘にあるユナイテッド・ウイ・スタンド、セパレーテッド・ウイ・フォール（合同すれば成功し、分離すれば失敗する）と、西洋の古語メーキ・ハスト・スローリー（急がば廻れ）を掲げ、損失ある時の心得として、一旦の損は連綿軽々の利を以て救い得るが、連綿軽々の損は一時の利を以て補い難い。」

と述べている。（丸善社史）

これによって分るように、丸屋の掲げる理想は高く、当時のインテリ商業人の面目躍如たるものがある。丸善は、よき先輩とよき伝統を持ったものといえよう。

三野村、発券銀行を創設

明治四年〔1871〕七月に、大蔵省は『会社弁』、『立会略則《りっかい》』なる二書を発行して、銀行および商社の知識の普及につとめた。

『会社弁』は福地桜痴の筆になるもので、ウェーランドの経済学その他から銀行に関する部分を抄訳したものである。会社弁とはいえ、実は銀行弁であった。その目次を見ると、

緒　言
預り金会社バンク・オフ・デポシット
為替会社バンク・オフ・エキスチェンヂ
貸附会社バンク・オフ・テスコント・セーウィンバンク
回文会社バンク・オフ・シルクレーション
諸会社取建の手続大要
諸会社四種の利益
預り金会社取建の主意
貸附会社取建の主意
回文会社取建の主意

とあり、米国、英国の諸会社は、たいてい前文の預り金、為替、貸附の三種の業務を一軒の店にて取扱う、と書いてある。

『立会略則』は渋沢栄一が仏国留学中に得た会社知識によったもので、目次は次の如くなっている。

通商会社
　主意、制限、方法、社中諸掛人員
為替会社
　通例為替、廻状為替、貸附金仕法、預り金仕法、通用切手仕法
附　録

この『会社弁』、『立会略則』の発行の効果はテキ面で、バンク設立の出願が相次いで行われた。先ず「三井組バンク」の設立願書が、明治四年〔1871〕七月御為替座三井総頭八郎右衛門名代三野村利左衛門の名義で行われた。当時三井組は小野、島田の両組と共に政府の公金を坂扱っていたが、三野村という男はなかなかのエラ物であったので、機先を制して発券銀行を作ろうとしたのである。イングランド銀行の例にならい、七割五分の準備金をもって、証券を発行しようと計画したわけだが、当時大蔵省では銀行制度の調査研究中であったので、この計画はしばらくお預けとなった。

次いで現われたのは「東京銀行」である。当時由利公正が東京府知事をしていたが、彼も経済に明るかったので、府民の銀行を作ろうと考えたのである。今の「都民銀行」に似たものだが、七百万円の資本金でその二倍即ち一千四百万円の紙幣を発行しようとしたのだから、構想はなかなか壮大なものであった。明治四年〔1871〕の暮にこの設立願が出されたが、当時の大蔵省はそれに反対した。井上馨が大蔵大輔、渋沢栄一がその部下であったが、彼等の反対した理由は、官庁は民間の上にあって会社の取締りに任すべきであるのに、この銀行は官民共有であるから、公正な運用ができないというにあった。当時大蔵卿の大久保利通が岩倉大使に随って欧米旅行中であったので、西郷吉之助が臨時に大蔵省勅使御用掛、銀行事務取扱というものになっていたが、その西郷が由利の同情者で東京銀行設立のため大いに運動したものらしい。そこで大蔵省、東京府、正院（内閣）の間で大問題となったが、肝心の由利が欧米視察に出かけたし、伊藤博文の案によって国立銀行条令を審議中であったので、この東京銀行も結局お流れとなってしまった。

その他、小野善助名義の「小野組バンク座」滋賀県大津為替会社の「江州バンク」等の設立願が相次いでなされたが、いずれも国立銀行条令制定中であったので、不許可となった。しかしこれらはいずれも前述の『会社弁』や『立会略則』によって、当時の財界人が銀行や会社の知識を身につけたのと、時勢の発展によるもので、こうした気運が国立銀行の設立を促したものといえる。

アメリカを真似た国立銀行

赤毛布みやげ

かように、民間で銀行設立の運動が盛んに起ってきたので、政府もはっきりした銀行制度を立案せざるを得なかった。かたがた不換紙幣たる太政官札の整理も考えねばならなかったので、銀行制度といっても通貨制度をからみ合せて、研究せねばならなかったのである。

伊藤俊輔、後の博文は当時大蔵少輔であったが、明治三年〔1870〕十月に建白書を奉って、貨幣整理の必要を強調し、それには米国の貨幣制度、公債の発行及び償却、外国為替などの実際を調査しなければならぬことを建議した。この伊藤の建議は、実は彼等の計画した京浜鉄道敷設が当時非常な反対にあって、首も危ない形勢にあったので一時米国に逃避するためでもあったといわれているが、ともかくこの伊藤の建白がいれられて、米国行きが実現した。明治三年〔1870〕十二月伊藤公は福地源一郎、吉田二郎、芳川顕正の随員をしたがえて出発した。

一行が米国に着いたのが四年〔1871〕一月、当時の米国大蔵卿フィッシュは一行を歓迎して、セビルという次席をつけて便宜をはかってくれた。伊藤は毎日三人を連れて大蔵省に出かけて調査したが、その分担は福地が銀行制度、吉田が貨幣制度、芳川が公債制度であった。伊藤は当時米国で唱えられていた金貨本位論に大いに感服して、わが国もどうしてもこの金貨本位を採用せねばならぬと考え、度々建議したものらしい。

伊藤調査団は四年〔1871〕四月まで米国におって、同六月に帰国した。その土産はいうまでもなく米国のナショナル・バンク制度と紙幣条令であった。ところがこれに思わぬ横槍が入った。それはほぼ時を同じくして英国から帰朝した吉田清風の反対であった。吉田は米国の新しい銀行制度より何百年の伝統ある英国のゴールド・バンク制に倣う方がよいと主張した。吉田も伊藤と同じく井上の下で大蔵少輔であったから、彼の論もなかなか有力で、米国型か英国型かでだいぶ議論が沸騰した。しかしぐずぐずしていては時を失するので、後にはどうするとも、さしあたっては伊藤の調べてきた米国制度を採用することに井上卿が決断を下した。

そこで大蔵省内に銀行条令編纂係が設けられ、紙幣頭《のかみ》渋沢栄一、同権頭《ごんのかみ》芳川顕正がその事務にあたり、国立銀行条令を立案したのである。明治五年〔1872〕八月に太政官がそれを裁可し、同年十一月十五日太政官布告第三百四十九号を以て全国に通達した。

笑えぬ皮算用

国立銀行は、前にものべたように、太政官札の銷却《しょうきゃく》と金融の疏通をはかる目的で設立されたものである。同条令によると、国立銀行は少なくとも五万円以上の資本金を有し、資本金の十分の六は政府紙幣を以て大蔵省に上納して公債証書を受取り、更に受取った公債証書を抵当として大蔵省から同額の銀行券を受取って発行する。資本金の十分の四は本位貨幣を以て兌換準備とし、この準備は常に銀行券発行高の三分の二を下ることを得ずというのであった。

これによって政府の不換紙幣が自然と兌換せらるるようになり、本位貨に定められた金貨が常に銀行に充満するであろうと思われた、と渋沢栄一はのべている。なお銀行としては、銀行券の抵当として大蔵省に預ける公債証書に年六分の利子がつき、その上銀行券で年一割ぐらい儲かるから相当有利なはずであった。

そこで当局者は、各地で銀行設立が継起することを期待したものらしい。

ところが、予期に反して四行しか設立されなかった。東京の第一国立銀行、横浜の第二国立銀行、新潟の第四国立銀行、鹿児島の第五国立銀行がそれである。大阪で第三国立銀行の出願があったけれども、ついに成立たずにしまった。

第一国立銀行の発足

三井組、小野組はかねて銀行設立願を出していたことは前にも記した。しかもこれら両組は新政府の御用達をして忠勤をはげんでいたので、国立銀行の構想がきまると、先ず政府から慫慂があったのである。そこで、三井八郎右衛門、小野善助が相謀って銀行設立の願書を明治五年〔1872〕六月に提出し、同八月に許可があって第一国立銀行の名称が与えられることになった。

資本金を三百万円と予定し、三井、小野両組で二百万円を出資し、残り百万円を公募しようとして同年十一月二十二日の『東京日日新聞』に広告をした。広告文は堂々たるものであったが、応募するものはほとんどなかった。八方勧誘の結果集まった資本は、右の三井、小野両組の各百万円の外は、島田組の五万円、肥前の西川の十五万円が目ぼしいところで、結局二百四十四万八百円という端数の資本金を以て発足せざるを得なかった。当時、会社や銀行の資本調達がいかに困難であったかが知られよう。

が、ともかく第一国立銀行は明治六年〔1873〕七月二十日大蔵省の正式許可を得て、本店を海運橋兜町におき、支店を横浜、大阪、神戸に持って開業した。服部撫松の『東京新繁昌記』には、第一国立銀行本店の有様を次のような美辞麗句で形容している。「第一銀行は海運橋の東、岸兜坊の北隅にあり。経営の壮宏、建築の美麗、得て言ふべからず。雛形を泰西に取つて、竜宮を陸地に開く。石門鉄牆の結構、近世新築に冠たり。本廈は溝渠に枕して、基礎を起す五層の大楼、突兀魏峨として、大都の中央に屹立す。直立凡そ十二丈、一層は一層より高く、一層は一層より聳ゆ。望めば則ち小阿房の如く、近づけば大伽藍に似たり。云々」

この第一国立銀行は後の第一銀行であるが、渋沢栄一は創立当初から統帥者の位地にあった。というのは、国立銀行とはいい条《じょう》、実質は三井、小野両家の合作銀行であったから、両家の間の確執もあり、且つ両富豪の利益追及の具にのみ供せられては困る事情もあって、渋沢は大蔵省をやめて総監役に坐ったのである。

開業の翌年、即ち明治七年〔1874〕十一月には小野組が破綻して、資本金の五分の二を減らさざるを得ぬことになり、また八年〔1875〕には金貨騰貴のため紙幣はほとんど引換えられ、九年〔1876〕には租税その他公金出納を大蔵省に召し上げられる等苦難は続いた。この苦難をのり越えて、この銀行をよく育て上げたのは実に渋沢栄一の手腕によるところである。

金融動乱の勃発

金融恐慌第一波

取付地獄

銀行の鉄の扉は固く閉ざされ、「帳簿整理のため向こう二週間休業仕《つかまつり》候《そうろう》」という貼札が淋しく春風に吹かれている前には、呆然とした預金者たちがたたずんでいる。かと思えば、戸を開けている銀行という銀行の窓口には、血眼になった預金者の群が殺到して、ひしめき合い、さらには戸口から街頭にあふれ出た人の群が、蜿々長蛇の列をなしている。行列のなかには、背広の紳士もいれば、奥さん風の婦人もおり、印半纏に鳥打帽子のおッさんもおれば、子供をおぶったおかみさんもいる。あらゆる階層の人々が預金を引出さんものと立ちならんでいる。――これは、昭和二年〔1927〕三月なかばごろから、四月の末ごろまで、東京、大阪をはじめ全国各都市の随所に見られた風景である。これがいわゆる、昭和二年〔1927〕の金融恐慌であった。

押し殺されそうな銀行の窓口から、やっと預金を引出し、人混みを押しわけて出て来た一人の婦人が、通りすがりの紳士に、

「ちょっとお尋ねしますが、郵便局では、どこがいちばん確かでございましょうか」

と尋ねると、その紳士は、

「さあ……、やはり中央郵便局がいちばん確かでしょうね」

と答えた――という笑えぬ笑話があるほど、民心は混乱し、且つ銀行の信用は、全く地におちた。

世は昭和新政の劈頭というのに、金融界は明治以来最大の混乱に陥ったが、この恐慌は第一波、第二波と二度にわたって襲来した。第一波は、三月十五日、東京渡辺銀行とその姉妹銀行・あかぢ貯蓄銀行が「当分の間休業」の貼札を出した時から同月二十三日までの約十日間、第二波は、四月なかばから同月末ごろまでの約半ヶ月にわたったが、第二波は第一波よりも一層猛烈であった。

第二波の襲来に当っては、台湾銀行の、東京をはじめとする内地の各支店、出張所、大阪の近江銀行、及び東京の十五銀行という有力銀行が、取付にたえかねて休業し、これら三行の休業した四月二十一日には、東京では安田、第百、川崎その他の一流銀行にまで、半狂乱の預金者が殺到して預金を引出す有様となり、取付さわぎは全国にひろがっていった。

そのため、このさわぎのますます拡大することを恐れて四月二十二日（金曜日）、二十三日（土曜日）の二日間――つづく日曜日を含めれば三日間――日本銀行をはじめ全国の銀行はいっせいに休業し、全国の株式取引所および商品取引所もまた全部休業して、日本財界の心臓は鼓動を止めてしまったのである。

この間、三月十五日から四月二十一日までに休業した銀行の数は、台湾銀行を含めて二十八行に上り（但し台湾銀行の本店及び台湾各地の支店は休業せず）、その預金総額は八億円に上った（当時の全国預金総額は約百十億円）。将棋の駒を倒すように、銀行がつぎからつぎにと休業した。これらの銀行は大体において二、三流銀行が多かったが、しかし、台湾銀行のように政府の資本で建てられ、しかも台湾で銀行券を発行しているものや、五大銀行の一つであり、宮内省の金庫を預かる十五銀行までが休業したことは、世人にとって、驚くべき大事件であった。

この金融恐慌で、ひどい目に会ったのは預金者であるが、その反面これで儲かった者もいる。しかし、その話は後にゆずり、どうしてこんな大事件が勃発したかを、つぎにのべよう。

震災手形大祟り

昭和二年〔1927〕の金融恐慌は、時の蔵相片岡直温《なおはる》の舌三寸から起った——と一般にいわれている。それは、昭和二年〔1927〕三月十四日、第五十二議会の衆議院追加予算総会で、片岡蔵相が「渡辺銀行が今日正午ごろとうとう破綻をいたしました」と失言し、そのために渡辺銀行がつぶれ、ひいては大恐慌をひき起した——というのである。片岡蔵相が答弁に立っていたのは、その日の午後三時ごろであったが、「正午ごろ破綻しました」という渡辺銀行は、その時刻には、平常どおり営業していた。その銀行に向って、「破綻しました」といったのだから、その限り「失言」にちがいないが、片岡はなぜこんなことを口ばしったのか。

これより先、片岡を蔵相とする若槻礼次郎・憲政会内閣は、一月二十六日、震災手形の処理に関する二つの法律案を、議会に提出していたが、この二つの法案は、金融恐慌に密接な関係をもつので、簡単にそれに触れておこう。

大正十二年〔1923〕九月一日の関東大震災の打撃で、震災地の商工業者は、震災前に振出した手形を、期日どおりに決済することができなくなった。なかには、期日を過ぎても全然払えない者も出てきた。そのため、そういう手形を割引いていた銀行は、手許が苦しくなり、資産の内容も悪くなった。それで当時の山本権兵衛内閣（蔵相井上準之助）は、

（一）市中銀行が手持ちしているこの種の手形を日本銀行に再割引させる

（二）それによって日銀が損失を蒙ったときは、一億円を限度として、政府が日銀に対し、損失を保証する

という救済を行った。「震災手形」というのは、日銀が再割引したこの種の手形のことである（大正十二年〔1923〕九月二十七日の緊急勅令）。

この救済策にしたがって、日銀は市中銀行に融資してきたが、震災から三年余りたった昭和元年（大正十五年）〔1926〕末になっても、まだ日銀の手持ち震災手形は二億七百万円に上っていた。つまり、商工業者に対する市中銀行の震災前の貸付が、二億円以上も焦げ付きになっていたわけだが、これを始末しようというのが、前記の二つの法案であった。それは、

（一）二億七百万円のうち一億円見当は回収不能と見て、日銀の損失とし、政府がその損失を保証する
（震災手形損失補償法案）

（二）残り一億七百万円も、早急に回収することはむずかしいものと見て、政府が日銀から肩代りする
（震災手形善後処理法案）

という仕組で、結局やはり銀行救済を目的としたものであった。

この二つの法案は、日本財界の癌といわれていた震災手形を処理するとともに、後でのべるような金の

輸出解禁への準備工作を行うという狙いをも、もったものであった。

これに対し、田中義一のひきいる野党・政友会は、何のために銀行の救済が必要なのか。また、この救済で恩恵を受ける銀行の名前、つまり不良貸を抱いて悩んでいる銀行の名前と、その不良貸の金額を明らかにせよ――と政府にせまった。

政府は、それは困る。そんなことをしたら、金融恐慌を捲き起すから、銀行の名前はいえない――と突っぱねていたが、議会におけるそういう論争を通じて、世間は銀行に対する警戒を持ちはじめ、三月上旬を過ぎたころから、消息に通じた一部の人々の間では、震災手形所持銀行に対して預金の取立や、債権の回収が行われるようになった。

そのもっとも代表的なものは東京渡辺銀行で、同行は重役の関係する事業への不良貸のため、資金の運転に窮しているという噂が立ちはじめ、その上に、同行が震災手形を多額に背負いこんでいるということまで次第に洩れて、いち早く緩漫な取付を受けるようになった。そして例えば中野友礼というような機敏な事業家のごときは(当時日本曹達《ソーダ》株式会社の経営者)、或る日、電車のなかで、渡辺銀行が高い日歩の金を借りているという話をひょっと耳にして、ただちに三十数万円の預金を一銭残らず引出してしまったという話がある。

片岡蔵相の舌三寸

震災手形関係二法案をめぐる政府、野党の論争は、いよいよ白熱化し、三月十四日の追加予算総会における野党の質問は、辛辣をきわめた。この日の午後、質問に立った政友会の代議士、吉植庄一郎は、片岡蔵相につめよって、つぎのような質問を行った。

「さきに高田商会が破綻に瀕した際、ときの憲政会内閣の蔵相浜口雄幸は、これを救済しようとせず、見殺しにしてしまったではないか。しかるに、いまや同じ憲政会内閣は、他の事業、他の銀行を救済しようとして、これらの法案を提出している。これはいったい、何ごとであるか――」

高田商会が没落したのは大正十四年〔1925〕二月であったが、清浦圭吾内閣の蔵相勝田《しょうだ》主計《かずえ》は、同商会の破綻を救うため、預金部の資金を融通することを、これに約束していた。しかるに、この約束を果さぬうちに清浦内閣は瓦解し、あとを受けた加藤高明内閣の浜口蔵相は、預金部資金を高田商会に融通することを拒絶し、高田商会を見殺しにした。その浜口はいま若槻内閣の副総理・内相となっているが、この同じ憲政会内閣が、高田商会以外のもののためとあらば、あえて救済を行おうとしている。これはいったい何ゆえであるか――こういうのが、吉植代議士の論法であった。

これに対して、片岡蔵相は、つぎのように答えた。

「高田商会が破綻をしたときに、時の大蔵大臣は、それは自分の勝手な仕損いであるから、何も心配する必要はないといって、顧みなかった――と吉植代議士はいわれる。しかし私は、時の大蔵大臣がそんな考えをもっていたとは思いません。いやしくも大蔵大臣の地位にある者が、財界において破綻を惹起したときに、整理救済につとめねばならぬことは当然であります。ただこれを引受ける者を見出して来なければ、救済のしようがない。

しかるに、当時の高田商会の欠損は比較的大きくして、これが救済の衝に当る者を見出せなかった結果、あそこに至ったのであります」

と。ここまでは良かったのだが、そのあとにつづけて片岡は、

「すなわち、現に今日正午ごろにおいて、渡辺銀行がとうとう破綻をいたしました。これもまことに遺憾千万に存じますが、これに対しまして預金は約三千七百万円ばかりでございますから、これを何とか救済をしなければならぬと存じますが、さて救済をしようとすれば、その財産を整理したところのものを、引受けるという者を見出さなければなりませぬ」

と、やってしまった。これが片岡蔵相の「失言」である。

渡辺銀行が破綻したという片岡の発言は、大蔵次官・田昌《でんあきら》（のちに衆議院議員となり、大蔵政務次官となった）の報告にもとづいたものであった。この日、午後一時二十分ごろ、東京渡辺銀行の専務渡辺六郎は、大蔵省に田次官を訪ね、

「弊行については、かねがね御心配をおかけしていましたが、いよいよ本日午後一時締切の手形交換尻を決済することができず、ついに支払を停止するのやむなきに至りました。その金額は三十二万七千円で、支払停止は今日発表いたします。このことを報告に参りました」

という。驚いた田次官は議会に急行し、片岡蔵相に報告しようとしたが、片岡は予算総会に出席していたので右のことをメモに書き、片岡に渡した。片岡は、このメモを見て、「渡辺銀行はついに破綻いたしました」といったのである。

ところが一方、渡辺銀行は午後二時十分になって、ようやく三十三万余円の資金をつくることができ、午後三時ごろ、手形交換尻を決済した。だが、こうして危機を切りぬけていながら、銀行の当事者は、改めてそれを大蔵省に報告に行くことを怠った。だから、田次官も片岡蔵相も渡辺銀行は破綻したものと思

い込んで、右のようなことを議会で報告したのである。これが片岡蔵相失言の真相である。

しかし、大蔵大臣が議会で「渡辺銀行は破綻しました」と言明したのだから、たまらない。その日はせっかく交換尻を決済したものの、渡辺銀行は翌日からは店を開くことができなくなり、これが発端となって、金融恐慌が起ってしまったのである。

死線上の渡辺銀行

片岡蔵相の「失言」した午後、じつは渡辺銀行は手形交換尻をともかくも決済して、平常どおり営業をしていたのだが、この交換尻の決済については、こんな楽屋話がある。

その日の正午ごろ、甲州財閥の若尾家（当主謹之助）の番頭丹沢某が、東京瓦斯《ガス》会社社長岩崎清七のところへ顔面蒼白になって馳けつけて来た。そのころの東京瓦斯《ガス》は、渡辺銀行と若尾一族との共同経営であったから、渡辺銀行にも若尾家にも関係が深かった。また渡辺銀行は東京の大地主で大資産家の渡辺治右衛門一族（勝三郎、六郎など）によって経営されていたが、若尾一族もこれに関係し、若尾の番頭たる丹沢某は、渡辺銀行へのお目付役として、若尾家から派遣されていたのである。この丹沢が岩崎に向って、

「いま数分の間に二十万円の現金が出来なければ、渡辺銀行は破綻する。私も渡辺銀行は、とうてい救い難いものと観念してはいるが、多年渡辺家と親交をつづけてきた若尾家の番頭として、音にきくこの大老舗渡辺銀行の倒壊を、見すごすことは忍びない。しかも、一たび渡辺銀行が破綻すれば、これが全国金融恐慌の口火となるは明らかで、これは由々しい大事だと思う。

よって私は、若尾家の損失を覚悟の上で、ただ今、二十万円の融通を渡辺銀行に約束してきた。他方、

渡辺家からは勝三郎と六郎が、それぞれ大蔵省と日本銀行に赴いて、援助方を泣き込んでいるところである。ところで、自分は二十万円の融通を約束はしたが、如何に若尾家でも、数分の間に二十万円の現金を整えることは不可能だから、はなはだ申し兼ねるが、明日まで二十万円の現金を貸していただきたい」という。

そこで社長の岩崎は、経理担当の杉浦という常務に命じて二十万円の金を出させようとしたが、「いまにもつぶれようという銀行のために、金を出すなどという無法なことはできない」といって、杉浦は命令をきかない。けれども、明治、大正から、昭和のはじめにかけて財界の危うい橋を渡ってきた岩崎、そして、後年（昭和七年〔1932〕）東京瓦斯《ガス》疑獄に連坐して臭い飯を食うという海千、山千の岩崎だけあって、さすがに剛腹である。経理常務の常道論などに耳をかたむける彼ではない。

岩崎は杉浦常務に向って「では君は、今日これからの半日を、逗子の別荘に行って静養していたまえ」といって杉浦を追っぱらい、その留守に、社長の権限で、若尾銀行の小切手二十万円を担保に、同額の現金を丹沢に貸してやった。他方、日本銀行でも、手形交換の締切時刻を三十分もおくらせ、渡辺銀行の帳尻を決済して、その日はどうにか破綻せずに済んだわけであった。

しかし、渡辺銀行はもはや、こんな小手先の細工で済ましていることのできない状態にきていた。渡辺銀行の経営は乱脈をきわめ、日銀では以前から、今日は休業するか、明日は休業するかと、同行を見守っていたものである。すなわち、すでに渡辺銀行では、渡辺銀行の顧問格たる清浦奎吾（元首相）を通じ、貴族院研究会（子爵議員の団体）の水野直、青木信光といった政界有力者を動かして勧業銀行から資金の融通を受け、大正十五年〔1926〕の年の瀬を越す――という具合であったのだ。

片岡蔵相と加藤高明

だから、片岡の「失言」がなくとも、渡辺銀行は早晩つぶれる運命にあったのだし、その他の中沢銀行、八十四銀行等々にしても、いずれも、すでに死線に迫っていた。けれども、片岡の舌三寸が恐慌のキッカケを作ったことは事実で、その点は、片岡の不徳の致すところといわねばならない。

片岡は若槻内閣に入る前、加藤高明内閣では商工大臣であった。加藤高明は大正十四年〔1925〕八月、憲政会単独内閣を作ったとき、片岡を内務政務次官から商工大臣にしたのだが、そのとき彼は片岡を呼んでこういった。「君を商工大臣にするが、しかし君は平ぜいから評判が悪いようだ。大臣になったら、十分に気をつけてもらわねばならぬ」と。

加藤は、国務大臣になろうかという男をつかまえて、子供を叱るおやじのような態度でこういったものであるが、憲政会総裁加藤高明の勢威は、大したものであった。が、商工大臣になった片岡は、もともと田舎の警察部長から日本生命保険会社の創立者、関西財界の大立物となったほどの男ではあり、加藤のいいつけどおり「十分に気をつけ」たので、商相としては立派な及第点をとった。

それに気をよくして、今度は蔵相として大いに仕事をし、天晴れ一代の大財政家たらんとハリ切ったのが金解禁を目指した震災手形の整理であるが、その途上、失言につまずいてしまったのである。ときすでに加藤高明は亡く、もはや片岡直温を叱ることはできなかった。

鈴木商店と台銀騒動

台銀・鈴木の腐れ縁

右のようにして、三月十五日金融恐慌が勃発したが、二十一日からは日銀が非常貸出を行い、市中銀行は日銀から借りてきた札束を窓口に積上げて、預金の引出しに応じることになった。ついで二十二日には、大蔵大臣、大蔵次官及び日銀総裁（市来乙彦）が、財界安定に関する声明を発表し、さらに、三月四日に衆議院を通過していた震災手形関係二法案が、二十三日には貴族院をも通過して、これにより銀行救済の行われる目鼻がつくに至った。

そこで、各銀行に対する預金の取付もようやく下火となり、三月下旬を過ぎると、金融恐慌の波もよほど静まって行ったのであるが、しかし、やがて本格的な金融恐慌、恐慌の第二波が再び襲来した。この金融恐慌の第二波は、前にも一言したように、台湾銀行の破綻をキッカケとして起るのだが、これは震災手形二法案の審議の途上において、震災手形関係二法案の狙いが、じつは台銀の救済にあること、その台銀は、鈴木商店に対する放漫な貸出のため、巨額の貸金が焦げついていること、台銀を救済しなければ、台銀は破綻し、鈴木商店もまたつぶれる――こういうことが議会の論争を通じて、世間の眼にもはっきり映るようになったためである。

鈴木商店は、明治十年〔1877〕ごろ鈴木岩次郎によって創立され、砂糖と樟脳をあつかう小さな個人商店であった。それが、明治二十七年〔1894〕に岩次郎の死んだ後、男まさりの未亡人ヨネと忠実な番頭金子直吉の努力によって、第一次世界大戦当時には、三井物産、三菱商事と並ぶ世界的な大貿易商社となり、その直系、傍系の事業会社は六十余社、それらの資本金の総額は五億数千万円に達して、まさに三井、三菱に拮抗する一大財閥となったのである。

鈴木商店がここまでのし上った径路は「第三篇」〔本書非収録〕でくわしくのべた通りだが、同商店は、砂糖や樟脳など台湾の物産をあつかっていた関係上、早くから台湾と特殊の関係を結んでいた。後藤新平が台湾の民政長官になったのは明治三十一年〔1898〕であるが、このころから鈴木は後藤新平と浅からぬ因縁を結び、また台湾銀行が設立されると（明治三十二年〔1899〕九月開業）これと取引関係を結んだ。

だから、一方では後藤新平を通じて政界の有力者に渡りをつけ、憲政会などの政党とも結ぶと同時に、他方、日露戦争や第一次世界大戦において事業を伸ばすため、その必要資金を主に台銀から借りたのである。そして大戦終了後の大正九年〔1920〕の財界反動当時には、台銀は鈴木商店に対し、抜きさしならぬ深みにはまり込んでいた。

鈴木商店は、大戦中あまりにも多方面に手を拡げた。しかもその商売のやり方は、口銭《こうせん》本位でなく、思惑本位であった。だからいったん反動が来れば、その打撃は特に大きい。のみならず貿易や国内商業を営むばかりでなく、その傘下につぎつぎと新しい事業を起して行ったが、それらの事業会社がいずれも反動の打撃を受けていた。

たとえば、川崎、山下、内田などの汽船会社と共同して国際汽船会社を起し、トランパー（不定期船業者）として活躍したが、これは戦後の世界貿易と海運市況の悪化で、つぶれかかっていた。

しかも、鈴木商店のつまずきは、単に戦後反動の打撃によるだけではない。じつに乱暴なやり方で、事業を起していたことも、その一つの原因である。たとえば、鈴木商店傘下のビール事業（帝国ビール）は、かねがね鈴木商店が世話になっていた或る税関長が辞職したので、これに仕事を与えるという目的で設立された。東洋マッチという会社は、鈴木ヨネが舞子で博奕を打って捕ったときに運動してもらった裁判官が辞職したので、これに仕事を与えるために設立した——という具合である。

その上、同商店内は旧式の番頭派と学校出の新進社員派とが対立して相反目するという人的な不和もあり、その基礎は大いにガタついていたのである。

とにかく、鈴木商店自体も、その直系、傍系の諸会社も、思い切った整理を要する時期に来ていた。しかるに鈴木は整理をするどころか、今までの腐れ縁にすがって台銀から金を引き出し、金のやりくりをつづける上に、かえって事業の拡張をさえはかろうとした。

台銀は台銀で、鈴木をつぶしてしまえば、今までの貸金がとれなくなる。つぶさぬためには、新しい資金を注ぎ込まねばならぬというので、鈴木に対する台銀の手形貸は大正九年〔1920〕七月の八千万円から、大正十二年〔1923〕末には九千二百万円、大正十五年〔1926〕（昭和二《ママ》年）末には二億八千万円へとふえて行った。そして、同年末における台銀の鈴木への貸金は、手形貸以外のものを含めて三億五千万円に上ったが、これらの貸金の大半は焦げつき、しかも鈴木は、利息さえ払えない状態になっていた。これが、恐慌前夜における台銀・鈴木商店関係の実情であった。

台銀危うし

台湾銀行と鈴木商店とのこういった関係は、震災手形関係二法案の審議の途上において、次第に暴露されて来た。しかも、震災手形善後処理法案によって国家が貸出す市中銀行への一億七百万円のうち、九千の貸出は、震災手形という名義で台銀が鈴木商店へ融通している不良貸のあと始末に当てられるのだ——ということが明らかになった。つまり若槻内閣・台銀・鈴木の間に臭い関係がある——ということになったわけだ。

そこで、貴族院では、これらの法案を可決するに当って三ヶ条の附帯決議をつけたが、そのなかで「この法案は台湾銀行のため絶対必要だという政府の言明に信頼してこれを可決するが、しかし政府は、台湾銀行の基礎を鞏固にするような方策を講ぜよ」と、一本釘を打ち込んだ。

この附帯決議にもとづき台湾銀行調査会が設けられ、貴衆両院議員、関係官庁及び日本銀行から委員が選ばれて「台湾銀行の基礎を鞏固にする方策を調査審議する」ことになったが、このように攻め立てられて来た台湾銀行では、三月二十七日、震災手形関係二法案の議会通過を機に、鈴木商店との腐れ縁を切る手はじめとして、同店への新規貸出を一切中止するということを通告した。台銀としては、右二法案によって鈴木への貸金がかなりの程度補償されるし、担保のない不良貸は若干残るけれども、その程度ならば何とか整理の見込が立つというソロバンをはじき、片岡蔵相の諒解を得て、そういう手段に出たのである。

ところが、その結果は、自分で自分の首を締めることになった。というのは、市中銀行が、台銀に対するコール（短資）を、いっせいに引上げ出したからである。

元来、それまでの台湾銀行は、コールで泳いでいた。鈴木商店は台湾銀行から借りるほかに、手形ブローカーを通して単名手形を売ったり、関係会社相互の間で手形の書き合いをやったりして金繰りしていたが、それでも足りないときは台湾銀行に救いを求める。そうすると台銀は、市中銀行からコールを借りて鈴木商店に融通し、コールの返済にせまられるときは、日本銀行に融通を求める——というやり方をしていた。

しかし、台湾銀行が鈴木商店と絶縁することになれば鈴木も危ういし、つれてこれに貸込んでいる台銀も危ういということになって、台銀に対するコールの引上げが始まった。最も機敏だったのは池田成彬のひきいる三井銀行で、これは台銀・鈴木絶縁よりも一足先にどしどし台銀からコールを引上げて行った。池田にいわせると、コールというものは、いつでも金のいる時に取戻せるものである。コール（Call）とは、すなわち「呼べば返る」金である。その金を必要なときに取戻すのは、正当な取引だ——というわけで、三千万円のコールを全部引上げてしまったのだが、こういうふうに物事を割切ることができなければ、金貸商売はとうていやって行けないだろう。

そこへほかの銀行も、台銀のコールをどしどし引上げて行ったので、台銀東京支店の金庫はカラッポになった。そこで台銀は大蔵省に泣きつき、日銀に泣きついて融通を求めたが、日銀でも政府が正式に損失を補償するならば台湾銀行へ融資してもよいが、そうでなければ、もう早危くて貸すわけに行かないと拒絶した。時の日銀総裁市来乙彦は、世間から無為無能の人と見られていたが、さすがにこの時だけは頑張った。当時日銀理事であった深井英五によれば、

「市来総裁は四ヶ年に近き在職中、ほとんど自己の所見を発揮したることなく、重役会の評議の成行に任せて来た人だが、この台湾銀行問題の結末において、はじめて重要なる裁断を下し、総裁としての存在を明らかにした」

ということである。

ところが、政府が日銀の損失を補償することになると、議会の協賛を経なければならぬが、この時は四

月上旬で第五十二議会の会期はすでに三月末に終っていた。そこで臨時議会を招集していては、それまでに金融恐慌が再度勃発するかも知れないというので、若槻内閣はこれを緊急勅令でやろうとし、台湾銀行救済に関する緊急勅令案を作った。これは、

（一）日本銀行は昭和三年〔1928〕五月末日まで台銀に対し無担保で特別融通をすること

（二）この融通で日銀が損失を生じたときは、政府は二億円を限度として、補償をすることを規定したものであった。

この緊急勅令案は枢密院の諮詢にかけられることになったが、枢密院は四月十七日、本会議を開いてこれを否決してしまった。

伊東巳代治、若槻内閣を倒す

ときの枢密院議長は倉富勇三郎、副議長は平沼騏一郎であったが、枢密院では政府から緊急勅令案の諮詢を求められると、平沼副議長を委員長とする審査委員会を作り、まずこの委員会で審査をした。しかし、元来枢密院は軍人や法律家（「憲法の番人」）や官僚の古手ばかりを集めたところだから、経済のことはよく判らない。「コールというのは石炭（Coal）のことか」ときく顧問官がいる有様である。

そこで平沼は三井銀行の筆頭常務池田成彬を訪ねて、「もし枢府がこの緊急勅令案を否決したら、台銀はつぶれるだろうか。もし台銀がつぶれたら、日本の財界は大へんなことになるだろうか」と聞いたが、池田は「台銀の一つや二つつぶれても、日本の財界には何の影響もない」という。

そんなことで、平沼を長とする委員会は、これを否決すべしという答申案を本会議に提出した。

これより先、政友会と政友本党とは若槻内閣を倒そうとして、いろいろ術策を弄したが、若槻は床次竹二郎のひきいる政友本党を抱き込んで与党化し、震災手形関係二法案を通過させた。しかし、緊急勅令案が提出されると、政友会はこれに猛烈に反対し、

「政府はさきに帝国議会において台湾銀行の整理はすでに成れる旨を声明せしに拘わらず、今や同行の破綻を見んとするに際会し、紊りに緊急勅令を発布してその救済をなさんとするは、政治道徳上許すべからざるのみならず、実に違憲の挙措なりというべく、宜しく臨時議会を召集して、国民協賛の常道に出《い》でしめざるべからず」

という決議文を政府に送る一方、枢密院において政友会と因縁浅からずといわれた顧問官伊東巳代治伯らと結んで、一挙に若槻内閣を倒そうとした。

そこで、四月十七日に開かれた枢府本会議では、伊東巳代治は緊急勅令案は憲法違反だとしてこれに反対したのみならず、若槻首相のこれまでの言動は無責任であるとし、これら閣僚と、この会議に臨席した天皇を前において「現内閣は速やかに罪を闕下に謝し、骸骨を乞うべきではないか」と弾劾し、辞職を要求した。

これにつづいて、各顧問官も、それぞれ政府案に反対し、結局これを否決したので、若槻内閣は同日、ただちに総辞職した。

緊急勅令案が枢府で議されているころの或る夜、同案は枢府を通過するものとたかをくくっていた日銀の市来総裁は、芝の紅葉館で宴会をやっていた。また副総裁の土方久徴は、その宴会を中途で抜け出して、柳橋の亀清楼で、半玉などを相手に、よい機嫌で酒を飲んでいた。ところへ「枢密院の形勢が悪化したの

で総理大臣が呼んでいる」という報が入り、あわてふためいて首相官邸へ馳けつけた——というエピソードもある。

それはとにかく、台銀救済の緊急勅令案は否決されたから、日銀としては、台銀を援助するわけに行かないので、日銀から見放された台銀は、も早これまでと手をあげた。そして東京は丸の内の一角に四層楼の威容を誇った台銀東京支店は、四月十八日、鉄の扉をおろし「向こう三週間休業」の貼札をするのやむなきに至った。

政府系の台銀が休業し、内閣は総辞職したというので一時下火になっていた預金の取付が再び猛烈にはじまった。同じ四月十八日にはシンジケート銀行たる近江銀行が、二十一日には十五銀行と、有力銀行が相ついで手をあげ、開業している銀行には預金者が殺倒するというわけで、前にのべたように、全国の銀行がいっせいに休業するという金融恐慌の第二波がまき起ったのである。

モラトリアムと損失補償法案

こういう騒ぎのさい中に、若槻内閣のあとを受けて田中（義一）政友会内閣が成立し（四月二十日）、蔵相には高橋是清が就任した。そして田中内閣は、応急の対策としてモラトリアム（支払延期）を布くことにし、

（一）国、府県その他の公共団体の債務の支払
（二）給料及び労銀の支払
（三）給料及び労銀の支払のための銀行預金の支払

（四）一日五百円以下の銀行預金の支払

を除き、すべての金銭債務の支払を、四月二十二日から向こう三週間、停止するという緊急勅令を公布、施行し、この支払停止は、台湾を除く全国及び全植民地に適用された。

他方、全国の銀行は、前述のように四月二十二日（金曜）、二十三日（土曜）の二日間一斉に休業したが、二十四日の日曜を経て、二十五日の月曜日から再開し、一日五百円以下の預金や、給料、労銀の支払に当てるための預金の引出しに応ずることとなったが、このモラトリアムの効果と、日本銀行から融通を受けた札束を山と積上げたことによって、さしもの取付騒ぎもしずまり、金融恐慌は沈静にむかった。

ついで田中内閣は、五月三日、第五十三臨時議会を招集し、翌四日から五日間にわたって財界安定のための方策を議することになった。この結果、先ず前記の緊急勅令が事後承諾され、ついで二つの法案が議会を通過したが、その第一は日本銀行の市中銀行への特別融通とそれにともなう損失補償に関する法律であり、第二は、台湾銀行の救済に関する法律である。

日本銀行は、第二次金融恐慌対策として、市中銀行に特別融通をすでに行っていたが、引続きその後一年を限り、市中銀行への特別融通をさせ、それによって日銀が損失を蒙ったときには、五億円を限って政府がその損失を補償する――というのが、第一の法律案であった。

第二の法律案は、台湾銀行を救済するために、政府は日本銀行をして二億円までこれに融通させ得ること、及びそれによって日銀が損失を受けたときは、二億円を限って日銀の損失を補償する――ということを定めたものであった。これは、さきに若槻内閣の作った緊急勅令案と全く同じ内容をもったものであるが、その緊急勅令案は枢密院で否決されたのに反し、この法律案は議会を通過した。そして右二つの法律は、五月九日に公布施行され、市中銀行も、台湾銀行も、政府・日銀の救済によって、ともに危機を脱することができ、これでひとまず恐慌のあと始末がつくにいたった。

すなわち台湾銀行の各支店、出張所は五月九日から一斉に開業し、同月十三日にはモラトリアムも明け、株式取引所や、米穀取引所も再開したが、人気《にんき》は平静であった。また再開不可能な休業銀行については、その整理が行われるようになった。

金融恐慌後日譚

漁夫の利を占めた大銀行

かくして、さしも暴威を振るった金融恐慌も、ようやく鎮静して行った。けれども、この篇のはじめ〔本章「金融動乱の勃発」のはじめ〕でものべたように、いちばん迷惑したのは預金者であった。

田中内閣の応急対策によってモラトリアムが敷かれ、日銀が市中銀行に融資をするというようなことで、休業銀行も追々に開店した。が、しかし、その後にも休業する銀行が現われ、昭和二年〔1927〕末までに休業した銀行は三十七行（台銀を含む）に上り、このうち昭和二年〔1927〕中に再開したものは十三行、解散したものは二行、整理案のできたもの八行で、昭和二年〔1927〕末になってもまだ休業しているものは十五行に上っていた。こういう銀行の預金者は、依然として預金を引出すことができなかった。

また再開銀行でも、整理案によって、預金の三割とか五割は切捨てられたから、馬鹿を見たのは、預金者であった。金融恐慌とはこういうように、一夜にして、生命から二番目のものが吹きとぶ現象なのである。

ところが、その反面において、この金融恐慌で儲けたものがある。それは、三井、三菱、安田、住友などの大銀行である。というのは、金融恐慌以来、預金者は資力の少ない中小銀行に預金することをおそれ、大銀行を選んでそこへ預金するようになったから、預金はこれらの銀行に集中した。また、弱小銀行の大銀行への合併が盛んに行われるようになった。そのため、大銀行はますます大きくなって行ったのである。

しかも、鈴木商店に対して、大きな不良貸を持っていた台湾銀行でさえも、鈴木商店がつぶれたにもかかわらず、台銀自身は損をしなかった。台湾銀行は政府から一億八千五百万円の保証を得て、損の穴うめをした。ばかりでなく、鈴木商店の財産を担保にとっていた。その結果、鈴木商店の持っていた帝国人絹株や、神戸製鋼の株が台銀のものになり、これらの事業が後年になって立直ったから、それらの株の値上り益が出た。そこで、何年か経ってみると、台銀は鈴木をつぶしたお蔭で、一億円くらい儲かった計算になったのである。

生き残った事業と人材

恐慌で利益を得たものは、それだけではない。たとえば鈴木商店の持っていた主要商品の一手販売権は、三井物産や三菱商事の手にうつり、三井、三菱の商権は拡大した。また、鈴木傘下にあった日本製粉、大日本セルロイド、クロード窒素、第一窒素、日本金属というような事業は二束三文で買収されて、三井物産や三井鉱山の傘下に入り、大陸木材工業は王子製紙系（三井系）の日露木材会社へ、東洋製糖は三菱系の明治製糖へ、東洋海上保険は三菱系の東京海上へ、それぞれ併合された。こういう具合にして、鈴木商店の持っていた有望な事業は、三井、三菱などの手におさめられた。

そこで、恐慌によって事業がつぶれても、持ち主がかわるだけで仕事そのものは、有用な仕事である限り、なくなるものではない。しかもその仕事は、力の強い者の手に帰する――ということがわかる。それが恐慌の帰結である。

と同時に、会社はつぶれても、そこにいた有能な人物というものはあとに残る。鈴木商店はつぶれたが、同店は多くの有能な人物を持っていた。金光庸夫《つねお》（阿部内閣の拓務大臣、第二次近衛内閣の厚生大臣）、長崎英造（財界人、太平洋戦後産業復興営団総裁、日本証券投資協会会長）、永井幸太郎（鈴木商店の後身・日商の社長）、大屋晋三（帝国人絹社長、第二次吉田内閣の商工大臣）、北村徳太郎（片山内閣の運輸大臣、芦田内閣の大蔵大臣、現在改進党幹部）、竹田儀一（片山内閣の国務大臣、芦田内閣の厚生大臣）などで、これらの人々は鈴木商店没落後、各方面に散って行ったが、その後二十余年を経た今日、日本の政界、財界の有力者となっている。

再び大恐慌襲来

金解禁是か非か

どん底の国民生活

青森県下に、こんな実話がある。

相内村の茂作という小作百姓が、正月だというので米を五升、近隣の親類から拝み倒して借りてきた。すると塀一つ隣の百姓のおかみさんが「三日前から粟一粒も口にしていないから」といって、ムリに五合借りて行った。しかし、五合の米を一家七人で喰うには、カユにするより仕方がない。おかみさんはセキ立てる子供を制しながら、五合のカユを煮ていると、茂作がやってきて、「せっかく借りてきた五升の米、タッタ五升の米、あとは絶対に借りるアテのない米だから、そこから五合とられたのでは、こっちがヘタばってしまう」といって、煮あがった五合のカユを鍋ごと持ってかえってしまった。カユを奪われた百姓のおかみさんは、気が狂って、四人の子供を井戸に投げ入れて殺し、自分も折重なって井戸の底へ沈んだという。――

これを読んで、いまの読者諸氏は、これは太平洋戦争中か、あるいは戦後の食糧難時代の話かと思われるかも知れない。が、そうではなくて、昭和六年〔1931〕の農村恐慌のころの話である。しかも、こんな話は、まだまだいくらでもある。

たとえば、山形県最上郡では、政府が財政緊縮方針により、政府所有の田畑山林百五十町歩を払下げることにしたが、この田畑山林で生活している農民たちは、この土地を買入れるため、むり算段して借金したり、借金のできない者は娘を売って金を作った。最上郡の西小国村という寒村からは、三十九人の娘を娼妓に売りに出し、女中に二十人、酌婦に十五人、芸者に十一人と、女を金にかえて村から送り出した。そのため、この村では、乙女の姿を見ることがまれになったとさえいわれた。

そのころ、都会は都会で、工員や月給取の失業者が氾濫した。たとえば、この年、海軍工廠では八千二百三十三人を首切り、逓信省では全国にわたって二千五百人の郵便局員を整理した。人員整理ばかりでなく、全国官吏の俸給も、いっせいに減らしたのであるが、これはすべて当時の財政緊縮方針の影響であった。

「さのさ節」に、「末は博士かね、大臣か、国会議員か、たのもしや」と歌われ、「学士さまなら娘をやろか」ともてはやされた大学生も、いまや「大学は出たけれど」ということで、大学出の秀才が生命保険の外交員というつらい仕事にも、飛びついて行った。

こういう時勢をもちきたしたのは、浜口雄幸（民政党）内閣の金解禁と、それにつづいて起った世界恐慌、さらには東北地方を中心とする冷害凶作であった。

勝田・高橋の金輸出禁止政策

金解禁とは、金の輸出禁止を解いて、金の輸出を自由にすることである。大正六年〔1917〕の九月十二日、ときの政府寺内正毅内閣は、勝田主計蔵相の手によって、金の輸出を禁止した。寺内正毅というのは陸軍大将（元帥）で、その風貌からビリケンとあだ名され、さらにそのやり方が民主的でないところから「非立憲」と呼ばれた人で、太平洋戦下の南方総軍司令官だった寺内寿一元帥のおやじである。

勝田主計は大蔵官僚出身で、朝鮮銀行総裁を経て寺内内閣の大蔵大臣となり、つづいて清浦奎吾内閣の蔵相をつとめ、のちに田中義一内閣の文部大臣になった。勝田は四国松山の産で、正岡子規とは青年時代からの友人で俳句をよくし、大蔵大臣としては、中国満蒙の鉄道建設のために金を貸した「西原借款」で有名であるように、日本の中国進出、大陸政策に一役買った人物である。ついでに、彼は大正初年に満洲、シベリアを経て欧米視察旅行の途上、大連でこんな俳句を作っている。

　舜の畑打つ男あり鴉《からす》あり
　馬を立つ泗水の上風かほる

ところで、金の輸出禁止は、勝田蔵相の回想によると第一次世界戦争に際して、つぎのような意図の下に行われたのである。

「当時吾輩としては、戦争はいつまで続くか判らん、戦争をやる以上、どうしても金を蓄積してかからねばならん――という考えを強く抱いていた。何しろ吾輩が蔵相に就任した当時、日本所有の正貨は二億円足らずだと記憶している。そこでどしどし金を蓄積するにつとめた。そのうちに、アメリカが金の輸出を禁止した。……こうなっては、日本でも今後金を出さずに、いよいよ蓄積するに限るというので、大正六年〔1917〕九月十二日、大蔵省令の発布となったわけなのだ。

当時日本には、すでに四億六千万円の正貨があり、対外収支の関係は前古未曽有の好調にあって、一見、金の輸出を禁止する必要はなさそうに思われるが、要するに世界大戦の戦局混沌、ロシア革命などで世界を挙げて大不安裡にあり、各国とも金その他の輸出禁止をやるという有様だから、吾国も将来の有事に備えるために、金の輸出禁止を断行したというのが、真相なのである。」

ところが、金の輸出を禁止していることは、国際金本位制の下では不自然なことなので、第一次世界大戦の終ったのち、アメリカは大正八年〔1919〕六月十二日、金輸出禁止を解除した。アメリカの金輸出禁止に追随した日本は、アメリカの金解禁にならって、やはりその時に解禁すべきだという意見も一部に起ったが、金解禁については、日本はアメリカに追随しなかった。それは、当時原敬（政友会）内閣の蔵相であった高橋是清の回想談によると、つぎのような理由からであるが、それは一口にいうと、中国に対して金を貸す場合に備えて、正貨を蓄えておこうというのであり、日本の対中国政策の必要からであった。

「たしか大正八、九年〔1919, 20〕のころかと思う。原内閣のときに、シナの各方面に駐在している軍人連を集めて、シナの事情を聞き、対支政策の根本方針を立てるのに、参考にしようとしたことがある。その当時の吾が朝野の対支意見は、今（昭和三年〔1928〕七月）から思えば、かなり積極的、アグレッシヴなものであった。しかし私は武力的侵略には反対であった。……シナに対して、我が国力を発展せしめようとするためには、どうしても経済的でなければならない、というのが私の意見であった。

シナは今でこそ国乱れ、混沌としているが、いずれは国情が安定する時が来るだろう。その時に国を治め民を鎮めるためには、鉄道を敷いたり、産業を興したりして、先ずいるのは金だ。シナがこうして多額の資金を外国に求めるのは、余り遠い将来のことではない——と私は考えた。そしてその場合に、日本が五、六億ぐらいの金《かね》を立ちどころに貸せるだけの用意をしておかねばならぬ。そうでなければ、世界の現状からいって、英国か米国のいずれかが、必ず独占して貸すにちがいない。一度英米がシナを経済的に征服してしまえば、武力的征服の場合とちがって、これを覆すことは容易の業ではない。日本はどうしても列国に先立って、たとえ列国と借款団を組織するにしても、その借款団をリードする立場に立たねば駄目だ。

こう考えて、私はどうしてもこの際、五億や六億の金は内地に余分に備えておかねばならぬと思った。海外においてある正貨は、一度事があれば、全く当てにはならぬ。だから、内地に保有する金《きん》は、極力殖やすことに努めて、出て行くことを制すべしというので、大正八年〔1919〕六月、米国が金の輸出を解禁した時にも、またその後金が続々と我国に入って来た時にも、我国の金解禁は断行する気がなかった。」

しかし、大正十四年〔1925〕になると英国が金解禁を断行し、ついで大正十五年（昭和元年）〔1926〕にはフランスが金本位に復帰した。その他ドイツは大正十三年〔1924〕の十月に金本位を再建し、スウェーデン（大正十三年〔1924〕）、オランダ（大正十四年〔1925〕）、ベルギー（大正十五年〔1926〕）、イタリア（昭和二年〔1927〕）、ノルウェー（昭和三年〔1928〕）と、列国が金解禁を行い、金本位にもどった。金本位に復帰し、外国為替を安定させ、金利と物価を世界と同一水準に立たせようとする政策は、世界的な傾向となって行った。そして、日本の金解禁も、次第に強く問題にされるようになって行った。

そこで金輸出の禁止から解禁へと進み、そして、さらに再び金輸出の禁止となるのだが、この間の歴代内閣とその蔵相を記録しておくと、つぎのようである。

総理大臣	大蔵大臣	在職年月
寺内正毅	勝田主計	大正五年〔1916〕十二月—七年〔1918〕九月
原　敬	高橋是清	大正七年〔1918〕九月—十年〔1921〕二月
高橋是清	高橋是清（兼摂）	大正十年〔1921〕二月—十一年〔1922〕六月
加藤友三郎	市来乙彦	大正十一年〔1922〕六月—十二年〔1923〕九月
山本権兵衛	井上準之助	大正十二年〔1923〕九月—十三年〔1924〕一月
清浦奎吾	勝田主計	大正十三年〔1924〕一月—同年六月
加藤高明	浜口雄幸	大正十三年〔1924〕六月—十五年〔1926〕一月
若槻礼次郎	浜口雄幸	大正十五年〔1926〕一月—同年六月
〃	早速整爾	大正十五年〔1926〕六月—同年九月
〃	片岡直温	大正十五年〔1926〕九月—昭和二年〔1927〕四月
田中義一	高橋是清	昭和二年〔1927〕四月—同年六月
〃	三土《みつち》忠造	昭和二年〔1927〕六月—四年〔1929〕七月
浜口雄幸	井上準之助	昭和四年〔1929〕七月—六年〔1931〕四月
若槻礼次郎	井上準之助	昭和六年〔1931〕四月—同年十二月
犬養　毅	高橋是清	昭和六年〔1931〕十二月—七年〔1932〕五月

金解禁は、市来、勝田（清浦内閣）、浜口、片岡、高橋、三土の各蔵相時代に、論議の対象となり、浜口内閣の井上蔵相の手で断行されたが、金解禁というデフレ政策によって、昭和の日本財界は再び恐慌の淵

へと投げこまれたのである。

早まったり金解禁

恐慌の二重責め

では、金解禁の結果、なぜ日本財界は恐慌状態となったか。元来、金の輸出を自由にしておけば、国際収支が支払超過になった場合に、金が輸出されて、それで決済されるから、為替相場は安定を保つことができる。そのかわりに、国内の金《きん》保有高が減り、金保有高に応じて発行される通貨（日本銀行券）の発行高が減り、通貨が減ると物価も下る。国内の物価が下れば、輸出が促進され他方輸入は減るから、貿易収支は受取超過になり、今度は外国から金が入ってきて、国内の通貨が増し、物価が上る。このようにして、正常な金本位制が布かれておれば、為替相場や通貨や物価は、一定の範囲内で大体安定を保つことができる。

しかるに、金の輸出を禁止している場合、支払超過がつづいても金による決済が行われないから、為替相場は下落し、国内物価は騰《あが》る。現に日本の対外為替相場は、大正十二年〔1923〕ごろから下落しはじめ、十三年に至って大暴落を演じた。それは大正十二年〔1923〕秋の関東大震災の影響もあったが、毎年巨額の支払超過がつづいたからである。それでも、当時は第一次大戦中に生じた巨額の受取超過を在外正貨の形で海外においていたので、これを年々の支払超過の決済にあて、辛うじて為替相場の下落をある程度で食いとめてきたのである。

だが、その在外正貨も全部食いつぶしてしまい、大正八年〔1919〕末には十三億余円もあった在外正貨が、昭和四年〔1929〕末にはわずか九千万円しかなくなってしまった。一方、対外支払超過は相変らずつづいているので、その支払超過をどうして処理するかが大きな問題となってきた。金輸出禁止をつづけてゆけば、為替相場は暴落せざるを得ない、という状態になったのである。

そこで、昭和四年〔1929〕七月、田中義一内閣に代った浜口雄幸内閣は、井上準之助を蔵相に入れ、就任早々、金解禁を断行することを声明し、翌年一月十一日をもって、金の輸出禁止を解いた。その結果、為替相場は騰《あが》ったが、物価は暴落した。つまり通貨の価値は上った。物の価値が下り、かねの価値が上るということは、事業家に打撃を与える。また、かねの借り手に打撃を与え、かねの貸し手を有利にする。結局、事業が成り立たなくなり、基礎の弱い事業はつぶれ、失業者が出る。

おまけに浜口内閣は、財政を緊縮し、国債を整理し、国民の消費を節約させるという政策をとったから、ますます景気は悪くなった。その上に、昭和四年〔1929〕秋のニューヨーク株式市場の崩落《ガラ》を契機として、世界恐慌が起ったから、内外の重圧で、昭和四、五、六年〔1929, 30, 31〕にわたって、日本の財界は未曽有の恐慌に落ち込んだのである。いつの世の中でも、デフレ政策は景気を悪くする。それは戦後の「ドッジ・ライン恐慌」ばかりではない。

悲劇の蔵相

井上準之助が浜口内閣の蔵相に就任したとき、世間はアッと驚いた。世間では、井上を政友会に近い人物と見ていたし、事実そうだったからである。

彼は立身出世型の標本のような人物であった。彼は今の日銀総裁一万田尚登と同県の大分県に生れ、東京帝国大学を出て日銀に入り、若くして営業局長となり、横浜正金銀行の頭取になり、日銀総裁を二度、大蔵大臣を二度やったが、その二度目の蔵相のときに、金解禁をやったのである。

井上はもともと日銀の営業局長時代に、当時副総裁だった高橋是清に引き立てられ、その推挽によって二度目のアメリカ洋行を命ぜられ、ついで、やはり高橋の推挙で正金銀行の副頭取になった。井上が正金頭取になり、さらに原敬内閣のときに日銀総裁になったのも、ついで田中義一内閣で、金融恐慌の後始末のときに再び日銀総裁になったのも、すべて高橋の推挙によったのである。高橋が金融恐慌を始末して田中内閣の蔵相をやめると、間もなく井上も日銀総裁をやめて民間に入り、財界世話業をやるようになった。

井上はまた、第一次日銀総裁のときには原敬に接近し、第二次山本権兵衛内閣（関東大震災下に組閣）時代には、時の陸相で、やがて政友会総裁となった田中義一大将と懇意になった。そして、この田中が内閣を組織するとき、井上を入閣させようとしたことがあった。財界はもとより、政界、軍人の間に顔の広かった故山下亀三郎（山下汽船会社社長）の回顧録によると、こういうことがあった。

田中内閣が生れようとする前、田中はしきりと井上の意中を探ろうとしていたが、山下は田中の意を受けて、井上の旅行先の九州へこんな電報を打った。

「あなたを床の間に生けんとする人がありますよ」

すると井上から山下に返電が来て、

「電見た。レンゲ草は床かざりにはなりませぬ」

といってきたので、山下はこのことを田中に取りついだところ、田中は不興な顔をしたというのである。

このときは、田中は井上を蔵相にするつもりだったようだが、井上にことわられてもまだあきらめられ

ず、今度は井上を外務大臣にしようとした。田中首相（外相兼任）は側近の前田米蔵（当時法制局長官）にむかって、

「外務大臣に井上準之助をもってきて、経済外交をやらしてはどうだろう」

というので、前田は、

「それは面白い。早速交渉されたらいいでしょう」

と答えたが、田中が井上に交渉しようと思っているところへ高橋蔵相が田中を訪ねて、

「今度市来日銀総裁をやめさせて、井上を総裁にすることにしたから、承知してくれ」

という。財政金融のことを高橋蔵相に一任してある田中首相としては、この日銀総裁人事には一言の文句もいえないので、井上外相は立消えになった、というのである。

こんなことで、高橋是清の乾分《こぶん》として自他ともに許し、田中政友会総裁に高く買われていて、政友系に近いと見られていた井上が、突如、民政党の内閣に入った。しかも、田中内閣の三土《みつち》蔵相が金解禁をやりそうな気配を示したとき、財界を代表して男爵郷誠之助や三井の一番番頭の男爵団琢磨とともに三土に会い、三土をして金解禁には慎重な態度をとるという意味の声明をさせたのだから、金解禁に対しては尚早だ、という意見をもつものと見られていた。その彼が民政党内閣に入るや、たちまち金解禁を断行したのだが、その転身の事情について、前記の山下亀三郎は、つぎのように書いている。

「或る日、熱海における私の別荘で、安達氏（謙蔵、民政党）と井上氏が、二時ごろから談話を始められ、夕食を共にし、その夜九時の汽車に同車されるまで七時間の会談から、金解禁の主義において浜口氏と同論なることが分り、安達氏の推挙によって浜口氏の勧誘をいれられることとなったのが、その基因で

あったと思う」

と。また青木得三の『井上準之助伝』によると、

「田中内閣総辞職後、江木翼氏（民政党）が極秘裡に井上君に面会して、もし大命が浜口氏に降下したならば、大蔵大臣を引受けてもらいたいという依頼がしてあった」

ということである。

そういう裏面の事情はとにかく、井上は浜口内閣の蔵相となったが、その心情について、時事新報社編集局長の有竹修二は、つぎのように評している。

「井上は、かねてからの民政党の嘱望に応じ、一つ蔵相として、金解禁という歴史的な大事業にぶつかり、自分が永年蓄え来《きた》った金融上の知識と手腕を、この際十二分に発揮し、見事そのことを完遂し、名を青史に残そうという英雄気取りの覇気をもって、浜口内閣へ入ったものである。」

井上蔵相は、たしかに「名を青史」に残したが、迷惑をしたのは産業界であり、中小業者であり、労働者であり、農民であった。しかも、当時の日銀副総裁深井英五は、その『回顧七十年』で「金解禁の失敗」という一章を設けてその失敗をついているし、金解禁の急先鋒であった三井財閥の大番頭、三井銀行筆頭常務の池田成彬までが、後年「金解禁というものは失敗でした」といっているのだから、世話はない。井上の野心や誤った政策の犠牲になった国民こそ、いい面の皮であった。

すぎ去ったことをいっても仕方ないが、そのころ東洋経済新報（石橋湛山）、中外商業新報（小汀利得《おばまとしえ》）、高橋亀吉、山崎靖純などの「街の評論家」のいうように、新平価解禁、つまり日本の国力に応じた新しい平価まで切下げて、解禁をやるべきだった。

井上は、つぎの若槻内閣にも蔵相となり、民政党の次期総裁と目されるまでになったが、昭和七年〔1932〕二月九日の夜、総選挙の応援演説に、本郷駒込の小学校に赴いたとき、その門前で兇漢に狙撃されて一命を落した。犯人は血盟団員の小沼正《おぬましょう》という青年で、このころから、ファッショの血なまぐさい事件がつぎつぎと起ってくるのである。ファッショと財界との関係については後で詳しくのべるが〔本書非収録〕、ファッショの温床となる財界不況の種をまいた一人として、井上準之助の名は『財界太平記』に逸することはできない。

占領下に金の成る木

ドサクサまぎれの金儲け

焦土にいどむ

昭和二十年〔1945〕八月十五日、日本は連合国に無条件降伏して、満洲事変以来十数年にわたる戦乱は、ここに終止符を打たれた。それ以来、昭和二十七年〔1952〕四月二十八日に講和条約が発効して、日本が再び独立国となるまでの間に日本は大きな変化をとげ、財界もまた、激しい波瀾を経験した。しかし、この七年間の推移はまだ読者の記憶に生々しいものがあるので、これからの「第六篇」では、きわめて特徴的な変化だけをスケッチ風に描写するに止め、くわしい記述は他日に譲りたいと思う。

ところで、終戦直後から、昭和二十三年〔1948〕ごろにいたる二、三年の間は、混乱と動揺をきわめた時期であり、絶望と虚脱の時期であった。すなわち、国民の大多数、ことに被戦災都市の住民や外地からの復員者、引揚者たちは、住むに家なく、身はボロにくるまり、食うものといってはスイトンにトウモロコシのパンという有様で、わずかに雨露と飢えをしのぎ、その日その日を生きて行くのみであった。ばかりでなく、旧来の信仰や秩序は無残に打ちくだかれて、国民は心のよりどころをうしない、絶望のどん底に陥っていた。こういう時代を回顧することは、決して愉快ではない。

しかし、他方において、こういう不安、動揺、混乱の時代こそ、良い意味においても悪い意味においても「生活力の旺盛な」人たちの活躍する絶好の機会であった。ちょうど戦国時代において、草履とりが木下藤吉郎となり、羽柴筑前守となり、太閤秀吉となることができたように、あるいはまた明治維新の混乱期に岩崎弥太郎や、渋沢栄一や、浅野総一郎などが出たように、敗戦後の混乱のなかからも、大小の風雲児が輩出した。

度胸と活動力と先見の明とをもった人々が、あるいは抜目なく、あるいは悪らつな手段で、あるいは正々堂々と活躍して、富を築いて行った。そういう人々のなかには、その後の事情の変化ややりすぎのために失敗し、没落した人が多い。また不正が発覚して、儲けをとり上げられたり、投獄されたりした人もある。さらに、女やバクチや贅沢に金を使いはたした人もある。しかし、正々堂々、しかも着実に活動した人々は、産をなし、財界のなかに確乎たる地位を築いた。以下には、そういう正攻法によってノシ上った事例ばかりでなく、不正な手段の例についてものべるが、しかしそれは、読者にそういう不正をすすめるつもりではない。ただ、当時の世相を赤裸々に描きたい、というにすぎないのである。

敗戦日本群商伝

こういう時代に、最も手っとり早く金を儲ける方法は物資をもつことであった。衣食住に関するあらゆる物資や、各種の原材料が払底し、しかも、ほとんどすべての物資の配給や消費が統制されて、金があっても配給切符がなければ物が買えない上に、インフレーションが昂進して、闇の値段が日をおって騰貴するというときには、そういう手段が、金儲けの最も近道であった。旧日本軍隊が備蓄していた食糧、衣料、ガソリン等々の厖大なストック、軍、官及び民間の軍需工場に残された金属その他の資材などを、不正な手段で手に入れ、横流しして、巨富を作った例は枚挙にいとまがない。

が、そういう例をあげることはやめて、あるいは多少の不正な手段を使ったかも知れないが、他人が眼をつけなかったところに着眼したことによって産をなした一、二の例を記しておこう。

いずれも現存の人だから、名前を書くことは差控えておくが、一人の人物は終戦当時、信州で軍需関係の工場を経営していた。この人は終戦とともに工場を閉鎖し、残った資材をたたき売って金にかえ、東京へ出てきた。上京して何をしたかといえば、東京市内の焼ビルと、銀座や方々の省線電車の駅前などの焼跡の地上権を片っぱしから買いあさった。東京の復興が緒につき、地方へ疎開していた人々が再び東京へ帰ってきて、所々の駅前にバラックのマーケットが建つ頃になると、焼ビルの権利とか売値や、焼跡の地上権は、ものすごく値上りして、この人は大きな利益を得た。なかでも池袋駅付近の地上権の値上りは、東京中でもっとも大幅であった。

もう一つ――この人は、東京じゅうの焼トタン板を買いあさった。この焼け錆を落し、もう一度鍍金《めっき》し直して新しいトタン板として売った。この人はいま、某造船会社の社長として、財界の大金持の一人となっている。

預金封鎖の裏をかいて

新旧円切替えの悲喜劇

昭和二十一年〔1946〕二月十七日、ときの幣原喜重郎内閣（蔵相渋沢敬三）は、「金融緊急措置令」と「日本銀行券預入令」を実施し、新旧円の切替えと、預金封鎖とを断行した。それは、

一、預貯金の支払をいっせいに停止し、これを封鎖する

二、流通中の日銀券は、三月二日限り強制通用力を失う

三、新円を発行し、二月二十五日から三月二日までの間に、旧円と等価で交換する

四、その際、個人については、一人につき百円を新円と交換し、その他は強制的に預金させて封鎖する

五、封鎖預金からの現金支払は、一ヶ月につき世帯主三百円、世帯員一人について百円とする。事業については、給与の支払は月額五百円までを新円で支払い、それ以上は封鎖預金で支払う。交通費、通信費など、業務遂行に必要なもののみは新円で支払われる

六、臨時財産調査令により、三月三日午前零時現在で財産調査を行い、それを財産税算定の基礎とする

というのであったが、これは国民を驚かせ、幾多の悲喜劇を生むとともに、抜け目のない人たちに活躍の場面を提供した。

もっとも抜け目のない人たちは、旧円封鎖のあることを察して、すでに預金を残らず引き出し、金を物にかえていた。この人たちはその後の物価の値上りで利益を得た。つぎに抜け目のない人は、五円以上の日銀券を一円以下の少額紙幣や補助貨にかえていた。これらは新円との交換や封鎖を免かれた。

そのつぎに抜け目のない人は、金を持たない人たちに自分の現金を預け、なにがしかの礼金を払って、その人たちの金として、新円と交換してもらった。

しかし、その反面に、悲劇もあった。長野市の或る老婆が、家人に内緒で何百円か何千円かのへそくりを現金で病床の下にかくしていたが、そのお婆さんの死後、家人がこれを発見したときは、すでに新旧円交換の期限が切れた後だったので、その札束は、紙屑になってしまった。こういう例も、全国ではかなり多くあったものと思う。

奸商大いに稼ぐ

この封鎖預金は、その後の第一次吉田茂内閣（蔵相石橋湛山）の時代に、第一封鎖預金と第二封鎖預金とに分けられた（昭和二十一年〔1946〕六月及び八月）。法人については一万五千円、個人については、その世帯の人数によって一世帯一万五千円から三万二千円を限度として、それ以下の預金を第一封鎖預金、それ以上を第二封鎖預金としたのである。第二封鎖預金は、その後昭和二十三年〔1948〕三月三十一日をもって、その六割五分が切り捨てられてしまったが（残りの三割五分は第一封鎖預金に移された）、第一、第二の封鎖預金に分けられた当時、すでにこの第二封鎖預金は永久に封鎖されるか、あるいは切捨てられることが、国民に予想されていた。

だから、第一封鎖、第二封鎖と分れる以前に、多額の預金をもつ人たちは、あらゆる手段を講じて封鎖預金を引出し、これを新円か新円預金にかえようとした。またそれができなければ、できるだけ多くの人の名義に分散しようとした。

その後、預金引出しの枠は次第に緩められ、片山哲内閣（蔵相矢野庄太郎、ついで栗栖赳夫）を経て、芦田均内閣（蔵相北村徳太郎）の昭和二十三年〔1948〕七月二十一日には、第一封鎖預金が解除され、預金封鎖の制度は完全に撤廃されて、旧円と新円とは一本になった。

しかしそれまでの間には、旧円と新円という二種類の通貨があったために、いろいろと不便があり、障害がおこったが、この不便と障害を利用して、金を儲けた人たちがいる。まずこの制度が、いかに国民に不便を与えていたかというと、個人の場合、法規できめられた用途にあてる支払を、封鎖小切手ですることが許されていた。しかし封鎖預金を封鎖小切手として引出すことは、手続きが非常に煩雑であった。

その例をあげると、ある人が京都から東京へ引越すことになり、引越荷物の荷造費と運賃約千八百円を、封鎖小切手で支払おうとした。そして取引銀行へ手続きに行ったところ、日本銀行へ手続きをしてくれというので、日銀支店へ書類四通を出した。ところがなかなか許可がおりないので、取引銀行へ四回、日銀へ三回督促したあげく、日銀ではもとの取引銀行を通じて手続きせよという。そこでその銀行を通じて日銀へ四通の書類を出し、今度は日銀へ三度催促にいったが、三度目に大蔵省へ行けといってことわられた。前後五十日余りを費して、なお千八百円の封鎖小切手を切ることができなかった――

ところが、この人はまことに正直な人だったから、こんなことになったのだが、抜け目のない人たちは、合法的にどんどん封鎖預金を引出し、それを新円にかえた。それは何でもないことであった。封鎖預金で株を買えばよいのである。当時はまだ株式市場が開かれず、集団売買あるいは店頭売買が行われていた。そして株の相場には旧円相場と新円相場の二通りがあり、旧円相場の方が新円相場よりも一割か二割方高かったが、封鎖預金を引出したい人は、旧円相場で株を買いさえすればよかったのである。

株式仲買店へ行って、何々株を買いたいというと、仲買店では売手を探してくる。売手が見つかると、仲買店では「何々株何百株を、何某から何某に売る」ということを書いた名儀書替請求書をつくって、その株を発行している会社へ行き、名儀書替の証明をもらう。株の買手はこの証明をもって銀行へ行けば、株を買うのに必要なだけの封鎖小切手を切ることができる。

この封鎖小切手で株を買い、その株を新円をもっている人に売って新円に替え、さらにその新円で物を買って儲けることができれば、一割や二割高く株を買っても、その人は儲けの方が大きい。

他方、旧円は旧円で、つかい途があり、これを求める人があった。税金は旧円で納めてよいし、新円を豊富に手に入れ得る者(たとえば進駐軍関係の仕事をしている者)は、新円と旧円を交換すれば、一割とか二割とか、ときによっては三割のプレミアム(打歩《うちぶ》)を稼ぐことができる。

こうして、まっ正直な人が封鎖預金の引出しに苦労している間に、抜け目のない人々によって封鎖預金はどんどん引き出されていった。他方、財政支出や復興金融金庫を通じて新円の流通高が増し、インフレはずんずん昂進して行った。旧円、新円の切替え、預金の封鎖はインフレ抑制を目的としたもので、その切替直後には通貨は一時的には縮小したが、結局において、それは効果よりも、むしろ弊害の方が多かった。

ただ、この措置は、じつはそれよりも銀行恐慌を防ぐことに、より大きい目的があった。終戦後のインフレで預貯金の引出しが急激にふえ、それを放っておくと、銀行はこれに堪えかねて戸を閉めなければならぬところに来ていた。だから政府は、苦しまぎれにこういう措置をとったというのが、真相である。

軍の調達で荒稼ぎ

儲け放題の土建業

占領下に仕事をし、金儲けをしようと思えば、占領軍関係の仕事をするのが早道であった。占領軍関係の仕事といってもピンからキリまである。占領軍人相手の女性（所謂パンパン）が稼ぐ外貨は年二億ドルに上るというから、日本金にして七百二十億円となり、大した金額だが、しかしいかに金嵩が大きくても、これは「財界」の範疇には入らない。本書で取扱い得る「キリ」のところは、せいぜい残飯屋くらいまでであろう。

占領軍部隊の残飯を、ただに近い金で払下げてもらって、これをさらに大衆飲食店に売るという商売である。残飯といっても栄養価の高いものだから、食糧難の時代には、労働者相手の飲食店では、これを煮込みやシチュウにしたものは大いに歓迎された。残飯仲買人（？）ともいうべき仕事で得た金を元手にして、次第に大きな事業に手を出し、大実業とまでは行かなくとも、かなりの産を成し、自家用車を乗り廻すようになった人もある。

しかし、占領軍関係で大きな仕事をしたのは、何といっても土建業者である。兵舎、飛行場、病院、家族宿舎、ホテル、ゴルフ場などの建設や修理を請負う仕事で、これには莫大な終戦処理費がつかわれた。

これらの仕事は終戦直後から昭和二十一年〔1946〕の十一月ごろまでは、外務省の終戦連絡事務局の管轄下におかれ、地方では全然日本政府の手を通さず、現地の軍が直接その土地の業者に仕事をさせていた。終戦連絡事務局は、土建関係のしろうとばかりで監督が行きとどかず、地方の占領軍は日本の事情を知らないから、そのころは悪徳土建業者は儲け放題であった。その例は数限りないが、たとえば、横浜の第八軍司令官アイケルバーガー中将の部屋には、西陣織の壁紙が張られ、電話のコードにも西陣織が巻かれているという具合で、要するに必要以上なことをして、業者は儲けたのである。

業者が不当の利益をむさぼっていることに気がついた石橋蔵相は、連合軍総司令部と折衝して、昭和二十一年〔1946〕十一月以後、その監督を復興院にうつすという措置をとり、さらに各地の部隊が、個々に調達命令を出すのをやめ、中央にまとめて、中央がその命令を出すように改めた。ついで昭和二十二年〔1947〕九月一日、北村蔵相の時代に特別調達庁が創立されて、これがそういう仕事の監督にあたることになった。こうして土建業者の不当な利益は押えられるようになったが、しかし不正や不当が全然なくなったわけではない。けれどもそういうことを書いていては切りがないから、これくらいにしておこう。

御用仕事師列伝

占領軍関係の仕事では、このほかに軍監督のサービス・バスの運営がある。これをやったのは、昭和二十一年〔1946〕一月に設立された帝産オート株式会社である。その社長は、帝国産金興業という、産金事業では三流の会社の社長石川博資である。石川は昭和九年〔1934〕に帝国産金会社を興す前、永くアメリカにいたことがあるので、その関係からであろうか、終戦後東京、札幌、仙台、飯能、名古屋、広島などの占領軍サービス・バスの運営と、その修理の専業を引受け、大いに稼いだ。本業の帝国産金はずっと無配当なのに、帝産オートの方は、最近まで八分配当をつづけていた。

だが、占領軍関係のもっと大きな仕事は、ジープ、トラックなどの軍用自動車、飛行機、兵器などの修理の仕事である。自動車修理をやるものに富士自動車、昭和飛行機があり、飛行機の修理にはもとの立川飛行機、兵器では日本製鋼所がある。昭和飛行機（工場は東京都下昭和町所在）や立川飛行機は、終戦直後気息奄々としていたが、いずれも占領軍の仕事で息を吹きかえした。日本製鋼所は、前篇〔本書非収録〕でのべたように、三井財閥系の優秀な軍需会社であったが、終戦後は苦境に立った。それが、兵器修理で活気をとりもどし、最近では世界的軍拡の影響をうけて、二割配当をするところまで復活している。

しかし、これらのうち、戦後慧星のごとく現われて注目を浴びたものは、富士自動車である。これは旧中島飛行機（富士産業）の第二会社富士自動車工業と名前がまぎらわしいが、全く別のものであり無関係である。

富士自動車は、終戦後、昭和二十二年〔1947〕五月に設立された。社長は山本惣治である。山本は、元日産自動車の常務、元満洲自動車製造の理事長で、自動車工業界では有名な人であり、鮎川義介の乾分《こぶん》である。常務の前田勇も日産自動車の取締役、満洲自動車製造専務理事という、山本社長と同様の経歴の人である。

山本は終戦後、日本管理軍司令部（J・L・C）と契約を結んで、占領軍の自動車修理、解体、再生の仕事に乗り出した。工場は追浜《おっぱま》にあるが、これはもとの追浜海軍航空隊跡に建設され、敷地は六十万坪という広大なものである。工場は、飛行機の格納庫をはじめ元の軍用建物をつかい、機械類は大部分日本国内で調達されたらしいが、資金は終戦処理費で賄われたから、この工場は国のものである。

東亜各地から追浜に送られて来た破損軍用車は、終戦時には十五、六万台もあったが、こういう破損車を解体し、部品を修理し、組立てて新車同様のものにするのである。材料費は軍から支給されるので加工賃を稼ぐだけだが、それでもその収入は半期に十億円近くに上る。材料費込みの作業高に換算すると、半期五十億円、月平均九億円に上る。

工場はこのほかに自社の所有に属する鶴見（ベニヤ板製造、木工）、世田谷（自動車ボディー生産）、大宮（ボディー用品、ボルト、ナット、パイプなどの製造）の三工場をもっている。資本金は ' 億円、配当は二割をつけているが、アメリカのクライスラー自動車会社との提携を工作し、さらに事業を拡げる計画である。

山本と前田は満洲からの引揚者である。戦前、戦中から自動車事業のエキスパートであったとはいえ、敗戦で今までの仕事をうばわれたこの二人が、終戦後六年あまりの間にこれだけの事業をつくり上げたことは、彼らが占領軍を摑んだからであった。そういう意味で、占領下における仕事師の代表的なものといってよい。

そのほか、悪い意味での仕事師には、ドルや軍票の闇ブローカーをやったり、昭和二十二年〔1947〕八月十五日の民間貿易再開以後、日本に入りこんできた悪徳外人バイヤーや、アメリカ人一旗組らと結んで、闇商売をやったり、彼らと結託して外人専用店（S・P・S）の品物を闇流しして儲けたもの、さらには密輸業者、公団廃業のどさくさにまぎれてのとり込みを働いた者等々も、占領下の「仕事師」といえばいえないことはない。彼らも戦後の世相史、あるいは経済史の上に見のがし得ない存在であるが、この『財界太平記』では、一先ず省いておくことにする。

三宅晴輝（みやけ・せいき／1896-1966）

経済評論家、実業家。1919年早稲田大学商科卒業。三菱商事入社後ほどなく東洋経済新報社に転じ、記者を経て常務理事、1940年退社。その後、日本放送協会理事、東宝取締役、産経新聞論説委員、日本放送協会放送審議会委員等を歴任。著書、『財界太平記』『経済天気図』『三井・三菱・住友』『日本銀行』『小林一三伝』『若い人達に与える財界人の意見』『松永安左ェ門』等。

日本銀行近代史　創設から占領期まで

刊　行　2024年10月
著　者　三宅 晴輝
刊行者　清 藤　洋
刊行所　書肆心水

東京都渋谷区道玄坂 1-10-8-2F-C
https://shoshi-shinsui.com

ISBN978-4-910213-55-2 C0021

―既刊書―

伊藤博文の国際政治

上編　下編

春畝公追頌会（代表者金子堅太郎／編纂主幹小松緑）［著］

近代日本最大の宰相、外交の覚悟と行動。豊富な一次史料で読む、生の歴史の醍醐味。内情と機微を語る伊藤博文ら顕官の書簡、公式発表や条約、講演や外交対話の記録等を多数収めた基本文献。欧米進出の脅威に曝され、憲法を制定し、条約改正を試み、日清戦争、日露戦争に勝利し、韓国併合へと至る、天皇主権による統一日本近代国家の国際的進路。その基本構造を、常に国家運営の中心にあった伊藤博文の主体性が浮き彫りにする。各本体6900円＋税

開国と興国と外交と

松濤閑談

牧野伸顕［著］

中公文庫『回顧録』で広く知られる牧野伸顕、もう一つの回顧録。急速に近代化する日本国家エリートの視点とセンスと経験。大久保利通の子として生まれ、10歳での岩倉使節団随行に始まり、早くから内務と外務の空気に触れて育った国家エリート中のエリートが語る、興味深い具体的事実の数々。官界・国際政治・皇室の事情に通じ、第一次世界大戦パリ講和会議では日本代表団事実上の首席として活躍。老いてなお重きをなし、5.15事件、2.26事件でともに標的にされた重要人物が語り遺した、近代化日本のリアルな風景。

本体6300円＋税

満洲問題入門

植民・資本・政策・軍事

矢内原忠雄［著］

ロシアの脅威の時代から中国ナショナリズムとの相克の時代へ。満洲国建国前後の問題の構造を多面的に明かす。ロシアの脅威に対する防衛として満洲に特別の勢力を張った段階から、中国のナショナリズムが高揚し、ワシントン会議においてアメリカ主唱の下に中国における「特殊権益」が否定され、日英同盟も廃棄された段階に至るも、いよいよ「特殊権益」の地歩を固める日本。あからさまな帝国主義的植民政策が行き詰まる時代において建国された満洲国を画期とする状況の諸問題。本体6900円＋税